Transforma tu familia

ISBN 978-1-57756-702-8

Categoría: *Vida cristiana*

Publicado en Lincoln, Nebraska, por AdventSource

Equipo editorial, Mind Over Media
Silver Spring, Maryland

Arte de la portada por Natalie Falk.

Impreso en los Estados Unidos de América

The iFollow Discipleship Series

Transforma tu familia

A través de la renovación del entendimiento

Alfonso Valenzuela
Con un prólogo por Tony Anobile

iFOLLOW

Dedicatoria

A mis queridos hermanos

Alberto, Arnoldo, Alma, Adriana y Abdiel

The iFollow Discipleship Series

Transforma tu familia

A través de la renovación del entendimiento

CONTENIDO

Qué esperar de estos libros iii

Introducción v

Prólogo xi

Prefacio xv

Capítulo uno
El poder de la familia 1

La familia provee las herramientas y todos los medios necesarios para el desarrollo de nuestro carácter. De ella recibimos el amor, el apoyo, el ánimo, el entusiasmo, el modelo y la energía para poder triunfar en la vida.

Capítulo dos
La familia en crisis 31

Algo de tanta importancia como la familia, es el motivo de los más duros ataques en nuestra sociedad hoy día. La familia contemporánea es cruelmente bombardeada por una serie de problemas que la ponen en un estado de alto riesgo.

Capítulo tres
El poder transformador del tiempo......65

Una familia feliz es aquella donde sus miembros pasan grandes cantidades de tiempo juntos. Tal concepto se aplica tanto a la familia en general como al matrimonio, y desde luego a la paternidad. Es esencial pasar tiempo como pareja y pasar mucho tiempo con los hijos.

Capítulo cuatro
El poder transformador del amor...... 93

El amor es un componente básico en las relaciones interpersonales de éxito y ciertamente lo es en las relaciones familiares. Cuando hay amor en el matrimonio, este será transmitido a los hijos, los cuales responderán a ese amor; y cuando hay una atmósfera de amor en el hogar no hay nada que pueda compararse a eso.

Capítulo cinco
El poder transformador de la comunicación...... 129

En los programas educacionales matrimoniales y familiares, la enseñanza de cómo comunicarse efectivamente ocupa un lugar de primera importancia, lo cual indica que la comunicación es una variable altamente asociada con la satisfacción familiar.

Capítulo seis
El poder transformador de la oración...... 159

Los padres que desean que Dios bendiga a su matrimonio y a sus hijos, harán uso constante de la oración para que Dios ayude y proteja a todos los miembros de su familia. No se puede enfatizar demasiado el lugar supremo que ocupa la oración para lograr la prosperidad familiar.

Conclusión...... 187

Entre más sabemos y aprendemos acerca de la familia y las dinámicas que entran en juego, más oportunidad tendremos para producir la transformación necesaria. A manera de repaso, se presentan las características más importantes que deben existir en cada familia para lograr la felicidad y la armonía que tanto se necesita.

Bibliografía...... 193

Qué esperar de estos libros

Este libro es parte de la serie iFollow, cuyo tema es el discipulado. El lector tiene todo el derecho de preguntar ¿qué puedo esperar de esta serie de libros?

Durante el largo proceso a través del cual la Iglesia Adventista en Norteamérica desarrolló la serie iFollow (que incluye la biblioteca iFollow que aparece en el Pastor's DVD, la página Web iFollow y estos libros), nuestro objetivo es crear las herramientas que realcen la vida de los cristianos dentro de la comunidad de la fe. Sabíamos que, para hacerlo bien, necesitaríamos poner en las manos de los pastores, los líderes de las congregaciones y los miembros de iglesia herramientas que ofrecieran una calidad y utilidad previsibles. El contenido de la serie necesitaría respetar las tradiciones de la iglesia —tener el "gusto" del material adventista— pero también necesitaría apelar a quienes son nuevos a esas tradiciones y quizás no comprendan todo el lenguaje que usamos "dentro de la familia".

La serie iFollow es acerca del discipulado, simple y sencillamente. Sin embargo es justificable preguntar ¿qué es discipulado? ¿Qué quiere decir, específicamente, para los adventistas? Lo que tratamos de decir es que la serie cubre todo el espectro de desafíos y oportunidades a las que hacen frente los cristianos jóvenes y maduros en la fe. Es acerca de cómo establecemos nuestra fe en Jesús, cómo llegamos a conocer la voluntad de Dios para nuestra vida, cómo podemos vivir más cerca de Dios en su comunidad de fe y cómo podemos llegar a ser fructíferos en nuestro servicio y alcance a los demás. En otras palabras, es acerca de seguir a Jesús, aprender a crecer y descubrir cómo llegar a ser una comunidad más estrecha que Dios pueda utilizar en los esfuerzos evangelísticos.

Como resultado puedes esperar que cada uno de los libros de la serie provea varios componentes claves:

1. **Claridad de propósito.** Cada libro empezará con una declaración clara de propósito unida a cómo promoverá el crecimiento espiritual, la habilidad de seguir a Jesús y la contribución que el individuo puede hacer para asegurar que su iglesia sea una verdadera comunidad fraternal. En otras palabras, cada libro está diseñado para contribuir al programa de entrenamiento para el discipulado de la congregación.

2. **Un toque personal de experiencia.** Cada libro será escrito y redactado por un escritor adventista de experiencia con interés en el tópico. También incluirá una introducción personal por un líder experimentado de la comunidad adventista, que refleje su interacción con el contenido del libro de tal manera que lo haga más accesible al lector.
3. **Contenido fiable.** Cada libro mostrará contenido que será sólido y amplio en su aplicación pero, todavía más que eso, estará disponible en formatos diversos. En otras palabras habrá "mejoras" que harán el libro más valioso para el lector o el miembro de iglesia, incluyendo un estudio bíblico detallado, citas de Elena White e incluso una sección en cada capítulo que lo identifica con las creencias fundamentales de la iglesia.
4. **Contenido flexible.** Además de la narración amplia del libro, habrá contenido adicional de varios tipos, diseñado para proveer la mayor flexibilidad en la enseñanza del tema a tratar. Esto incluirá historias adicionales relacionadas con el tema, citas de escritores e investigadores contemporáneos, enlaces para recursos en la Web y una bibliografía extensa para quienes estén interesados en hacer un estudio más profundo del tema.
5. **Actividades oportunas.** Cada libro contendrá actividades y planes claros de acción que ayudarán al lector y al grupo a empezar el proceso de tomar las ideas de la página del libro y ponerlas en práctica en sus vidas. Estos elementos no solamente harán el proceso de aprendizaje divertido y fácil, sino que involucrarán incluso al asistente más reacio a la participación —lo mejor es que el lector o miembro de iglesia es libre de elegir lo que desee usar.

Cada libro de la serie será completamente diferente a los demás. Sin embargo, cada uno seguirá un bosquejo similar y previsible, con elementos similares y previsibles. Eso significa que se podrán planificar varias series durante el año con temas claves con la confianza de que de un libro a otro se podrá anticipar el mismo patrón de contenido y actividades. Los miembros de la congregación podrán, de esa manera, familiarizarse con el estilo de la serie. Creemos que este proceso facilitará la labor de quienes tienen un calendario restringido al tiempo que provee oportunidades amplias para quienes deseen y puedan tomar todo el tiempo necesario para explorar las diversas direcciones del material. En breve, iFollow es flexible, accesible y útil.

Gracias por acompañarnos en esta aventura en el aprendizaje.

Grupo de trabajo de iFollow y
La División Norteamericana de Adventistas del Séptimo Día

Introducción

por Debra Brill
Vicepresidente de la División Norteamericana

Estoy muy contenta de tener la oportunidad de proveer la introducción al primer libro en español de la serie iFollow. La serie iFollow es acerca de seguir a Jesús. Tiene que ver con la forma como podemos crecer en Cristo si elegimos tomar pasos positivos. Me da mucho gusto que haya decidido dar uno de esos pasos.

Como uno de los vicepresidentes de la División Norteamericana, mi trabajo ha sido colaborar con los líderes de ministerios en la mayoría de los departamentos de ministerio de la iglesia para servir al pueblo de Dios. Eso quiere decir que con frecuencia estoy en primera fila para observar lo difícil que es ministrar en el mundo tan complejo que nos tocó vivir. Quiere decir que me toca trabajar con un grupo de hombres y mujeres que muestran una dedicación y una tenacidad sorprendente al trabajar en la obra de Dios.

Una de las realidades con las que me toca lidiar —como se puede imaginar— es la importancia de los recursos para hacer lo que estamos tratando de lograr. Con buenos recursos podemos tener grandes logros. Sin buenos recursos las cosas se ponen más difíciles. La importancia de esos recursos es seguida del reconocimiento de lo difícil que es desarrollar recursos y ponerlos a disposición de quienes los necesitan.

Este libro es parte de una serie de libros diseñados como un recurso exhaustivo que se ha estado gestando durante más de cinco años. Mi papel ha sido mantener este proyecto tan necesario con vida durante todo ese tiempo —insistiendo, animando y, algunas veces, desafiando a quienes han estado a cargo de esta tarea— pero, sobre todo, manteniéndolos conscientes de lo comprometida que está la administración de la División Norteamericana para que sea terminado y puesto en distribución a las iglesias.

¿Por qué hemos estado tan comprometidos para que se lleve a cabo y permitir que nuestras iglesias tengan acceso a este material? Porque hay necesidad de recursos y las iglesias los esperan.

El proceso de desarrollo

Quiero contar, primero, que el sueño que inspiró este proyecto vino directamente de pastores en la División Norteamericana. Nuestro NAD Church Resource Center hizo un estudio de los recursos que los pastores requerían más que ningún otro, conforme habían sido identificados por los pastores, y descubrió que una serie sobre el discipulado, desarrollada por la iglesia, estaba en primer lugar en la lista. En otras palabras, existía un deseo explícito de parte de nuestros pastores de contar con un recurso sobre discipulado en el que pudiesen confiar. Querían que fuese un recurso de calidad, por supuesto, con contenido que pudiesen utilizar de muchas formas distintas para dar entrenamiento en discipulado. Pero no cabía la menor duda que también querían tener la confianza de saber que había sido desarrollado en un alto nivel de calidad por personas comprometidas con los valores de la iglesia.

En la División Norteamericana tomamos la expresión de esa necesidad tanto como un desafío como un mandato. Sabíamos que nuestros pastores necesitaban desesperadamente herramientas para entrenar a sus miembros a seguir a Jesús más estrechamente y cómo crecer en Cristo. Los pastores también pensaban que el discipulado estaba conectado con desarrollar una comunidad de fe más estrecha, a la que pudiesen venir los recién bautizados y tener la seguridad de que serían amados y aceptados en la comunidad de la iglesia —de tal manera que les ayudasen a crecer.

Todo eso tenía todo el color y el sabor del discipulado. Pero, ¿cómo íbamos a llevar a cabo la tarea que habíamos aceptado? Demasiadas "buenas ideas" nunca salen a la luz del día porque no hay suficientes fondos para llevarlas a cabo o un compromiso suficientemente firme para guiarlas a través de los diversos "callejones" que son parte del proceso. Algunas veces una idea maravillosa ha fallado porque la persona al timón de la misma recibió un llamado a otro trabajo.

Sabíamos que desarrollar una serie sobre el discipulado de calidad no sería algo fácil ni rápido. Lo que nuestros pastores solicitaban era un recurso que fuese más allá de un libro o un video. Querían algo con substancia. Querían herramientas que pudiesen utilizar con sus miembros, con la satisfacción de que podrían adaptarlas a sus circunstancias individuales.

Cuando el NAD Church Resource Center inició el proceso hizo un contrato con el Center for Creative Ministry (CCM) para empezar el desarrollo del contenido central de la serie. CCM empezó estableciendo grupos de estudio y grupos de consejeros para ayudarles a identificar lo que el curriculum del discipulado debería de incluir. Establecieron después las directrices para los escritores y empezaron a trabajar con varios escritores y redactores para desarrollar el contenido preliminar. De esa labor surgió una base final de 134 unidades de material para discipulado que fueron después corregidas y elaboradas para que tuviesen la misma consistencia.

Conforme este proceso se llevaba a cabo empezamos también a trabajar en los otros dos componentes en la serie de discipulado. Estos incluían un sistema de distribución para el contenido de la biblioteca de discipulado y el desarrollo de una serie de libros para grupos pequeños que capacitasen a los pastores y a los líderes de las congregaciones a establecer o usar el programa de grupos pequeños donde se llevaría a cabo el entrenamiento de discipulado. Sabíamos que habría algunos pastores que querrían desarrollar sus propios programas basados en la biblioteca y sabíamos que habría pastores que estarían dispuestos a utilizar cualquier cosa que les fuese fácil de usar y fuese aceptada por los miembros de su congregación.

La Edición del Pastor de iFollow

A la extensa biblioteca de material sobre discipulado, organizada en 134 unidades, le hemos dado el nombre de la Edición del Pastor de iFollow. Decidimos distribuir la Edición del Pastor de dos formas.

Primero, estaría disponible para todas las iglesias en Norteamérica a través del Pastor's DVD. Lo que es notable del Pastor's DVD, como sistema de distribución, es que todos los pastores lo conocen y saben usarlo. El NAD Church Resource Center hizo un estudio hace un tiempo atrás y descubrió que el 80% de los pastores adventistas en Norteamérica abren y utilizan el contenido del Pastor's DVD. Con el contenido de la serie disponible como una biblioteca que pueden tener en su iglesia —disponible para todo tipo de usos— sabíamos que íbamos en buen camino.

Después decidimos incrementar el sistema de distribución al poner también todo el contenido en la Web. Uno de los límites de un DVD es que es un sistema que se recibe una vez. El pastor recibe material con valioso contenido, pero no hay manera de expandirlo. En la Web, por otra parte, el contenido puede ser ampliado y añadido conforme sea necesario. Conforme se desarrolla material nuevo, puede estar disponible en la Web, por lo que un segmento en la Web tenía que ser parte del sistema de distribución.

La serie iFollow

Debido a que los atareados pastores buscan maneras de ofrecer entrenamiento de una manera que sea fácil de llevar a cabo, nos dimos cuenta que una serie de pequeños libros, dirigidos directamente a los miembros de iglesia, sería algo ideal. Pero tendrían que ser libros muy especiales tanto en su contenido como en su utilización.

Algunos de los libros de iFollow fueron extraídos directamente del contenido de la biblioteca (la Edición del Pastor) y otros fueron escritos para abordar temas específicos de discipulado. Esos libros, escritos y redactados por escritores adventistas de experiencia, no son como libros antes vistos. Han sido organizados específicamente para ser usados en el contexto de grupos pequeños. Los temas sobre el discipulado no solamente han sido tratados de forma profunda sino que se ha añadido material adicional a cada libro, proveyendo novedades como estudios bíblicos para cada capítulo, comentarios específicos de Elena White y varios escritores contemporáneos y actividades para el grupo que hacen el contenido de los libros más ameno. Hay incluso una sección en cada capítulo que muestra cómo el tema de cada capítulo se relaciona con una o más de las Creencias Fundamentales de nuestra iglesia.

En breve, la biblioteca de iFollow, con los libros para grupos pequeños de iFollow, representa una nueva herramienta para fortalecer la vitalidad de la congregación local y profundizar la vida espiritual del cristiano. Ha sido desarrollada específicamente con el usuario en mente y continuará creciendo conforme se añadan más títulos y más material esté disponible. Eso quiere decir que si desea iniciar entrenamiento sobre discipulado en su iglesia podrá continuar ese proceso durante todo el tiempo que lo desee —con contenido en el cual puede confiar, organizado para hacer el proceso fácil y efectivo.

Transforma tu familia

Este libro en particular, *Transforma tu familia,* escrito por el doctor Alfonso Valenzuela, estaba en la lista de temas que se diseñaron para ser incluidos en nuestra biblioteca de discipulado. Necesitábamos un libro que ayudase a las familias a fortalecerse de la "manera correcta", para que los resultados fuesen obvios. Ya que es un tema en el cual ninguno puede decir que no tiene interés, es importante conocer el poder de la familia y la condición crítica de la familia. Como la familia, el tiempo y el amor son algo que atañe a todos, lo mismo que su poder transformador. Hablando de poderes transformadores, no podemos ignorar el poder de la comunicación y, sobre todo, el poder de la oración.

El doctor Valenzuela ha escrito varios libros sobre la familia, ha sido pastor de éxito tanto en la Conferencia del Sur de California como en la Conferencia del Sureste de California. Por más de diez años fue maestro en Andrews University, donde tuvo como alumnos a muchos de los pastores que se beneficiarán ahora, con sus congregaciones, con este material.

Conforme inicia la jornada hacia el discipulado, le insto a que tome este proceso con entusiasmo y con grandes expectativas. Es probable que no todos los pasos en el sendero sean placenteros. Esa es una realidad que tenemos que admitir. Pero si tiene presente que Dios está con usted, durante todo el recorrido, podrá seguir adelante, cuando los demás quedan al lado del camino.

Transforma tu familia, a fin de cuentas, tiene que ver con ser tenaz y persistente, rehusando permitir que cualquier cosa se interponga en nuestro caminar con Jesús. El discipulado, a fin de cuentas, es comunión con Jesús. Él puede transformar vidas conforme va contigo en el recorrido de la vida.

Prólogo

Los discípulos tuvieron una gran oportunidad, una oportunidad envidiable para muchos. Pudieron no solo vivir durante el mismo periodo que vivió el Salvador, sino que pudieron estar a su lado, escuchar sus palabras, aprender de él. Durante aproximadamente tres años y medio presenciaron eventos que impactaron su vida. Hablaba con una autoridad que, hasta entonces, les era completamente desconocida.[1] Los llevó a un conocimiento de lo que significa el reino de los cielos (Mateo 5).[2] Compartió el pan con ellos y les llamó amigos: "Nadie tiene mayor amor que este, que uno ponga su vida por sus amigos. Vosotros sois mis amigos… os he llamado amigos, porque todas las cosas que oí de mi Padre, os las he dado a conocer".[3] ¡Qué gran privilegio!

Una vez concluida su misión en esta tierra, después de compartir unos pocos días con sus discípulos, Jesús se reunió con los once en Galilea. Es interesante que Mateo fuera directamente de la resurrección a ese evento en Galilea. No recuenta los eventos de las otras ocasiones en las que Jesús se reunió con sus discípulos registradas en los evangelios de Lucas y Juan. Para Mateo, lo más importante después de la gloriosa realización de la resurrección, fue esa reunión de los once en Galilea. Es de notar también que el evangelio de Mateo, que empieza con la genealogía de Jesucristo —estableciendo su derecho al trono de David— termina con las palabras "he aquí yo estoy con vosotros todos los días, hasta el fin del mundo. Amén",[4] —estableciendo su relación estrecha con los creyentes.

Pero el último capítulo del evangelio de Mateo es, probablemente, conocido mayormente por las palabras de Jesús en lo que se conoce como la Gran Comisión: "Id y haced discípulos a todas las naciones, bautizándolos en el nombre del

---

[1]Marcos 1:22

[2]Mateo 5

[3]Juan 15: 13-15

[4]Mateo 28:20

Padre, del Hijo y del Espíritu Santo".[5]

Impulsados por esas palabras del Maestro, se inició un movimiento que ha llegado a sacudir al mundo. Los creyentes tomaron muy en serio esas palabras y el evangelio se esparció por todo el Imperio Romano. "Cristo comisionó a sus discípulos para que proclamasen una fe y un culto que no encerrasen idea de casta ni de país, una fe que se adaptase a todos los pueblos, todas las naciones, todas las clases de hombres."[6]

En esta obra del pastor Valenzuela, se destaca un campo muy importante para el discipulado cristiano: nuestras mismas familias. Tanto pastores como laicos tienen que ser conscientes que así como de nada sirve ganar al mundo y perder el alma,[7] de nada sirve ganar incontables cantidades de personas para el reino de los cielos si descuidamos la vida espiritual de nuestra familia. No quiero ir al extremo de decir ganar almas para Cristo y perder a nuestra familia porque todavía hay esperanza para nuestra familia. La comparación no debería de ser tan extrema —aunque conocemos de muchos casos en los que ha sido una triste realidad— porque, después de todo, el mensaje del evangelio es un mensaje de redención, un mensaje de crecimiento, un mensaje de liberación.

El profeta Jeremías pregunta al rey Joaquín y a todo Israel: "¿Mudará el etíope su piel, y el leopardo sus manchas? Así también, ¿podréis vosotros hacer bien, estando habituados a hacer mal?"[8] Es una pregunta retórica, por supuesto. ¿Quién puede cambiar el color de su piel? Bueno, algunos habrán tratado. Pero, ¿puede el leopardo cambiar sus manchas? A menos que sea con un truco de fotografía, es algo imposible. El mensaje, por lo tanto, es desalentador. No podemos cambiar. ¿Pero es ese el mensaje del evangelio? ¿Qué hubiera escrito cualquiera de los evangelistas, después de estar con Jesús? Creo que Juan podría haber escrito algo como esto: "¿Puede mudar el etíope su piel o el leopardo sus manchas? ¡Por supuesto que no! Pero tú puedes cambiar, tú puedes hacer el bien por el poder que la libertad que Cristo te confiere. Puedes enderezar los caminos torcidos, puedes traer a la oveja descarriada, puedes volver a tu padre, puedes encontrar la perla de gran precio, puedes transformar tu vida y la vida de tu familia".

Como padres y madres, podemos cambiar el rumbo de las familias de nuestra iglesia, podemos cambiar el rumbo de nuestra propia familia. El color y las manchas no tienen poder ni autoridad sobre la gracia de Cristo. Para el padre

[5]Mateo 28:19
[6]E. G. White, *El deseado de todas las gentes,* pág. 759.
[7]Mateo 16:26
[8]Jeremías 13:23

cristiano, para la madre cristiana, el mensaje del evangelio es un mensaje de redención, de renovación y de esperanza. El mensaje de Jesús es "tu familia puede ser transformada".

Esta obra del pastor Valenzuela no solamente nos proporciona el mensaje de esperanza que necesitan nuestras familias —algunas dolientes, quebrantadas, descorazonadas— sino que también nos proporciona las herramientas para encaminarnos a una relación más armoniosa, más amorosa, más apegada, más conforme a las palabras del Salvador. Me parece muy apropiado que la herramienta secreta para proveer la transformación que necesitan sea el TACO: Tiempo, Amor, Comunicación y Oración.

Tony Anobile
Presidente
Arizona Conference of Seventh-day Adventists

Prefacio

"No os conforméis a este siglo, sino transformaos por medio de la renovación de vuestro entendimiento, para que comprobéis cuál sea la buena voluntad de Dios, agradable y perfecta".[1]

La familia es la piedra fundamental de nuestra sociedad y la obra más importante que podemos hacer es fortalecerla, o mejor aún, transformarla. El destino de nuestra sociedad depende de la dirección que tomen nuestras familias.

La transformación del hogar requiere de nuestros mejores esfuerzos, nuestros más consagrados talentos, los más elevados deseos, una gran visión y sobre todo la seria determinación de hacer todo lo que sea necesario por lograrlo. Las cosas que en realidad apreciamos y consideramos básicas para nuestro bienestar requieren grandes porciones de nuestro tiempo, nuestro más serio planeamiento, nuestros más profundos pensamientos y que le demos un lugar importante en nuestra lista de prioridades.

Para poder lograr esto, es necesario trabajar con ahínco y hacer serios sacrificios. Se debe luchar por lo que se desea de corazón y se debe estar dispuesto a pagar el precio. Cuando se habla de la felicidad de la familia, no debemos escatimar ni esfuerzos ni costos para lograr la más completa felicidad. Teóricamente la mayoría decimos que la familia es nuestra prioridad número uno. Decimos que la familia tiene precedencia sobre cualquier cosa, incluso nuestra salud y hasta nuestra vida misma. Estamos dispuestos a darlo todo, a sacrificarlo todo. Es lo máximo que tenemos en nuestra vida y no podemos vivir sin ella. Sin embargo, en la práctica la realidad es que hay un sinnúmero de cosas que ocupan el primer lugar en nuestra existencia dejando a veces en último lugar a nuestra querida familia. Asuntos de menor importancia ocupan nuestra vida; entre ellos podemos mencionar cosas tales como el trabajo, las amistades, la superación personal, y los estudios.

[1] Romanos 12:2.

Las cosas que son más importantes nunca deben estar a la merced de las cosas que importan menos.

—Goethe

Mientras otras cosas menos importantes ocupen nuestra atención y nuestro tiempo, nuestras familias sufrirán las consecuencias. No podremos tener éxito en nuestra vida familiar si no la ponemos en el primer lugar en nuestra lista de prioridades. Nuestra familia debe ser lo primero, de lo contrario, los resultados serán demasiado dolorosos, costosos, y con muy graves consecuencias sobre todo el sistema familiar.

Cuando se está en el lecho de la muerte, lo que más viene a la mente no son los "hobbies", el trabajo, los estudios, o las diversiones; sino las cosas que no se hicieron y que se debieron haber hecho a favor de la familia, especialmente el dedicarle tiempo. Es por eso que en el cielo nadie se quejará de haber dedicado demasiado tiempo a su familia.

El propósito principal de la presente obra es ayudar al lector a fortalecer y transformar sus lazos familiares. La transformación se logra por medio de la renovación del entendimiento:

"No os conforméis a este siglo, sino transformaos por medio de la renovación de vuestro entendimiento, para que comprobéis cuál sea la buena voluntad de Dios, agradable y perfecta".[2]

Este libro presenta consejos muy acertados y efectivos para lograr ese propósito, los consejos que se ofrecen son altamente recomendados por sociólogos, psicólogos, terapeutas y consejeros familiares y son respaldados por investigaciones recientes. Especialmente se ha puesto mucha atención a los principios eternos que se derivan de la Palabra de Dios. Al atender a estos consejos notaremos una diferencia muy grande. Y aunque los cambios no ocurren de la noche a la mañana, poco a poco notaremos cómo el amanecer de la felicidad comienza a disipar la oscuridad de los problemas e infelicidad que sofocan a muchos de nuestros seres amados.

Este libro es el resultado del trabajo de varias personas. En primer lugar, agradezco a mi esposa, Jeanine, y a mis hijos Veruschka y Alan por su amor y paciencia. Ellos son los que venían siempre a mi mente cada vez que luchaba con los conceptos aquí presentados. Ellos son mi fuerza y mi inspiración; mi reto y gran desafío; pero sobre todo, mi fuente de enorme felicidad.

Mi gratitud va también para todos los miembros y pastores de las distintas

[2]Romanos 12:2.

iglesias donde he presentado este material, especialmente las iglesias de Estados Unidos, Puerto Rico, Londres, Moscú, Nigeria y México, quienes han compartido conmigo muy valiosos comentarios en los distintos seminarios y clases.

En forma muy especial quiero agradecer al Dr. Tulio Peverini, por haber compartido su vasta experiencia y por haber leído y editado el manuscrito original de esta obra.

Tengo mucha gratitud a mi querida familia de origen, muy especialmente a mi hermano Alberto, por su constante apoyo. A Arnoldo quien sobrevive por su humor tan especial y cariño incomparable. A Abdiel quien además de hermano es un verdadero amigo. A Alma y Adriana por su dulzura y sobre todo el balance que trajeron a nuestra familia. A mi padre, Alfonso, de quien heredé más de lo que me imagino. A mi madre, Alicia, quien con su fiel testimonio, nos enseñó que la familia es primero. No puedo dejar de mencionar a las nuevas adiciones a la familia: Gustavo y Mirta, quienes han venido a completar nuestro cuadro familiar

Sobre todo agradezco a mi Dios por la vida, la salud y la energía para seguir adelante. ¡A Dios sea la gloria!

Alfonso Valenzuela

APLICACIÓN DE LAS CREENCIAS FUNDAMENTALES

22

Conducta cristiana

Somos llamados para ser un pueblo piadoso, que piensa, siente y actúa de acuerdo con los principios del Cielo.

23

Matrimonio y familia

El matrimonio fue establecido por Dios en el Edén y confirmado por Jesús, para que fuera una unión por toda la vida entre un hombre y una mujer en amante compañerismo.

Capítulo uno
El poder de la familia

¿Qué sería de nosotros sin nuestra familia? Es lo más grande que tenemos, lo más importante que poseemos. En una encuesta realizada por la organización Gallup en los Estados Unidos se encontró lo siguiente:

- 62 % dijeron que la familia era lo más importante,
- 46 % dijeron lo mismo acerca de la religión,
- 26 % dijeron que el trabajo era lo más importante.[1]

La razón es que con la familia somos todo y sin ella no somos nada. A la familia le debemos no solamente nuestro origen, sino nuestra completa existencia. Si hemos sobrevivido y llegado hasta donde estamos ahora, es por nuestra familia. Gracias a nuestra familia somos lo que somos. Sin ella no seríamos nada.

La familia provee las herramientas y todos los medios necesarios para el desarrollo de nuestro carácter. De ella recibimos el amor, el apoyo, el ánimo, el entusiasmo, el modelo y la energía para poder triunfar en la vida. Quien sobrevive y triunfa en la vida, se lo debe mayormente a su familia. Vez tras vez, en reuniones especiales donde se da reconocimiento a personas sobresalientes, escuchamos testimonios que indican el papel tan importante que la familia o algún ser querido jugaron en su vida que le ayudó a alcanzar el éxito. A veces son los abuelos, algún tío, algún hermano, el padre o la madre. Con la influencia de una sola persona significativa, se pueden producir resultados increíbles en las vidas de los seres humanos.

---

[1]Lydia Saad, *Where Do Americans Find Personal Contentment?* www. gallup.com, 16 de marzo 2004.

Funciones de la familia

La familia desempeña ciertas funciones que son de suprema importancia para cada uno de sus miembros. Al estudiar detenidamente cada una de estas funciones, descubrimos que son imprescindibles tanto para el desarrollo del individuo como para la sobrevivencia de toda la raza humana.

Ellen Janosik y Elta Green[2] presentan las siguientes funciones de la familia:

Compañerismo

Una familia comienza con una pareja, un matrimonio compuesto por el esposo y la esposa, donde cada uno espera que ciertas necesidades básicas sean suplidas por la otra persona. Entre las necesidades más importantes podemos mencionar la comprensión, la ternura, la intimidad, y la aceptación, elementos muy importantes para el bienestar de todo ser humano. Es cuando la pareja tiene una relación especial de compañerismo que estas necesidades son suplidas en forma mucho más satisfactoria.

Cada miembro de la familia necesita sentir la completa seguridad de que en su familia puede encontrar el cuidado y la protección que necesita.

El compañerismo, en particular, es esencial en todo matrimonio y en toda familia. No solamente los esposos deben ser excelentes compañeros entre ellos, sino que ese compañerismo debe extenderse también al resto de la familia.

Un matrimonio con alto nivel de felicidad es un matrimonio donde el esposo y la esposa son muy buenos compañeros. Sienten que uno es para el otro el mejor amigo o amiga que tienen en este mundo. El compañerismo se demuestra al realizar actividades juntos, tales como pasear, recrearse, y platicar; en fin, pasar tiempo juntos gozando de la vida.

Una pareja que se lleva bien es aquella que alimenta una amistad genuina y la transmite a los hijos y a los demás miembros de la familia. Un amigo es alguien que está siempre dispuesto a ayudar, atender, entender, comprender; en fin, alguien que es la extensión de uno mismo.

Cuidado y protección

El cuidado y la protección que provee la familia son dos funciones únicas. Ninguna otra institución ofrece tan desinteresadamente el cuidado y la protec-

[2]Ellen Janosik y Elta Green, *Family Life, Process and Practice,* pág. 7.

ción tan especial que provee la familia; esto se demuestra especialmente hacia los niños, los cuales requieren de protección, socialización, educación y un alto nivel de seguridad.

Los hijos no son los únicos que reciben este beneficio que brinda la familia. Cada uno de los miembros recibe en un momento dado el cuidado y la protección que necesita, especialmente en ocasiones cuando miembros de la familia experimentan enfermedad o alguna crisis personal. En estas circunstancias, la

VOCES ADVENTISTAS PASADAS Y PRESENTES

- El cáncer me ha enseñado lo que es realmente importante. Tiene una manera de iluminar súbitamente lo que es importante en la vida con una claridad extraordinaria. Subir los peldaños del éxito, los logros personales y profesionales, acumular dinero y un montón de bienes materiales, ser bien conocido o incluso sonar familiar —nada de esto realmente importa mucho. ¿Qué es lo que importa? Conocer y amar a Dios es lo que importa. Las relaciones con la familia y con el prójimo es lo que importa. La eternidad y prepararse para ella, eso es lo que importa. El resto no importa.
  Ken McFarland, *Adventist Review*, 16 de febrero de 1998, pág. 13

- Demasiados líderes y miembros de iglesia son sólo vagamente conscientes de la presencia y el impacto de su cultura de origen en su comportamiento. Los gustos en música, vestimenta, los conceptos de pudor, las preferencias en el vestir, y una cantidad de otras actitudes personales generalmente reflejan sus orígenes culturales. La cultura se aprende no sólo a través del estudio formal, sino también a través de un proceso de "ósmosis" cultural, en el que los valores, actitudes, roles y conductas aceptables y esperadas por el grupo cultural son absorbidos y reflejados. Este proceso comienza en la familia. Los padres son un ejemplo de comportamiento cultural "correcto" a través de su uso de la alabanza, el castigo, y la comunicación con sus hijos. Toda la comunidad participa en la comunicación de sus expectativas culturales.
  Leslie Pollard, *Adventist Review*, 5 de febrero de 2004, pág. 22

- Si bien es cierto que no somos siervos de algún señor o amo, estamos bajo la protección del Altísimo, y con la vida cotidiana vienen las responsabilidades. Muchos de nosotros los adultos trabajamos y debemos dar cuentas a un jefe o supervisor en el trabajo. En casa, podemos ser responsables por del bienestar de un cónyuge o un familiar enfermo. Los niños pueden tomar mucho tiempo y energía, pero son un regalo de Dios. ¿No quiere esto no decir, entonces, que somos responsables de su bienestar y su cuidado? Preocuparnos por esos pequeñitos puede parecer una insignificancia, pero es algo grande ante los ojos de Dios.
  Bonnie McLean, *Adventist Review*, 21 de agosto de 2008, pág. 25

familia está siempre dispuesta a brindar el cuidado que sea necesario.

Cada miembro de la familia necesita sentir la completa seguridad de que en su familia puede encontrar el cuidado y la protección que necesita. Todos, especialmente los hijos, deben sentir sin lugar a duda que en su hogar hay personas dispuestas a brindarles la seguridad y la protección que necesitan para poder subsistir en un mundo hostil.

Cuando los hijos, o cualquier otro miembro de la familia, pierden esa seguridad de cuidado y protección que la familia debe brindar, se privan de una de las funciones más importantes de la sobrevivencia humana. Al faltar esta función familiar, hay miembros que experimentan ansiedad y otros problemas emocionales.

Aunque es la responsabilidad principal del padre y de la madre el asegurarse que su familia inmediata reciba la protección debida, los miembros entre sí deben ayudarse, protegerse y defenderse contra cualquier tipo de asalto.

Comunicación

Esta función es muy importante, pues forma la base para establecer relaciones con otras personas y sirve para resolver problemas y conflictos interpersonales. La familia es el núcleo principal donde se aprende y se desarrolla esta importante función.

Los hijos aprenden de los padres la forma correcta en la que deben comunicarse efectivamente con otros. Cuando los padres mantienen abiertas las líneas de comunicación familiar, proveen un ambiente familiar feliz, y permiten que todos los miembros de la familia aprendan a comunicarse efectivamente entre sí. Tanto la comunicación interfamiliar como la extrafamiliar se adquieren y se desarrollan dentro del contexto de la familia. Es en la familia donde se aprende no sólo el lenguaje, el idioma, sino también las formas correctas (y a veces incorrectas) de expresarse y manifestar los gustos, las necesidades y los deseos personales.

La comunicación interfamiliar para que sea efectiva debe ser clara y consistente, de lo contrario, producirá confusión entre sus miembros. La comunicación extrafamiliar debe ser congruente y aceptable para las expectativas de la comunidad que rodea a la familia.

Sobre los padres cae la gran responsabilidad de asegurarse que tanto ellos como sus hijos utilicen una comunicación clara y efectiva para que todo el sistema familiar pueda funcionar armoniosamente. De lo contrario, puede producirse una gran confusión en el sistema familiar inmediato y con todos aquellos que lo rodean y con los cuales se relacionan.

La comunicación familiar es un asunto de tanta importancia para fortalecer la familia en general que se hará referencia a ella vez tras vez en esta obra.

Adaptación

La vida en general requiere un alto nivel de adaptación de parte de cada uno de los individuos que desean vivir saludablemente. Las personas que no se adaptan a los múltiples cambios a los que constantemente están expuestas terminan doblegándose ante las demandas que los cambios presentan. Los cambios que todo ser humano experimenta son muy variados; algunos son personales, impuestos por el transcurso del tiempo, otros tienen que ver con cambios de empleo, de domicilio, aumento de familia y muchos otros cambios que demandan adaptabilidad de cada uno de los miembros de la familia.

La familia funcional se adapta a los distintos cambios que se producen durante los diferentes ciclos de la vida familiar.

Los miembros de la familia, en particular, aceptan y se adaptan apropiadamente a las responsabilidades de los otros miembros de familia, especialmente a los cambios críticos que se experimentan durante el ciclo familiar. La entrada (nacimiento, casamiento o adopción) y salida (muerte o divorcio) de algún miembro de la familia requiere un alto nivel de adaptación de parte de los padres y los demás hijos que continúan en la familia.

Cada miembro necesita un alto nivel de adaptación en los distintos ajustes que se producen a través del ciclo familiar, tales como las dificultades que trae la adolescencia, los conflictos de la vida media, el casamiento de los hijos, el nacimiento de los nietos, los cambios de profesión, el mudarse de vivienda y otros cambios más que se realizan a través de la vida.

Se deben evitar los dos extremos en la adaptación, los cuales son demasiada adaptación (caos) o poca adaptación (rigidez). El caos se manifiesta mediante falta de liderazgo familiar, disciplina errática y demasiados cambios en el sistema familiar. La rigidez se demuestra cuando hay un liderazgo familiar autoritario, disciplina muy estricta y pocos cambios en el sistema familiar.

Se favorece el tipo de adaptación que se conoce como flexible, el cual se caracteriza por un liderazgo compartido con los demás miembros de la familia, una disciplina que es de naturaleza democrática que permite cambios en el sistema familiar solamente cuando son absolutamente necesarios.

Tregua

La familia es el lugar por excelencia donde se ofrece a cada uno de sus miembros el medio ambiente donde pueden relajarse y descansar de las agotadoras demandas que impone el mundo exterior, proveyendo una tregua o pausa para recuperar energías y poder continuar adelante con la vida. En la familia se puede descansar, se puede dejar de fingir y se puede relajar para recuperar las energías perdidas y continuar luchando por la existencia.

La vida está llena de muchos problemas y dificultades, sólo el vivir en sí produce una fuerte dosis de estrés. Si a esto le sumamos todas las situaciones estresantes que tenemos que enfrentar diariamente, no es de extrañarse que haya tantos problemas de carácter emocional, sin contar los dolores de cabeza, úlceras y otras muchas manifestaciones de estrés que acarrea la vida. La familia ha sido destinada a ser el oasis donde se puede descansar de las presiones y agobiantes tensiones que el mundo ofrece. En el hogar se puede ser uno mismo y actuar sin pretensiones, lo cual ofrece la tregua necesaria para recuperar las energías perdidas y poder seguir adelante.

Como podemos notar, las funciones anteriormente mencionadas son de suprema importancia y deben estar presentes en toda relación familiar para que cada uno de los miembros de la familia pueda desarrollarse normalmente.

El poder de la familia

Debido a su naturaleza tan especial y al significado que tiene para cada uno de nosotros, la familia ejerce un poder muy grande, casi sobrenatural sobre nuestras vidas. No hay institución que ejerza una fuerza tan poderosa sobre los individuos como lo hace el sistema familiar. La influencia de ese poder es tan grande que perdura a través de la existencia de todos los individuos y hasta se transmite de generación en generación, perpetuándose así casi para siempre.

Algunos tratan de huir del poder que sus familias ejercen sobre ellos, para encontrar poco tiempo después que esa influencia la tienen muy dentro de ellos, en sus mismos genes; y si de alguna forma logran reprimirla o anularla, se sorprenderán al ver cómo esa influencia, de la que estuvieron huyendo, se reproduce y se manifiesta entre sus seres queridos más cercanos. En realidad, es casi imposible huir del poder y la gran influencia que la familia tiene sobre cada uno de sus miembros. Para bien o para mal, la familia ejerce sobre cada uno de sus componentes una influencia muy poderosa.

Se ha escrito ampliamente sobre este tema y se han considerado los distintos ángulos y formas especiales en que la familia imprime su huella en cada uno de

RECURSOS PARA FORMACIÓN ESPIRITUAL

- Tu familia espiritual es aún más importante que tu familia física porque durará para siempre. Nuestras familias en esta tierra son un don maravilloso de Dios, pero son pasajeras y frágiles, en ocasiones divididas por el divorcio, la distancia, la vejez e, inevitablemente, la muerte. En cambio, nuestra familia espiritual —nuestras relaciones con los demás creyentes— continuará por la eternidad. Es una unión más fuerte, un vínculo más permanente que la consanguinidad.
Rick Warren, *Una vida con propósito*, págs. 126, 127

- En la costa de Inglaterra hay un faro construido por primera vez hace más de 200 años, y el arquitecto escribió como reto al mar, en los fundamentos de aquel faro, estas palabras: "¡Soplad vientos! ¡Levántate océano! ¡Elementos desencadenados poned a prueba mi obra!" Tres años más tarde, cuando el arquitecto estaba dirigiendo unas reparaciones, los elementos aceptaron el reto y un violento huracán lo destruyó todo y perecieron él y sus hombres de mar. Años más tarde, Juan Smeaton, un ingeniero creyente, volvió a construir el faro, pero puso sobre sus cimientos estas palabras: "Si el Señor no edifica la casa, en vano trabajan los que la edifican".
David Vila, *La familia cristiana,* pág. 1

- Para evitar la suerte de Elí, cada uno de nosotros tiene que reconocer que nuestras familias pueden fácilmente terminar como la de Elí. Tenemos que reconocer que cualquier familia puede destruirse; la de un diácono o un anciano, la de un pastor, la de un misionero, la de un padre que camina con Dios y que se entrega por completo a su iglesia, ya sea pobre, rica, saludable, tensa..., cualquier familia. Las señales de advertencia son con frecuencia evidentes.
Charles R. Swindoll, *Historias fascinantes de vidas olvidadas*, pág. 116

---

los miembros que la componen. A continuación se presentan resumidamente las formas más patentes de cómo el hogar ejerce su poder sobre cada uno de sus miembros. El poder que la familia ejerce sobre sus miembros se hace presente de las siguientes maneras:

La familia viene primero

El poder de la familia es tan grande y tan abarcante que la mayoría de sus miembros están dispuestos a sacrificar sus propias vidas por el bienestar de la familia en general. De hecho, a menos que la familia no se ponga en primer lugar, no podrá sobrevivir. Los miembros de la familia debieran estar dispuestos a dar, conceder y muchas veces a sacrificarse poniendo las necesidades de los demás antes que las propias. Esto se observa más frecuentemente y de manera más clara en la relación tan especial que existe entre los padres y los hijos. Desde luego, se espera que lo mismo ocurra en la relación entre todos y cada uno de los demás miembros.

Hay autores quienes hasta ponen el instinto de la familia sobre el instinto de sobrevivencia personal, lo cual es ya mucho decir. Por ejemplo, Paul Persall claramente señala que el instinto de sobrevivencia es suplantado muy frecuentemente por el instinto de la familia. Es decir, antes que las necesidades y la sobrevivencia personal, viene la sobrevivencia de la familia, ya que ¿qué padre no está dispuesto a dar su vida por la de su hijo? ¿Qué madre lo piensa dos veces antes de sacrificar su vida por la de su hija? De la misma manera ocurre entre muchos matrimonios, y también es el caso de muchos hijos que dan su vida por sus padres o por sus hermanos.[3]

Este concepto se aprecia claramente durante ocasiones especiales, tales como la Navidad, cumpleaños, día de Acción de Gracias, y otras festividades cuando lo que uno piensa, por lo general, es primeramente en la familia. Y es que no hay dicha más grande que pasar tiempo con la familia y estar al lado de los seres queridos, a los cuales tanto se aprecia.

Es el poder que ejerce la familia lo que le hace que ocupe un lugar de suprema importancia en la vida de cada uno de sus integrantes.

Llámalo un clan, llámalo una red, llámalo una tribu, llámalo una familia; llámalo como quieras, no importa quién seas, necesitas uno.
Jane Howard

Alto nivel de aceptación

La familia es el único sistema social donde somos completamente aceptados tal y como somos, de forma muchas veces incondicional, simplemente por lo que somos: parte de la familia. La familia ejerce una función muy importante y excepcional, tiene un alto e incomparable sentido de perdón. Este el único lugar donde se perdona incondicionalmente y se da la oportunidad de comenzar de nuevo; muchas veces como si nada hubiera pasado.

Si no se contara con eso, muchos estarían completamente perdidos. De hecho muchos se sienten completamente perdidos y desesperados porque sienten que la familia es incapaz de aceptarlos y reintegrarlos. Hay muchos jóvenes que al cometer errores sienten que su familia no les podrá perdonar y aceptar de nuevo; por lo tanto, deciden irse a la calle y a la completa perdición. Sienten que su única esperanza está perdida. La única esperanza de muchos es la

---
[3]Paul Pearsall, *The Power of the Family: Strength, Comfort, and Healing*, pág. 6.

familia. Así de poderoso es el sistema familiar.

Este concepto de aceptación, perdón y amor incondicional debe ser constantemente mencionado y repetido por las personas más significativas, es decir, por papá y mamá. Los hijos, así como el cónyuge, deben sentir que su presencia en el sistema familiar no está basada en su conducta o en sus acciones, sino en el simple hecho de que son miembros de la familia. No se debe dar por sentado. Los adolescentes, en forma especial, necesitan escuchar esto de forma constante de parte de sus padres. Mientras pasan por los momentos más difíciles de su existencia, los hijos necesitan saber a ciencia cierta que sus padres los aman y aceptan incondicionalmente ante cualquier circunstancia o error que hayan cometido. Esto es algo que le da a la familia un valor único y especial. Con razón es lo máximo que cada ser humano posee.

En la familia se encuentra no sólo el refugio necesario, sino el bálsamo que ayuda a sanar las heridas y el dolor que se ha sufrido.

El centro de construcción y reparación

La familia es el lugar donde se origina, se construye, y donde además se reparan las vidas. Cuando se ha fracasado y fallado en algún aspecto importante de la vida, cuando se ha sufrido algún descalabro, en fin, cuando se ha pasado por una experiencia difícil; en la familia se encuentra no sólo el refugio necesario, sino el bálsamo que ayuda a sanar las heridas y el dolor que se ha sufrido. Nadie está más interesado en el bienestar y la recuperación de sus miembros que la misma familia.

Mediante el amor, la comunicación y la extensa paciencia es que la familia logra rehacer a los miembros que han sido descalabrados por los errores cometidos en su vida. En ningún otro lugar, sino en la familia, es que se encuentra esta importante labor.

Un padre contaba recientemente acerca de su hijo que había terminado su profesión y se había ido a una ciudad lejana para ejercerla. A los tres días el jovencito regresó a su hogar desecho, desesperado y consumido por un alto sentido de fracaso. Cuando el padre supo lo ocurrido fue a su cuarto y lo encontró llorando. El hijo le dijo: "No quiero hablar de eso, papá; por favor no me digas que regrese". El padre le indicó que había ido a su cuarto sólo para verlo, entonces lo abrazó y lo invitó a comer. Unos pocos días después, el hijo habló con su papá y este lo animó a tratar de nuevo, a seguir adelante y no darse por vencido tan fácilmente. Le ofreció su auto para que se lo llevara y le dijo que si él quería su mamá podría

PENSAMIENTOS INSPIRADOS

- Ningún miembro de la familia puede encerrarse en sí mismo . . . Si está lleno del amor de Cristo, manifestará cortesía, amabilidad, tierna consideración por los sentimientos de los demás, y le impartirá, por medio de sus actos de amor, una tonalidad, suave, agradable y feliz a sus relaciones. Será evidente que vive para Jesús, que está aprendiendo diariamente lecciones a sus pies, y recibiendo su luz y su paz.-YI 22-6-1893.
E. G. White, *Hijos e hijas de Dios*, pág. 83.

- Los caracteres se forman en el hogar; los seres humanos se modelan para ser una bendición o una maldición. El Señor ha confiado a la madre los miembros más jóvenes de la familia que vienen a nuestro mundo débiles y desvalidos, La infinita sabiduría y el infinito amor nos entregan a los padres, llenos de tareas y cuidados, ese tierno oficio, tan saturado de resultados eternos. El corazón de la mujer está lleno de paciencia y amor, si esa mujer ha entregado el corazón a Dios. Debe cooperar con Dios y con su esposo en la educación de las preciosas almas confiadas a ella, para que crezcan en Cristo Jesús. Y el padre, confiando en la gracia de Dios, debiera llevar la sagrada responsabilidad que descansa sobre él como esposo... (Manuscrito 22, 1898.)
E. G. White, *A fin de conocerle*, pág. 42

- En su sabiduría el Señor ha decretado que la familia sea el mayor agente educativo. En el hogar es donde ha de empezar la educación del niño. Allí está su primera escuela. Allí, con sus padres como maestros, debe aprender las lecciones que han de guiarlo a través de la vida: lecciones de respeto, obediencia, reverencia, dominio propio. Las influencias educativas del hogar son un poder decidido para el bien o para el mal. Son, en muchos respectos, silenciosas y graduales, pero si se ejercen de la debida manera, llegan a ser un poder abarcante para la verdad y la justicia. Si no se instruye correctamente al niño en el hogar, Satanás lo educará por instrumentos elegidos por él. ¡Cuán importante es, pues, la escuela del hogar!
E. G. White, *Consejos para los maestros, padres y alumnos*, pág. 104

ir con él para atenderlo por algunos días. Eso hizo la gran diferencia. El papá contaba con mucho orgullo, cómo su querido hijo se recuperó y hoy es un profesional de mucho éxito. Sólo en la familia se producen esos milagros.

La mayor fuente de felicidad

La familia es generalmente la fuente de mayor felicidad para todas las personas. Las más grandes alegrías, los momentos más dulces y tiernos los provee la familia. No hay nada que se compare a la felicidad de estar con los seres amados ¡Qué felicidad es estar con los seres queridos! ¿Qué cosa es mejor que recibir una carta o una llamada telefónica de un hijo, una hija, de mamá o papá, de un hermano, o algún otro ser querido? ¿Qué puede compararse a la felicidad que brinda el pasar un día jugando y platicando con la familia, comiendo juntos, disfrutando de la compañía de los seres queridos? No cabe duda que la familia trae mucha felicidad a nuestros corazones. No hay cosa más hermosa que una familia donde hay amor, comprensión, cariño, y ternura.

Cuando las cosas andan bien en la familia, la vida se llena de alegría, el futuro se mira con entusiasmo, los problemas se encaran con ánimo y valentía. Cuando se tiene todo el apoyo y el amor de la familia, no hay dificultad que no se pueda sobrepasar exitosamente. Los que gozan de esta bendición tienen un gran tesoro del cual recibirán constantemente una cantidad inagotable de felicidad.

Aparte de la felicidad que brinda a sus miembros, la familia ejerce una influencia muy poderosa para beneficio de los demás. La felicidad que tales hogares brindan a sus miembros no puede ocultarse, es contagiosa y atrae a otros a inquirir cuál es la fuente de felicidad que embarga a cada miembro de la familia. Es así como muchos han sido atraídos al evangelio.

La fuente de grandes problemas

No hay nada que se compare a la felicidad de estar con los seres amados .

Lo que trae la mayor felicidad a nuestras vidas, es también la fuente de nuestros más grandes dolores de cabeza. Las mayores angustias, los más grandes pesares, los peores dolores, los más delicados problemas emocionales provienen también de la familia.

Cuando ocurre alguna desgracia en la familia, ya sea un accidente o una enfermedad; tal vez la muerte prematura de algún ser amado o cualquier otra desavenencia que altere el sistema familiar, qué puñaladas tan grandes se reciben en el corazón. Cuando las cosas no andan bien en el hogar la vida se nubla, se pierde el interés por las cosas bellas; reina la discordia y el temor; la angustia y la incertidumbre se apoderan de todos los miembros de la familia; no hay peor cosa que vivir en un hogar lleno de discordias, de desprecios, de ofensas y enemistades. No hay nada que se compare a la desdicha de un matrimonio infeliz o de hijos rebeldes, desconsiderados y malagradecidos. ¡Qué difícil es vivir bajo esas circunstancias! Todo se nubla, todo se pone oscuro y la vida en general como que pierde todo sentido.

Todo esto se debe a que la familia ejerce una influencia muy poderosa sobre nuestras vidas. Cómo le vaya a la familia le irá a la vida de los individuos que la componen. Familias felices producen individuos felices. Familias disfuncionales producen individuos anormales, los cuales llegan a convertirse en un azote a nuestra sociedad y a toda la nación.

La mayoría de los problemas personales de los individuos, así como los grandes problemas que confronta nuestra sociedad, tienen su origen en las relaciones familiares. De allí la gran importancia de hacer todo lo que sea posible para poder tener matrimonios y familias donde reine la paz y la felicidad.

La familia y el trabajo

Las familias felices producen también personas felices. Se ha encontrado que los trabajadores que tienen hogares felices son los mejores empleados que existen. Siempre están contentos, gozosos, llenos de ánimo y disposición para hacer todo lo que sea necesario en el trabajo. Vuelven a sus hogares con una sonrisa en los labios y con el placentero sentimiento de que, aunque las cosas no hayan ido bien en el trabajo, en su casa encuentran el cariño y el apoyo que tanto necesitan. Se ha encontrado que los esposos que besan a sus esposas en la boca antes de irse al trabajo, son las personas que son más felices en sus trabajos.

La familia fue creada por Dios para que fuera un oasis en medio del desierto de los afanes de esta vida; para que fuera un verdadero "cielo en esta tierra". Pero para muchos, la familia, en vez de ser un pequeño cielo, es un tremendo infierno.

Muchos trabajan hasta doble turno con tal de no tener que ir a sus hogares. "¿Para qué ir a casa?", me decía un padre de familia. "Mi esposa y yo no hacemos más que pelear, insultarnos, y ofendernos. Mejor me quedo, trabajo y regreso a casa cuando todos están durmiendo". Otros encuentran refugio en la iglesia. "Me encanta venir a la iglesia" me comentaba una madre con dos hijos adolescentes. "Quisiera quedarme aquí toda la semana. En casa nos tratamos como perros y gatos".

Para muchos, la familia se ha convertido en un verdadero campo de batalla donde las discusiones, los altercados y a veces hasta la violencia son el pan de cada día. Por lo tanto, los miembros de esa familia, viven sumidos en la angustia y la desesperación. En muchos casos la agonía es inaguantable y los cónyuges terminan divorciándose o los hijos huyen de sus hogares y es que "el que turba su casa heredará viento" (Proverbios 11:29).

La familia y la espiritualidad

Familias felices producen también cristianos felices. Qué difícil es ser cristiano cuando las cosas no andan bien en el hogar. Hay parejas y familias que no dejan de pelear y discutir hasta que llegan al estacionamiento de la iglesia. Entonces los rostros infelices y angustiosos tienen que ser inmediatamente transformados en rostros de alegría. Pero qué difícil es adorar a Dios "con todo tu corazón, con toda tu mente, con toda tu alma" cuando los problemas familiares han dado fuertes estocadas en el corazón, confundido la mente y destrozado el alma. Qué difícil es enseñar o predicar el amor de Dios, y cómo ser un buen cristiano, cuando se ha ofendido a la esposa o maltratado a un hijo. Qué difícil es orar juntos como familia, o como esposos cuando se han causado grandes heridas. Sin embargo, si se desea alcanzar la completa felicidad, se debe hacer todo lo posible, sin importar las circunstancias, para orar juntos y entregarse a Dios como matrimonio y familia.

He preguntado a parejas con problemas matrimoniales si oran juntos. "¿Cómo vamos a orar juntos?", decía una esposa. "No podemos hacer nada juntos sin que terminemos peleando". Los problemas familiares opacan la vista a las cosas espirituales, hacen temblar la fe y disminuyen la esperanza y hasta el deseo de vivir.

Siendo que la espiritualidad juega un papel tan importante en los individuos, y desde luego, en sus hogares, el enemigo de las familias hace todo lo posible para apartarlas lo más posible de todos aquellos ejercicios espirituales que les darán a las familias la fortaleza necesaria. Cuando las familias se acercan a Dios, se acercan también entre ellos. Las bendiciones que reciben del cielo les capacitan para vivir una vida feliz llena de abundante amor, que les permite encarar con éxito todas las dificultades que enfrentan en su camino.

Mejor es un bocado seco, y en paz, que una casa de contiendas llena de provisiones.

Proverbios 17:1

La familia y la salud

Las investigaciones han reportado también una relación muy significativa entre las relaciones familiares y la salud de los miembros de la familia;[4] esto incluye no solamente la salud física, sino también la emocional y la espiritual.

Los investigadores Kira Birditt y Tony Antonucci han encontrado que las personas casadas reportan mejor calidad de salud psicológica y física que las personas solteras, y que la salud física y el bienestar en general está determinado por la multitud de las relaciones familiares que se tienen, tales como el cónyuge, hijos, padres, hermanos, y amigos.[5]

[4]José Bayona, *Families, Systems, & Health*, 24, verano 2006, págs. 220-223.
[5]Kira S. Birditt y Tony C. Antonucci, *Journal of Family Psychology*, diciembre 2007, pág. 595-604.

Estudio tras estudio han demostrado que las personas que cuentan con el apoyo emocional y social de otros, especialmente de la familia y de los cónyuges, demuestran un mejor funcionamiento de los sistemas inmunológicos, cardiovascular, y endocrino; se recuperan de enfermedades y heridas más rápidamente; reportan mejor adaptación psicológica; y participan en actividades más saludables.[6]

Los cristianos y sus hogares

Los que son realmente espirituales lo mostrarán en sus hogares. La efectividad de la religión es probada en el seno de la vida familiar. Quien no es un cristiano en su hogar, no es un cristiano. Quien no es una persona amante con los miembros de su familia, es porque "no le ha amanecido"; todavía vive en tinieblas.

> **La familia es nuestra conexión al pasado y el puente a nuestro futuro.**
>
> **Alex Haley**

Es fácil ser cristiano en la iglesia. Pero si realmente se quiere saber la clase de cristiano o el tipo de persona que alguien es, pregúntenle a su familia. El pastor o los miembros de iglesia tendrán un informe muy bonito que dar acerca de su conducta. Sólo lo ven unas cuantas horas por semana. Pero los que de veras lo conocen son su cónyuge y sus hijos. Ellos saben perfectamente la clase de cristianismo que practica cuando está en casa.

Qué triste es ver a hermanos que en la iglesia son unos santos pero en sus hogares son unos tremendos demonios. Hay quienes no solamente son desatentos y descorteses, sino que son ofensivos, maldicientes y hasta violentos. En una encuesta realizada recientemente en los Estados Unidos con tres mil trescientos profesos cristianos, se encontró que el 69 por ciento utilizaban algún tipo de violencia en sus hogares. Las consecuencias de la violencia doméstica en los miembros de la familia son devastadoras. Comparado con los que nunca han sido abusados, las víctimas de abuso tienden a:

- Beber alcohol y a fumar con más frecuencia,
- Usar drogas,
- Mirar materiales pornográficos,
- Participar en actividades sexuales inmorales,
- Escuchar música rock constantemente,
- Asistir a bailes,

[6]Paula M. Trief, Philip C. Morin, Roberto Izquierdo, Roberto, Jeanne Teresi, Justin Starren, Steven Shea, Ruth Weinstock, *Families, Systems, & Health*, 24, otoño 2006, págs. 318-331.

EL APOSENTO ALTO

- Lo que más efecto hace de forma profunda y positiva en el desarrollo del carácter de un niño es una relación con los dos padres que sea íntima y cariñosa. Por lo tanto, en aquellas familias donde ambos cónyuges pasan mucho tiempo fuera del hogar, los padres querrán asegurarse que están supliendo las necesidades espirituales y emocionales de sus hijos. No hay nadie que sea capaz de sustituirlos como padres cuando se trata de atender a esas necesidades de sus hijos.
  Jaime Fasold, *Tu media naranja: Cómo encontrar tu pareja y desarrollar un matrimonio feliz,* pág. 106

- Un hombre muy sabio dijo una vez "Si funciona... No lo toques". Si hay partes de la rutina de la casa y de las interacciones de comunicación que sencillamente están funcionando bien, ¿para qué cambiarlas? No hay razón para cambiar cosas que ya están funcionando, sólo por hacerlas más sofisticadas o para que coincidan con lo que sucede en otro lugar. Mientras cumplan adecuadamente con su propósito y todo el mundo entienda, ¿por qué no emplear ese tiempo y energía tratando de mejorar situaciones que no están funcionando tan bien, o de cambiar una situación que requiere ser modificada por una razón específica?
  Linda Hodgdon, *Estrategias visuales para mejorar la comunicación*, pág. 117

- El alcanzar el éxito y la felicidad es un proceso continuo, por eso cuando se alcanza una meta hay que fijarse otra meta y otra, y otra, y así sucesivamente durante toda la vida. Lo que en realidad sucede para la mayoría de las personas es que al no tener metas deambulan por la vida sin un propósito definido lo que causa insatisfacción, frustración y vacío espiritual.
  Pedro Carranza, *Felicidad al alcance de todos*, pág. 27

- Ser menos leales a la iglesia,
- Han intentado suicidarse,
- La religión no juega un papel importante en sus vidas,
- y varias otras cosas negativas que los apartan de la iglesia, les roban la felicidad y les proveen una vida llena de problemas emocionales y desgracias en general.

Una influencia muy poderosa

No cabe duda que la influencia que la familia ejerce sobre nuestras vidas es muy poderosa. Como ya vimos, afecta la vida en general. La familia nos da un guión, un patrón de conducta que gobierna nuestras vidas por el resto de nuestra existencia, ya que tendemos a imitar lo que vemos en nuestros hogares de origen y tristemente las disfunciones vuelven a repetirse.

La familia nos enseña a vivir y nos predispone a repetir lo que observamos en nuestros hogares. De una forma consciente tenemos la fuerte inclinación a reproducir el mismo tipo de matrimonio que tuvieron nuestros padres y a criar a nuestros hijos de la misma forma en que fuimos criados.

El padre alcohólico produce hijos alcohólicos y el que golpea a su esposa tiene hijos que cuando crecen hacen lo mismo. Y aunque el hijo del alcohólico jura que nunca beberá alcohol en su vida, pronto termina practicando el mismo vicio de su papá. El hijo que ve a su papá golpeando a su mamá y que perjura que él nunca hará eso con su esposa, termina haciendo lo mismo. Se trata de una herencia generacional que abarca a todo ser humano y que es muy difícil o casi imposible de romper y abandonar. Los hijos aprenden y practican lo que ven en sus hogares. El tipo de matrimonio y vida familiar en que se moldee a los hijos será lo que ellos repetirán en sus vidas. El trato y la disciplina que se les dé será lo mismo que ellos duplicarán en sus hogares.

Todo ser humano es el producto de esa herencia generacional. En muchas ocasiones, en forma consciente e inconsciente se repiten las acciones de los padres, ya que estos han impuesto un derrotero que sus descendientes se ven obligados a repetir. Aunque hay muchas cosas buenas y dignas de alabarse, también hay cosas malas que deben desecharse.

Nadie tiene que ser esclavo de las circunstancias ni autómata de las disfunciones transmitidas por el ejemplo de sus padres y familiares. Se puede cambiar, se puede romper el ciclo generacional y liberarse de todo mal hábito o costumbre heredada o cultivada. Se puede ser libre del pasado y tener una familia feliz.

Jesús quiere que seamos felices, y no seremos felices a menos que tengamos familias felices.

Tanto los cristianos como los que no lo son, experimentan problemas. Jesús nos dice: "En el mundo tendréis aflicción, pero confiad. Yo he vencido al mundo". Aunque muchos hogares cristianos están pasando por momentos muy difíciles, hay algunos que experimentan situaciones insoportables que no parecen tener solución. Jesús nos invita a confiar en él. Al poner en él la confianza se produce una esperanza y una paz que ayuda a tomar las cosas con calma y a considerar con tranquilidad las distintas alternativas para la solución de los problemas.

Un hermoso texto en las Sagradas Escrituras es 2 Corintios 5:17. Este pasaje ofrece una hermosa promesa: "De modo que si alguno está en Cristo, nueva criatura es, las cosas viejas pasaron, he aquí todas son hechas nuevas". Si estamos en Cristo, si verdaderamente estamos en Jesús, llegaremos a ser nuevas criaturas, personas distintas. Este cambio no es sólo para el ladrón, el borracho o la prostituta; también lo es para el mentiroso, el violento, el blasfemador, el iracundo, el que ofende a la esposa, el que maltrata a los hijos. Jesús nos hace nuevas criaturas, mejores esposos, mejores padres, y mejores hijos.

Jesús quiere que seamos felices, y no seremos felices a menos que tengamos familias felices. La familia ejerce una influencia muy poderosa sobre nuestra vida en general.

Cuando estemos unidos como familia seremos verdaderamente felices y esa felicidad se debe procurar a toda costa. Es tan importante que debe ser la primera obra de los cristianos. Me atrevo a decir que antes de trabajar por otros, antes de tratar de salvar a otras almas que perecen, los cristianos deben primero trabajar por su propia familia. ¿De qué sirve ganar a otros si se pierde a los seres queridos? Parafraseando a Jesús: "De qué le sirve al hombre si ganara al mundo y perdiere a su familia". ¡Qué triste será llegar al cielo sin los seres queridos!

Lo primero debe venir primero, y no hay nada que deba ser primero que la familia. Debemos fortalecer nuestras familias. Es el propósito de esta obra ayudar a las familias cristianas a enriquecer su vida familiar mediante principios guiadores que han mostrado ampliamente su efectividad.

El poder de la familia

Preguntas para discutir en grupos

1. ¿Qué importancia crees que tiene la familia para los miembros de tu comunidad? ¿Podrías dar algunos ejemplos de algo que ha pasado que demuestre la importancia que tiene la familia para tu comunidad?

2. ¿Qué tipos de actividades crees que se podrían realizar en tu comunidad para fortalecer los lazos familiares en los distintos hogares?

3. ¿Por qué crees que Dios creó a los seres humanos en familias? ¿Qué nos enseña eso acerca de Dios y acerca de las familias?

4. ¿Cómo afecta la felicidad y la motivación familiar el resto de las relaciones interpersonales de los miembros del hogar?

5. Se dice que un buen matrimonio es clave para una familia feliz; y que un buen noviazgo es esencial para un buen matrimonio; ¿qué piensas acerca de eso?

6. Considera las siguientes preguntas acerca del noviazgo. Contesta F si crees que la declaración es falsa y V si consideras que es verdadera:

   F V Buenos noviazgos producen buenos matrimonios

   F V Un buen matrimonio "nace", no se "hace"

   F V Parejas que se casan rápido, se separan muy rápido

   F V Los celos en el noviazgo desaparecen en el matrimonio

   F V Es bueno tener hijos lo más pronto posible

   F V Las finanzas causan serios problemas matrimoniales

   F V Los cónyuges no deben depender de sus padres

   F V Ver a un psicólogo o consejero es solo para locos

   F V Diferencias religiosas producen matrimonios felices

Preguntas de discipulado familiar

1. ¿Qué se te viene a la mente cuando escuchas la palabra "discípulo"?

2. ¿Te consideras un discípulo de Jesús? ¿Por qué sí, por qué no?

3. ¿Crees que es en el hogar donde se debe mostrar en primer lugar que se es un discípulo de Jesús? ¿Por qué?

4. ¿Qué influencia tiene la familia sobre la vida espiritual de cada uno de los miembros del hogar?

ESTUDIO BÍBLICO

La condición de la familia moderna

- **La condición de la familia no se ha mantenido estable**
- **Se estima que en las últimas décadas:**

1. Los divorcios se han ______________________________
2. ______________________________ se ha triplicado
3. El suicidio entre los jóvenes se ha ____________________
4. ______________________________ se ha quintuplicado
5. El madresolterismo se ha __________________________

- **Pareciera que estamos en una recesión social**
- **Leer 2 Timoteo 3:1-5 (ver también Mateo 24:6-7,10)**

1 También debes saber esto: que en los postreros días vendrán tiempos peligrosos. 2 Porque habrá hombres amadores de sí mismos, avaros, vanagloriosos, soberbios, blasfemos, desobedientes a los padres, ingratos, impíos, 3 sin afecto natural, implacables, calumniadores, intemperantes, crueles, aborrecedores de lo bueno, 4 traidores, impetuosos, infatuados, amadores de los deleites más que de Dios, 5 que tendrán apariencia de piedad, pero negarán la eficacia de ella; a estos evita.

- **¿Cómo serán los días en el tiempo del fin?**

▶ **¿Cómo afectarán a la familia?**

▶ **¿Qué problemas están confrontando las familias en su comunidad?**

▶ **Causas de las crisis**

A. Las causas que ocasionan las crisis en los hogares modernos son muchas y muy complejas.
B. Algunas causas son estresores accidentales, tales como enfermedades, muerte inesperada, problemas de trabajo, problemas migratorios.
C. Otras causas son evolutivas, tales como el casarse, la llegada de los hijos, los problemas de la adolescencia, el nido vacío, el retiro.
D. ¿Qué factores están ocasionando problemas en las familias en su comunidad?
E. ¿Cómo cree que los avances tecnológicos afectan a la familia moderna (Internet, celulares, televisiones)?
F. ¿Cómo cree que la economía afecta a la familia (falta de trabajo, la madre trabajando fuera del hogar, etc.)?
G. ¿Cómo cree que el liberalismo en nuestra sociedad afecta a la familia?

ESTUDIO BÍBLICO

- **Solución a los problemas familiares**
- **Lea detenidamente Deuteronomio 6: 4-7**

4 Oye, Israel: Jehová nuestro Dios, Jehová uno es. 5 Y amarás a Jehová tu Dios de todo tu corazón, y de toda tu alma, y con todas tus fuerzas. 6 Y estas palabras que yo te mando hoy, estarán sobre tu corazón; 7 y las repetirás a tus hijos, y hablarás de ellas estando en tu casa, y andando por el camino, y al acostarte, y cuando te levantes.

- **¿Qué principios importantes se desprenden de este texto que pueden ayudar a solucionar los problemas familiares?**

Recursos

▸ Libros

Felicidad al alcance de todos

Pedro M. Carranza

Esta obra compila todos los aspectos que usted debe conocer para efectuar los cambios que lo llevarán a lograr esa vida de felicidad plena que tanto desea. Este no es un simple libro de autoayuda, es una verdadera guía hacia la felicidad, un texto que le ayudará a comprender los orígenes de esos "obstáculos mentales" que no nos permiten avanzar. A través de ejercicios de automotivación, visualización y de afirmaciones, usted comenzará a construir una nueva vida.

Estrategias visuales para mejorar la comunicación

Linda A. Hodgdon

Presenta numerosas estrategias para favorecer las interacciones de comunicación en los estudiantes que padecen de autismo y otras incapacidades de comunicación, de moderadas a severas.

Es un libro tipo "cómo hacer", diseñado para ayudar a los maestros, patólogos del habla y el lenguaje y padres, a idear soluciones para los desafíos de comunicación y el manejo de sí mismos, tan comunes en este tipo de estudiantes.

Este libro viene lleno de ejemplos e ilustraciones y describe estrategias específicas que capitalizan las fortalezas visuales y estilo de aprendizaje de esta población.

Motivar en la escuela, motivar en la familia
Jesús Alonso Tapia

"¿Qué podemos hacer profesores y profesoras para conseguir que nuestro alumnado se interese y se esfuerce por aprender en lugar de tratar sólo de aprobar o, lo que es peor, de evitar todo trabajo escolar? ¿Cómo podemos contribuir padres y madres a estimular el interés y el esfuerzo de nuestra prole por avanzar?

El presente libro trata de proporcionar las claves que la investigación actual nos ofrece para poder dar respuesta a estas preguntas. Con tal fin, comienza describiendo las razones personales que mueven a alumnos y alumnas a esforzarse por aprender o, por el contrario, a afrontar la actividad escolar tratando de evitar tanto el esfuerzo como las consecuencias negativas del fracaso. Después, apoyándose en los hechos descritos, proporciona distintas estrategias a los profesores para estimular la motivación a lo largo de la actividad escolar, y a los padres para ayudarles tanto a prevenir los problemas de desmotivación — actuando antes de que estos aparezcan - como para remediarlos, una vez que se han presentado.

El autor ilustra las distintas propuestas con numerosos ejemplos que facilitan su comprensión, hecho que confiere al libro uno de sus principales valores, el de mostrar no sólo qué hay que hacer y por qué, sino también "cómo hacerlo".

Tu media naranja: Cómo encontrar tu pareja y desarrollar un matrimonio feliz
Jaime Fasold

A pesar de la escala creciente de fracaso matrimonial que se observa en la sociedad hoy, la Biblia ofrece ayudas prácticas tanto a quienes buscan su media naranja como a los que tienen la esperanza de mejorar su relación matrimonial. El autor de esta obra afirma que es posible cultivar un matrimonio que vale la pena, y que crece en felicidad a lo largo de los años.

Después de exponer los principios que rigen una elección acertada de la pareja, el autor explica cómo enriquecer la relación en áreas claves como la comunicación, las diferencias de personalidad y la resolución de conflictos, entre otros.

Fasold culmina su obra con respuestas a inquietudes de índole sexual, comúnmente sentidas pero que muchos temen hacer en público. Este libro ha sido escrito tanto para quienes se interesan por su propio matrimonio como para aquellos que orientan a otros en estos temas.

La lista de salud: Lo que tú y tu familia necesitan saber para prevenir enfermedades y vivir una vida larga y saludable

Manny Alvarez, MD

Por medio de uno de los más respetados corresponsales médicos, Dr. Manny Alvarez, llega un libro de mantenimiento y salud preventiva organizado para identificar y evitar las enfermedades más comunes y los riesgos de salud a los cuales estamos susceptibles cada uno de nosotros en cualquier etapa de nuestras vidas.

Como en *Tú: el manual de instrucciones*, *La lista de salud* está organizado como una guía para ayudar a que individuos y familias tomen las precauciones necesarias, en el momento adecuado de sus vidas, para evitar las enfermedades y los riesgos de salud más comunes, y para encaminarlos a una forma de vida enérgica y saludable.

En la vida de una persona, cada década trae consigo nuevos riesgos de salud imprevistos en la década anterior. Un plan de salud debe estar hecho a medida para adaptarse al cuerpo mientras madura y comienza cada década nueva de vida. Las explicaciones fáciles y amables del Dr. Manny y su análisis simple de cómo mantenerse saludable le muestran a las personas como actuar preventiva y activamente, sin miedos innecesarios o dependencia en los abundantes mitos de salud contraproducentes y anticuados. La misión del Dr. Manny es ayudar a los lectores en su búsqueda para vivir una vida larga y saludable, y lograr que les cierren la puerta a futuras enfermedades graves usando conocimientos médicos comprobados y sensatos.

RECURSOS

Enciclopedia salud y educación para la familia (4 volúmenes)

Isidro Aguilar y Herminia Galbes

Una completa obra médica, con un lenguaje asequible para toda la familia. El cuidado, prevención y curación de más de 400 enfermedades con tratamientos naturales, farmacológicos o quirúrgicos. 1. Tratado completo de andrología, ginecología, sexualidad, maternidad y puericultura. 2. Índice de búsqueda de más de 400 enfermedades y sus tratamientos en prácticas fichas. 3. Todos los cuidados de la madre antes, durante y después del embarazo, así como del bebé a lo largo de sus primeros años de vida. 4. Orientación práctica de médicos, psicológos y educadores, que ayudan a conservar y mejorar la salud física, mental y social.

@ Enlaces de la Web

- **Compañerismo—¿Qué Significa?**
  http://www.allaboutgod.com/spanish/companerismo-c.htm
  El compañerismo no era una palabra muy escuchada en la cultura predominante hasta recientemente. Pero con la popularidad de las películas de El Señor de los Anillos, y especialmente la primera película: "El Compañerismo del Anillo", la palabra ha disfrutado de un regreso lingüístico. El diccionario American Heritage define el compañerismo como: "La condición de estar juntos o de compartir intereses similares o experiencias", Con una definición tan amplia como esta, algunos pueden decir que el compañerismo no es nada más que pasar el tiempo juntos o pertenecer al mismo club. Sin embargo, el compañerismo, en su forma más verdadera, es muchísimo más que la reunión de varias personas en el mismo lugar por la misma razón.

- **Fuiste Hecho para Integrar la Familia de Dios [Compañerismo]**
  http://www.youtube.com/watch?v=t_f9ZkMJtv0
  El pastor Rick Warren, autor del libro Una vida con propósito, expone un resumen de los cinco propósitos para los que fuiste creado: para agradar a Dios, para la familia de Dios, para ser como Cristo, para servir a Dios, para una misión. "Las familias saludables tienen orgullo familiar: sus miembros no se avergüenzan de ser reconocidos como parte de ella".

- **El poder de la familia**
  http://www.cop.es/colegiados/M-00407/EL%20PODER%20DE%20LA%20FAMILIA.htm
  Si comprendemos la familia como un campo de fuerzas en interacción, el núcleo del poder o foco radial de ese campo gravitatorio ha de estar ocupado por la pareja paterna. El padre y la madre que comenzaron dando la vida, han de continuar inseminando a sus hijos durante el proceso psicogenético de impregnación e, igualmente, habrán de suministrarles el modelo básico para el de socialización. Esta influencia ha de ser paritaria y radial, aunque tenga carácter transaccional, porque los padres también pueden recibir influencia de sus hijos.

  Sin embargo, no siempre el centro del campo de influencia está ocupado por la pareja; hay familias matriarcales y patriarcales, que excluyen a uno de los miembros de la pareja, y otras familias están focalizadas por algún hijo o por otro pariente (tías o abuelos viudos, generalmente) que desalojó a los padres de su papel de guía y referente, usurpando todas las atribuciones del ejercicio del poder, en cualquier sentido.

- **La comunicación en la familia**
  http://html.rincondelvago.com/comunicacion-en-la-familia.html
  En general, la familia se define como el grupo social básico, creado por los vínculos del matrimonio o parentesco que se encuentra y es considerada por muchos como base de la sociedad. Durante un prolongado periodo la sociedad estuvo formada por un conjunto de familias que cumplía con la mayoría de las funciones sociales, inclusive las políticas, las religiosas y las económicas. Actualmente, la familia sigue cumpliendo funciones sociales importantes. En todas las culturas la familia se encarga de la socialización primaria de los nuevos miembros, de la satisfacción de las necesidades básicas de sus integrantes. Entre ellas está la comunicación y el diálogo que representan un carácter importante para el buen funcionamiento de esta.

- **Ideas para mejorar la comunicación en la familia**
  http://www.innatia.com/s/c-autoayuda-para/a-comunicacion-familiar.html
  Las relaciones familiares han cambiado mucho en estos últimos tiempos. La poca disponibilidad horaria o las ocupaciones que cada uno tiene terminan haciendo de la relación familiar algo fría y distante, ocasionando problemas y no estando delimitados los límites que tiene cada uno. Y esto, muchas veces, se debe a que se desatienden cuestiones básicas.

- **La familia: convivencia y comunicación**
  http://ptobal.wordpress.com/2007/01/16/la-familia-convivencia-y-comunicacion/
  Para que exista una buena convivencia debe haber una buena comunicación. En la comunicación existen dos elementos imprescindibles: el emisor y el receptor. Si uno de los dos no quiere comunicarse por mucho que se empeñe el otro la comunicación es nula. La vida familiar para que sea plena y satisfactoria requiere una buena convivencia y por consiguiente una buena comunicación entre sus integrantes. A la vida familiar —señala Enrique Rojas— hay que cuidarla a base de detalles, a base de cosas pequeñas.

ENLACES DE LA WEB @

- **Amor en la familia**
http://www.amor.com.mx/amor_en_la_familia.htm
Es una triste realidad que las familias actuales están tan saturadas con el trabajo, la escuela y otras tantas actividades que ya no tienen tiempo de platicar, convivir y mucho menos para darse amor. Es esencial entonces recomenzar para formar a nuestros hijos en la afectividad y así ayudarlos a desarrollar su capacidad de amar. No olvidemos que el amor se transmite principalmente en el hogar.

La capacidad de amar es resultado del desarrollo afectivo que ha tenido el ser humano durante sus primeros años de su vida, mediante un proceso continuo y secuencial que pasa por la infancia, adolescencia y se posterga hasta la madurez y vejez.

- **El amor en la familia**
http://www.ecovisiones.cl/informacion/amorfamilia.htm
Al hablar de familia se hace referencia a un grupo de personas que teniendo lazos de parentesco viven juntas bajo la emoción del amor. Es decir el amor es una emoción básica en la relación intrafamiliar. Cuando no existe la pasión de vivir juntos la familia se desintegra como tal. El amor es el motor que mantiene a la familia unida y constituye el principal alimento para el crecimiento y desarrollo de los hijos, y la relación de pareja.

La palabra amor identifica al afecto, la necesidad de estar cerca del otro pero por sobre todo la aceptación incondicional del que se ama. En la familia el amor es la emoción básica que sustenta las relaciones entre padres e hijos y entre los integrantes de la pareja. En la familia se recibe el amor y se aprende a darlo a los demás, en la familia se aprenden las formas de expresión de dicho amor y se aprende a compartir y a aceptar a los demás.

- **La familia y la salud integral**
http://www.esmas.com/salud/home/noticiashoy/430164.html
El desarrollo integral de cualquier persona necesita de diversos estímulos y factores que le permitan crecer y desarrollarse, ser productivos y establecer lazos de convivencia social adecuados, en pocas palabras lograr un máximo deseado de bienestar y salud integral a pesar de las adversidades y problemas cotidianos.

@ ENLACES DE LA WEB

Esa capacidad de salir adelante, de desarrollar estilos de vida y hábitos saludables se establece principalmente en la familia a través del desarrollo de hábitos, actitudes, habilidades y capacidades para enfrentar la vida.

- **Familia y salud mental**
  http://www.ecovisiones.cl/informacion/familiaysaludmental.htm
  Las familias igual que las personas pueden ser evaluadas de acuerdo a su salud mental. Una buena salud mental familiar tiene relación con el funcionamiento o funcionalidad de la familia. En la medida que la familia presenta ciertas condiciones que le permiten funcionar bien y hacen que sus miembros se desarrollen y se sientan bien, podemos decir que posee una buena salud mental.

El matrimonio fue establecido por Dios en el Edén y confirmado por Jesús, para que fuera una unión por toda la vida entre un hombre y una mujer en amante compañerismo.

APLICACIÓN DE LAS CREENCIAS FUNDAMENTALES

7

La naturaleza del hombre

El hombre y la mujer fueron hechos a imagen de Dios, con individualidad propia y con la facultad y la libertad de pensar y obrar por su cuenta.

20

Mayordomía

Somos mayordomos de Dios, a quienes él ha confiado tiempo y oportunidades, capacidades y posesiones, y las bendiciones de la tierra y sus recursos.

Capítulo dos
La familia en crisis

Algo de tanta importancia como la familia, es el motivo de los más duros ataques en nuestra sociedad hoy en día. La familia contemporánea es cruelmente bombardeada por una serie de problemas que la ponen en un estado de alto riesgo.

Estudios recientes indican que la familia moderna en general está en una crisis seria, afectando directamente a cada uno de sus miembros. David Popenoe, el "Dr. Phil" de los años 60 y 70 del siglo pasado, señala que la familia, como una institución, está en declive y que esto debería ser causa para alarmarse. [1]

Desde la década de los sesenta, la familia ha venido en un declive asombroso. Las estadísticas son alarmantes.

Los casos de divorcios aumentan

El número de divorcios aumenta constantemente.[2] Y para los que se casan por primera vez, se estima que la mitad terminará en el divorcio. El divorcio es no sólo difícil y doloroso para la pareja en el nivel relacional, también afecta la salud física y mental, incluyendo la de los hijos.[3]

---

[1]David Popenoe, *Journal of Marriage and the Family*, 55, agosto 1993, pág. 527.

[2]"Divorce statistics collection: Summary of findings so far," *Americans for Divorce Reform*, en: http://www.divorcereform.org; William V. D'Antonio, "Walking the walk on family values," *The Boston Globe*, octubre 2004, pág. 31.

[3]Donald H. Baucom, Kurt Hahlweg, DavidC. Atkins y Joachim Engl, *Journal of Family Psychology*, 20, 2006, págs. 448-455.

Aproximadamente el 70 por ciento de los que se divorcian tienen hijos menores de 18 años, o sea en edades en las que son más afectados por el divorcio de los padres. Cada año, un millón de niños ve a sus padres divorciarse, el triple de los niños cuyos padres se divorciaban en la década de los 50. Comparados con los niños de matrimonios intactos, el doble de los niños de padres divorciados tienden a divorciarse cuando se casan y suelen tener más problemas mentales.[4] Se estima que el 38 por ciento de las mujeres divorciadas con hijos viven en la pobreza; y los hijos de padres divorciados tienden a salirse de la escuela, tener hijos fuera del matrimonio, y poseer una salud mental pobre.

Las estadísticas de divorcio son alarmantes. En la última década hubo en los Estados Unidos

- un millón y medio de divorcios y un millón de separaciones por año,
- 3,562 divorcios por día,
- 148 divorcios por minuto.

Los años más difíciles en el matrimonio son el primero, el séptimo y el vigésimo.

El 50 por ciento de los casados por primera vez, se divorcian. Dos terceras partes de ese 50 por ciento lo hace en los primeros diez años. La duración promedio de matrimonios que se divorcian es de siete años.

Los matrimonios tienden a divorciarse mayormente durante el primer año de casados, en el séptimo año, y durante los veinte años de casados. Casi el 40 por ciento de los matrimonios se divorcian antes de cinco años. El 50 por ciento se divorcia cuando llevan de 5 a 19 años de casados. Sólo el 10 por ciento de divorcios ocurre entre los casados de más de 20 años.

De los 15 a los 25 años de casados es un período muy difícil y donde la mayoría de las parejas se separan y luego se divorcian. Entre las principales causas se pueden mencionar que los hijos entran en la adolescencia, los padres entran en la segunda adolescencia o crisis de la edad media, el matrimonio se vuelve desabrido, y la esposa cumple 40 años y el esposo la quiere cambiar por dos de a 20.

Se estima que el 80 por ciento de los divorciados se vuelven a casar y dos terceras partes se vuelven a divorciar.

Este no es un problema solamente de los Estados Unidos. Un estudio realizado por David Lester indica que de 27 naciones que participaron en el

---

[4] David J. Jefferson, *Newsweek*, 21 de abril 2008, págs. 47-53.

PENSAMIENTOS INSPIRADOS

- ¡Qué contraste entre la conducta de Isaac y la de la juventud de nuestro tiempo, aun entre los que se dicen cristianos! Los jóvenes creen con demasiada frecuencia que la entrega de sus afectos es un asunto en el cual tienen que consultarse únicamente a sí mismos, un asunto en el cual no deben intervenir ni Dios ni los padres. Mucho antes de llegar a la edad madura, se creen competentes para hacer su propia elección sin la ayuda de sus padres. Suelen bastarles unos años de matrimonio para convencerlos de su error; pero muchas veces es demasiado tarde para evitar las consecuencias perniciosas. La falta de sabiduría y dominio propio que los indujo a hacer una elección apresurada agrava el mal hasta que el matrimonio llega a ser un amargo yugo. Así han arruinado muchos su felicidad en esta vida y su esperanza de una vida venidera.
  E. G. White, *El hogar cristiano*, págs. 68, 69

- Siempre que los hombres rechacen la invitación del Salvador, se entregan a Satanás. En toda ramificación de la vida, en el hogar, en los negocios y aun en la iglesia, son multitudes los que están haciendo esto hoy. Y a causa de esto la violencia y el crimen se han difundido por toda la tierra; las tinieblas morales, como una mortaja, envuelven las habitaciones de los hombres. Mediante sus especiosas tentaciones, Satanás induce a los hombres a cometer males siempre peores, hasta provocar completa degradación y ruina. La única salvaguardia contra su poder se halla en la presencia de Jesús.
  E. G. White, *El deseado de todas las gentes*, pág. 310

- La felicidad se debe buscar en la forma debida y en la fuente adecuada. Algunos creen que seguramente hallarán la felicidad si se entregan a placeres pecaminosos o a las engañosas atracciones mundanas. Y otros sacrifican las obligaciones físicas y morales, creyendo hallar así la felicidad, y pierden el cuerpo y el alma. Habrá quienes traten de ser felices satisfaciendo la gula, considerando que la satisfacción del apetito vale más que la salud y la vida. Muchos se dejan encadenar a las pasiones sensuales, y están dispuestos a sacrificar la fuerza física, el intelecto y las facultades morales para complacer su lujuria. Se encaminan a una muerte prematura, y en ocasión del juicio serán condenados por suicidio.
  E. G. White, *Mi vida hoy*, pág. 168

estudio, 25 mostraron que el número de divorcios aumentó considerablemente desde 1950.[5]

Por cada pareja que se divorcia, docenas de personas son afectadas en forma directa o indirecta, incluyendo a la pareja, sus padres, familiares, amigos y principalmente los hijos, quienes además de experimentar la disolución de su familia, cambian de residencia, pierden al padre o la madre, y sufren problemas financieros y legales, lo cual acarrea a su vez graves trastornos emocionales y una gran

[5]David Lester, *Journal of Divorce and Remarriage*, 25, julio 1996, págs.1, 2.

ansiedad hacia el futuro. Para cada una de las víctimas de un divorcio hay una gran dosis de dolor, y sobre todo la triste y agonizante muerte de la esperanza de tener una relación de amor y pertenencia.

¿Por qué se divorcian muchas parejas? Hay muchas razones por las que se producen los divorcios. Entre ellas se pueden señalar las siguientes:[6]

- Se casaron apresuradamente
- Se casan con expectativas muy altas
- Pelean mucho en su matrimonio
- Están viendo a otra persona
- Serios problemas financieros
- Se casaron porque ella salió embarazada
- Tienen hijos durante el primer año
- Se llevan mal con los demás familiares
- No saben resolver sus conflictos
- No se comunican o se comunican mal
- Sienten que ya no se aman
- Dejan de ser románticos

La infidelidad es la causa de divorcio número uno en los Estados Unidos. Se estima que aproximadamente un 20 a 40 por ciento de hombres y un 20 a 25 por ciento de mujeres tendrán un encuentro extramarital en sus vidas. Los terapeutas matrimoniales consideran la infidelidad como el problema más difícil de resolver en las parejas.[7]

El secreto para un matrimonio feliz es no dejar de ser novios.

De novios juraban que jamás se iban a divorciar. ¿Cómo son los novios? Atentos, cariñosos, amables, pacientes, corteses, espirituales, y sobre todo, muy románticos.

Aunque las estadísticas están en su contra, ellos aseguran que jamás se separarán. Sin titubear dicen: "Nuestro amor es más poderoso que la misma muerte".

La clave del noviazgo de éxito es la forma como él la trata. Especialmente cuando le dice: "Si crees que ahora te trato bien, espera a que nos casemos". Y ella se derrite.

Cuando él le propone matrimonio, ella le dice: "Mi amor, pero no sé cocinar". A lo cual él contesta sin titubear: "Mi amor, no necesitas cocinar, con verte se me quita el hambre".

[6]Betty Carter, y Monica McGoldrick, *The Expanded Family Life Cycle.*

[7]Mark A. Whisman, y Douglas K. Snyder, *Journal of Family Psychology*, 21, 2007, págs. 147-154.

Ah, el noviazgo. Tan lindo, tan hermoso. Si así se trataran siempre. La clave de un matrimonio de éxito: ¡No dejar nunca de ser novios!

Pero de novios amorosos pasan a ser esposos enfadosos. Y es que el amor es ciego, pero el matrimonio les abre los ojos. Muchos se dan cuenta, demasiado tarde, de que en lugar de encontrar a su media naranja, se unieron a su media toronja.

El suicidio entre adolescentes se ha triplicado

En los últimos cinco años, el suicidio entre adolescentes ha aumentado considerablemente en el mundo entero.[8] El suicidio es la tercera causa por la que mueren los jóvenes de 15 a 24 años de edad. Mueren más adolescentes por suicidio que por las siguientes siete causas de muerte combinadas. En el año 2005 uno de cada 12 adolescentes en High School atentaron suicidarse y el 17 por ciento consideró seriamente un atentado suicida.[9]

Una buena relación con los padres es el factor más importante para evitar que los hijos traten de suicidarse.

El suicidio entre adolescentes se ha incrementado un 300 por ciento.[10] Un estudio realizado en el año 2003 encontró que durante ese año hubo más atentados de suicidio entre los jóvenes hispanos (hombres 13 por ciento y mujeres 19 por ciento) que entre los demás jóvenes.

Las jovencitas atentan suicidarse tres veces más que los jóvenes, mientras que los jóvenes lo logran cuatro veces más que las jovencitas. La explicación se encuentra en el método que utilizan. Las jovencitas generalmente intentan suicidarse con una sobredosis de drogas, mientras que los varones utilizan armas (el 60 por ciento de los jóvenes mueren debido a heridas sufridas por armas de fuego), se cuelgan, o utilizan alguna otra forma violenta.

Uno de los mayores riesgos de suicidio entre los jóvenes es la presencia de algún trastorno mental. El 7 por ciento de los adolescentes que desarrollan el desorden de depresión mayor, cometerán suicidio antes de llegar a la adultez.[11]

El 30 por ciento de los jóvenes que se suicidan habían tratado anteriormente de suicidarse. El abuso de sustancias y de alcohol está implicado en un 50 por ciento de los suicidios entre adolescentes.

[8] Mehmet Bilgin, Fulya Cenkseven, y Salim Satar, *The Journal of Crisis Intervention and Suicide Prevention*, 28 (4), págs. 190-197.

[9] David B. Goldston, Sherry Davis Molock, Les B. Whitbeck, Jessica L. Murakami, Luis H. Zayas, Gordon C. Nagayama Hall, *American Psychologist*, 63 (1), enero 2008, págs. 14-31.

[10] *National Center for Health Statistics, Mortality Statistics Branch*, 1975-1990

[11] Linda Wilmshurst, *Essentials of Child Psychopathology*, pág. 52.

VOCES ADVENTISTAS PASADAS Y PRESENTES

- Casi todos conocen a alguien cuya vida ha sido hecha trizas como resultado del divorcio. Pero, ¿estamos escuchando las llamadas de auxilio? ¿Podemos escuchar a Dios susurrando "hijo mío, ¿me ayudarás a producir un impacto positivo en este lugar? ¿Me ayudarás a bendecir a estar vidas y mostrar a mis hijos que todavía existen los matrimonios felices y satisfechos?"
  Angela Baerg, *Adventist Review*, 8 de abril de 2010, pág. 29

- No se sabe si el problema de la violencia contra el cónyuge entre los miembros de la Iglesia Adventista ha crecido durante los últimos 20 años. Pero se sabe que en la actualidad la violencia contra el cónyuge ha sido documentada como un problema serio entre los adventistas. He tenido la oportunidad de ser parte de tres estudios investigando la violencia de parejas íntimas (violencia contra el cónyuge) entre los adventistas. Lo que estos estudios han descubierto presenta evidencia de que los líderes de iglesia y otros miembros deben de poner más atención a las familias con ese tipo de problemas.
  René Drumm, *Adventist Review*, 11 de octubre de 2007, pág. 8

- Al mismo tiempo que tenemos toda la información, nos basta con preguntar a las madres, esposas, hermanas e hijas. Si las mujeres tienen mayor responsabilidad social que los hombres es porque la sociedad no se ha mantenido al corriente con el proceso histórico. En una era cuando sabemos que las mujeres tienen tanto cerebro como fuerza física, que han sido creadas en la imagen divina, no menos que los hombres, continuamos enviando mensajes subliminales (y manifiestos) de circunscripción de roles que ponen mayores cargas sociales a las mujeres y permiten a los hombres más poder social. Eso ha aminorado el estrés entre los hombres pero no los ha hecho más felices, como lo muestra la tasa de suicidios.
  Olive J. Hemmings, *Adventist Review OnLine*, 22 de febrero de 2010

Se ha encontrado que los estresores más comunes que precipitan a los adolescentes a suicidarse incluyen los siguientes: Pérdida de alguna relación, embarazo, abuso físico o sexual, crisis disciplinarias, problemas con la escuela o la ley, conflictos con los padres o conflictos en el hogar entre los padres, exposición a situaciones de suicidio, y alguna mudada reciente.

Investigaciones entre adolescentes muestran que el factor más sobresaliente que precipita la conducta de destrucción propia tiene que ver con problemas en la relación con los padres.[12]

Un estudio reciente reveló que el 66 por ciento de los adolescentes que se suicidan tenían por lo menos uno de los siguientes tres factores: Atentados previos, abuso de sustancias o alcohol, y la presencia de algún desorden mental.

[12]Mehmet Bilgin, Fulya Cenkseven, y Salim Satar, *The Journal of Crisis Intervention and Suicide Prevention*, 28 (4), págs. 190-197.

Además se encontró que la presencia de algún estresor en la vida generalmente precipita el suicidio.[13]

El suicidio es una muerte que produce mucha confusión entre los sobrevivientes, especialmente acerca de quién o quiénes tuvieron la culpa. Las causas del suicidio son complejas, determinadas por muchos factores, y difíciles de entender. Los sobrevivientes de suicidio son juzgados más negativamente que los sobrevivientes de cualquier otro tipo de muerte. Especialmente cuando se suicida un adolescente, los padres demuestran más disturbios y se sienten culpables por el suicidio. Los sentimientos de culpa se expresan por medios no verbales y distanciamiento social, afectando seriamente la unidad familiar a medida que los padres se culpan unos a otros.[14]

Otros estudios se han enfocado en estudiar los factores que previenen el suicidio entre los adolescentes. Se ha encontrado que entre todos los grupos étnicos de adolescentes los siguientes factores ayudan a prevenir el suicidio: Logros académicos, conexión con los padres, la familia y la escuela, presencia de salud emocional y buenas calificaciones. La presencia de por lo menos tres de esos factores reduce el suicidio de adolescentes hasta un 80 por ciento.[15]

La violencia doméstica se ha cuadruplicado

De acuerdo a Harriette Johnson, la violencia doméstica, la violencia de gangas, el abuso infantil y de ancianos han proliferado alarmantemente.[16] El *Comité Nacional para la Prevención del Abuso Infantil* indica que el número de niños que han sido víctimas de abuso infantil aumentó un 40 por ciento de 1985 a 1991 y ha venido progresando desde entonces.

La Asociación Psicológica Americana indica que un niño normal, antes de terminar su escuela primaria, ha mirado 8,000 asesinatos y 100,000 actos de violencia en la televisión. La revista *Newsweek* informa que uno de cada seis jóvenes entre los 10 y 17 años de edad ha visto o conoce a alguien que ha sido balaceado. Y el FBI señala que un niño menor de 18 años de edad tiene ahora un 244 por ciento de posibilidades mayor de ser asesinado con una arma que en 1986.

La violencia familiar o doméstica es un tipo de abuso. Implica lastimar a alguien, por lo general un cónyuge o una pareja, pero también puede ser un padre,

[13]Linda Wilmshurst, *Essentials of Child Psychopathology*, pág. 108.

[14]Julia Cerel, John R. Jordan, y Paul R. Duberstein, *Crisis: The Journal of Crisis Intervention and Suicide Prevention*, enero 2008, págs. 38-44.

[15]Linda Wilmshurst, *Essentials of Child Psychopathology*, pág. 246.

[16]Harriete C. Johnson, Holly C. *The Journal of Contemporary Human Services*, 77, págs. 3-18.

un hijo u otro familiar.

La violencia doméstica es un problema muy serio. Es la causa más común de lesiones en las mujeres entre 15 y 44 años. Las víctimas pueden sufrir lesiones físicas, como hematomas o fracturas óseas. Pueden sufrir emocionalmente de depresión, ansiedad o aislamiento social.

Varios estudios realizados en secciones representativas de los Estados Unidos, han encontrado que la agresión conyugal está directamente asociada con falta de salud, síntomas depresivos, uso y abuso de sustancias, y heridas físicas producidas tanto a hombres como a mujeres.[17]

Se estima que la agresión física sucede en la mitad de los nuevos matrimonios, produciendo efectos dañinos en la salud física y emocional de las víctimas y sus hijos. El 60 por ciento de los hombres y el 68 por ciento de las mujeres que son agresivos físicamente con su compañero o compañera a los 18 ó 19 años de edad, lo siguen siendo por los siguientes dos años o más con la misma persona.[18]

Es difícil conocer con exactitud la incidencia de la violencia doméstica, ya que frecuentemente las personas no la denuncian. Se estima que de cada 10 víctimas de violencia, una persona es un hombre.

No existe una víctima típica. Ocurre entre personas de todas las edades. Afecta todos los niveles de ingresos, de educación, de edad y de religión.

Notemos los siguientes datos reportados por varios sitios en el Internet:[19]

- ❖ Una mujer es atacada por su compañero cada 15 segundos.
- ❖ Una mujer es violada cada 6 minutos.
- ❖ Más del 50 por ciento de las mujeres son golpeadas alguna vez en su vida; más de un tercio son golpeadas repetidamente cada año.
- ❖ La violencia física en relaciones prematrimoniales es del 20 al 35 por ciento.
- ❖ El 30 por ciento de las mujeres víctimas de homicidio murieron a mano de sus esposos o novios.
- ❖ El 95 por ciento de los informes policíacos sobre violencia doméstica se refieren a hombres que han golpeado a sus compañeras.
- ❖ Nueve de cada 10 mujeres asesinadas murieron a manos de hombres.
- ❖ Cuatro de cada 5 asesinatos ocurren en el hogar.

---

[17]K. Daniel O'Leary, Amy M. Smith Slep, Susan G. O'Leary, *Journal of Consulting and Clinical Psychology*, 75 (5), octubre 2007, págs. 752-764.

[18]Erica Lawrence y Thomas N. Bradbury, *Journal of Family Psychology*, Junio 2007, págs. 236-247.

[19]Aunque todos los sitios que presentan estas estadísticas señalan que los datos son proporcionados por el Departamento de Justicia de los Estados Unidos, no fue posible corroborar que tal fuese el caso. Ver: http://www.responsibleopposing.com/facts/15sec.html.

- Uno de cada 4 hombres y 1 de cada 6 mujeres consideran que bajo ciertas condiciones el varón tiene derecho a golpear a su esposa.
- El 40 por ciento de mujeres abusadas tratan de suicidarse.
- Aproximadamente el 50 por ciento de las mujeres alcohólicas fueron abusadas.
- Aunque casi el 30 por ciento de las mujeres víctimas de la violencia fueron asesinadas por sus esposos, ex esposos o novios, sólo el 3 por ciento de los hombres fueron asesinados por sus esposas, ex esposas o novias.
- El 26 por ciento de las violaciones y asaltos sexuales fueron cometidos por esposos, ex esposos, novios o ex novios.
- El 45 por ciento de todos los ataques violentos contra niñas fueron cometidos por hombres que ellas conocían.
- Hay casos de hijos que maltratan a sus padres, especialmente cuando estos son ancianos o enfermos. Uno de cada diez padres ha sido golpeado, por lo menos una vez, por uno de sus hijos.
- Tres de cada 100, o sea entre 700,000 y un millón cien mil adultos en los Estados Unidos, son sometidos a abuso verbal o físico cada año.
- Cada año, dos millones de niños son maltratados por uno o ambos padres, o por otro familiar.

El castigo corporal es el uso de fuerza física con la intención de causar dolor, pero sin herir, con el propósito de controlar y corregir la conducta de los hijos.

- Del 40 al 60 por ciento de los hombres que abusan de las mujeres también abusan de sus hijos; 3 millones de niños norteamericanos se enfrentan de una manera u otra a la violencia doméstica en sus hogares. Alrededor del 45 por ciento de las mujeres víctimas de la violencia doméstica en 1998 tenían niños menores de 12 años. En el 25 por ciento de los casos, los niños están presentes cuando las mujeres son asesinadas por sus esposos. El maltrato de los niños y la violencia contra las mujeres a menudo van unidos. Los niños en esta situación sufren de baja autoestima, depresión, mala salud, dificultades para dormir, traumas, y están en mayor riesgo de abusar del alcohol o las drogas, estar sexualmente activos, fugarse de su hogar o suicidarse. 2,000 niños mueren violentamente cada año y 140,000 quedan seriamente heridos.

Algunos padres utilizan el castigo físico como una forma de disciplinar a los hijos. Se estima que un 90 por ciento de los niños y un 50 por ciento de los adolescentes, han experimentado el castigo físico por lo menos una vez. En California, 500,000 niños son enviados a agencias bajo sospecha de abuso o negligencia infantil. De 130 a 140 de esos niños mueren cada año.[20]

Investigaciones realizadas por Matthew Mulvaney y Carolyn Mebert,[21] han encontrado vez tras vez que existen muy pocas ventajas en el desarrollo positivo de los hijos debido al castigo físico; lo que se producen son consecuencias negativas no deseadas, incluyendo conducta agresiva, delincuencia, funcionamiento psicológico y cognitivo pobre, agresión, depresión, y baja estima propia.

La población en las cárceles se ha quintuplicado

La población en las cárceles llegó a los 2 millones de prisioneros por primera vez en la historia en el año 2002, de acuerdo a un reporte del Departamento de Justicia. Para mediados de ese año las cárceles en los Estados Unidos tenían un prisionero por cada 142 residentes. 1,309 hombres prisioneros por cada 100,000 hombres residentes y 113 mujeres prisioneras por cada 100,000 residentes.[22]

De los 1,200,203 prisioneros en cárceles estatales, 3,055 son menores de 18 años de edad. Además, las cárceles para adultos reportaron la presencia de 7,248 prisioneros menores de 18 años de edad.

Se estima que 109,000 adolescentes son arrestados cada día en cárceles juveniles de los cuales el 60 por ciento son minorías de familias de bajos recursos. Un estudio reporta que el 66 por ciento de los hombres y el 75 por ciento de las mujeres en detención juvenil sufrían de por lo menos un desorden psiquiátrico: La mitad de los hombres y casi la mitad de las mujeres tenían desorden de abuso de sustancias, el 40 por ciento tenían desorden de conducta disruptiva, y el 20 por ciento sufrían de depresión mayor.

La presencia de tales desórdenes psiquiátricos en jóvenes es generalmente el resultado de abuso o negligencia, estrés, pérdida de uno de los padres o ser amado, la presencia de alguna otra enfermedad psiquiátrica (ADHD o problemas de aprendizaje), la terminación de alguna relación romántica, la presencia de

[20] Shelby Evans, *Advance for Nurses*, 4 de abril 2008, págs. 27, 28.

[21] Matthew K. Mulvaney y Carolyn J. Mebert. *Journal of Family Psychology*, septiembre 2007, págs. 389-397.

[22] Department of Justice, "Profile of Jail Inmates, 2002" *Bureau of Justice Statistics Special Report.*

RECURSOS PARA FORMACIÓN ESPIRITUAL

- La sumisión no significa que una esposa sea un objeto sexual de los deseos carnales de su esposo. El propósito de Dios nunca ha sido que la esposa se someta a los deseos perversos de su marido. En el caso del rey Asuero, esto tomó la forma de querer exhibirla frente a aquellos hombres que no tenían en su mente sino lujuria. Lo que el rey le pidió no fue sumisión, sino esclavitud sexual. Y yo aplaudo a la reina Vasti por su valiente decisión. El matrimonio no le da al marido el derecho ni la licencia para llevar a cabo sus fantasías más despreciables, utilizando a su esposa como un objeto sexual.
Charles R. Swindoll, *Ester: Una mujer de fortaleza y dignidad*, pág. 37

- El duelo positivo es la experiencia de traer a la memoria los recuerdos buenos, felices y divertidos del matrimonio, y olvidar los recuerdos malos. Es alegrarse de haber pasado por épocas buenas y desear que todavía existieran. Es entristecerse porque ya no están y saber que todavía queda mucha felicidad por delante en la vida. La felicidad no nace con el matrimonio y muere con el divorcio. La persona que asimila este periodo de duelo de manera positiva acepta que tiene el derecho humano de sentir la pérdida, el dolor y la tristeza. Entiende que puede sentir dolor porque ahora hay un vacío en su vida. Puede llorar porque son lágrimas positivas.
Jim Smoke, *Cómo crecer por el divorcio*, pág. 15

- Un hombre actúa neciamente cuando deliberadamente se enfrenta a Dios, como lo hizo Saúl al perseguir a David, para mantener su posición. Un hombre actúa neciamente cuando se aparta de Dios, del Dios que ha entristecido, y busca una alternativa en el espiritismo, consultando a espíritus del más allá. El resultado de todas estas formas de pecado y de locura, es el suicidio moral y espiritual. En ese recorrido cuesta abajo sólo podemos terminar con el lastimoso lamento de Saúl: He actuado neciamente.
J. Sidlow Baxter, *Mark These Men: A Unique Look at Selected Men of the Bible*, pág. 31

alguna enfermedad terminal, algún otro tipo de trauma, pobreza en la familia y serios conflictos entre los padres.

Los nacimientos fuera del matrimonio se han sextuplicado

El *National Center for Health Statistics* informa que en 1988, el 26 por ciento de las jovencitas de 15 años de edad indicaron que eran activas sexualmente, comparado con el 5 por ciento en 1970. Una cuarta parte de los adolescentes contraen alguna enfermedad venérea antes de que gradúen de high school.[23] Los

[23] U.S. Bureau of the Census.

EL APOSENTO ALTO

- Los estudios han encontrado una conexión entre el ver programas de televisión con contenido sexual y el tornarse activo sexualmente a una edad temprana y entre los videos musicales con sexualidad implícita y un aumento en las enfermedades transmitidas sexualmente. Muchos estudios han demostrado que la violencia en la televisión pareciera tornar a los niños más agresivos. Pero los últimos estudios son los primeros en demostrar la asociación entre los programas de televisión y los casos de adolescentes embarazadas.
  Rob Stein, *The Washington Post*, 3 de noviembre de 2008

- La experiencia de la violencia en la infancia y el que los niños sean testigos de la violencia tanto dentro como fuera de su familia han sido explorados como factores en la predicción de violencia subsecuente en las relaciones íntimas de los adultos. De hecho varios estudios han encontrado que el impacto de ser testigos de la violencia durante la infancia es un vaticinador más fuerte de violencia entre los adultos que experimentar la violencia directamente durante la infancia.
  Eve S. Buzawa & Carl G. Buzawa, *Domestic Violence: The Criminal Justice Response*, pág. 48

- Aunque los eruditos y los maestros bíblicos señalan que Jesús enseñó que el divorcio es un pecado a menos que esté involucrado el adulterio, muy pocos americanos comparten esa noción. Solamente uno de cada siete adultos (15%) está completamente de acuerdo con la declaración "cuando una pareja se divorcia sin que uno de ellos haya cometido divorcio, están cometiendo un pecado". Un porcentaje similar (16%) está moderadamente de acuerdo con la declaración. La gran mayoría (66%) está en desacuerdo con la declaración, la mayoría la rechaza rotundamente.
  Barna Group, *Born Again Christians Just As Likely to Divorce As Are Non-Christians*, barna.org, 8 de septiembre de 2004

nacimientos de hijos ilegítimos han aumentado a más del 400 por ciento.[24]

El *U.S. Bureau of the Census* reporta que desde 1970 ha habido un aumento de 200 por ciento de hogares donde están sólo el padre o la madre.[25]

En su estudio sobre el tema de madresolterismo, Luz Elena García concluye lo siguiente:

> El madresolterismo se convierte en uno de los problemas que más repercusiones conlleva en las jóvenes, es decir, el embarazo no deseado representa un impacto negativo sobre la condición tanto física como

[24]*Monthly Vital Statistics Report. U.S. Department of Health and Human Services,* 1996.
[25]*Statistical Abstracts of the U.S.*, 1996.

emocional de las adolescentes. Muchos de los casos del madresolterismo se da de manera más marcada en las familias que atraviesan por una profunda crisis de educación, de valores y medios económicos, factores que se perciben como definitivos para tal situación. La ausencia de principios éticos y morales, es la principal causa de que los adolescentes caigan en el abuso de la sexualidad. Existen muchas causas que inciden en que la adolescente se convierta en madre soltera, como son: El conflicto que viven los adolescentes en su hogar, el desconocimiento acerca de los temas sexuales, la inexistencia de comunicación adecuada y por último el padre no reconoce el papel en función de pariente. El madresolterismo hace que la organización de la familia nuclear se vea en decadencia.[26]

La tarea de transformar las familias no es responsabilidad del gobierno, la sociedad, o la iglesia. Es responsabilidad de los padres.

Se ha encontrado que los siguientes factores son de mucha importancia para que las hijas no se activen sexualmente:

- Educación sexual, especialmente por la madre
- Asistencia regular a la iglesia
- Un hogar estable
- Buena comunicación con los padres

No cabe duda que los tiempos y los problemas han cambiado considerablemente, lo cual indica que las familias están en crisis y cuando las cosas andan mal en la familia, ¿qué se puede esperar de la nación?

Las estadísticas son alarmantes, como para poner los nervios de punta y mantener a los padres en insomnio completo.

Estas estadísticas ponen a cualquier padre o miembro de familia en estado de emergencia. Lo que ha sido considerado por muchos como el pilar de la sociedad, pareciera que se está derrumbando, por lo tanto, es de gran importancia que hagamos todo lo posible por proteger a nuestras familias de los terribles peligros que actualmente confrontan. El bienestar nuestro, de nuestros hijos y de toda la nación depende de ello.

La gran tarea de restaurar a los hogares no cae sobre alguna institución gubernamental o sobre los hombros de la iglesia o la sociedad, sino sobre los

[26]Luz Elena García, *Madresolterismo en adolescentes en un barrio popular de Popayán*, Conclusiones. http://repositorioacademico.icesi.edu.co

FUENTES DE RENOVACIÓN

- Dale una hora de tu tiempo a alguien que te necesita. Dale una notita de aliento a alguien que está triste. Dale un abrazo de afirmación a alguien en tu familia. Dale una visita de misericordia a alguien marginado. Dale una comida que tú mismo preparaste a alguien que está enfermo. Dale una palabra de compasión a alguien que acaba de perder su pareja. Dale un gesto de amabilidad a alguien que es lerdo y fácilmente dejado de lado. Jesús enseñó que "en cuanto lo hicisteis a uno de estos mis hermanos más pequeños, a mí lo hicisteis" (Mateo 25:40).
  Charles R. Swindoll, *La búsqueda del carácter maduro*, pág. 151

- La violencia física se ha transmitido históricamente a través de escritos y narraciones verbales como un hecho aceptado y necesario para garantizar la propia supervivencia de la estructura social dominante. En nuestra cultura hallamos numerosos ejemplos en el refranero o en fraseologías populares utilizadas habitualmente: "la mujer en casa y con la pata quebrada", "pega a tu mujer, tú no sabrás por qué, pero ella sí", "la mujer borracha y el vino en el pellejo", etc.
  Zenaida Córdoba Soler, *Violencia doméstica*, pág. 14

- La mayoría de los adolescentes dicen: "Mi vida, mi cielo, vamos a hacer el amor", para enternecer y agarrar por el lado débil a la víctima del día, cuando si se sinceran un poco, lo que realmente quieren es simple sexo, descargar toda esa energía que nos produce la libido en líneas generales, lo que sientes, pides y con suerte, obtienes, es sexo del puro e instinto más básico, animal. Esto no tiene nada que ver con el amor. No pretendo decir que no existan verdaderos motivos sentimentales, que en determinados momentos nos muevan y nos lleven a querer unirnos en un acto casi que sagrado al amor de nuestras vidas, pero la verdad es que no abundan a esta edad estos sentimientos reales y profundos en nuestro ser.
  Juan Ricardo Díaz, *Amaneciendo en la adolescencia*, pág. 104

padres, quienes son los pilares y responsables directos de la familia. Los padres tienen que realizar los esfuerzos necesarios para salvar a sus familias.

Causas de la crisis

El historiador Gibbon, señala que las cinco causas principales de la caída del Imperio Romano fueron las siguientes:[27]

- ❖ El quebrantamiento de la estructura familiar
- ❖ El debilitamiento del sentido de responsabilidad personal
- ❖ Impuestos excesivos y control e intervención del gobierno

[27] Edward Gibbon, *The Decline and Fall of the Roman Empire.*

- ❖ Placeres que se convirtieron cada vez más violentos e inmorales
- ❖ El declive de la religión

Estas conclusiones de Gibbon acerca de la caída de Roma presentan una perspectiva muy interesante e instructiva al compararlas con la situación de nuestra sociedad hoy en día. Es para ponernos en estado de alerta. Y todo ello tiene su efecto directo en lo más querido para todos nosotros, la familia, el pilar de nuestra sociedad. Si el pilar se está tambaleando, el futuro es incierto. Esto es para realmente ponernos a pensar detenidamente y procurar de alguna forma hacer algo para remediarlo.

El porcentaje de familias donde los dos padres trabajan fuera de casa ha aumentado significativamente en los últimos 30 años.

A continuación, notemos algunos de los factores modernos más sobre-salientes que están produciendo las crisis familiares en nuestros días.

La tecnología

Los últimos avances tecnológicos son realmente maravillosos. Los medios de comunicación, tales como el teléfono celular, el Internet y muchos otros medios son realmente increíbles. Es sorprendente el adelanto y la comodidad que han proporcionado. Han aumentado la habilidad y la comodidad para ponerse en contacto con personas alrededor del mundo incluyendo a familiares que se encuentran lejos. Pero a la vez, estos avances contribuyen a mantenerse muy ocupados y por lo tanto alejados los unos de los otros, especialmente de los seres queridos que se encuentran cerca (muchos matrimonios reportan infelicidad debido a que uno de los cónyuges se pasa demasiadas horas en el Internet escribiendo a otras personas). Esto evita relacionarse significativamente con los miembros de la familia en casa. Y de todos los avances tecnológicos, no cabe duda que el principal enemigo para cultivar buenas relaciones familiares es la televisión.

En la década de 1950 a 1960, los niños miraban muy poco o nada de televisión. Y lo que miraban era material constructivo y entretenimiento sano. Se estima que actualmente un niño promedio mira hasta siete horas de televisión por día.

Deborah Baldwin, afirma que aunque la mayoría de las personas dicen que les gustaría tener más tiempo para pasarlo con su familia, tal vez tengan más tiempo del que piensan. Lo que pasa es que la mayoría del tiempo libre lo pasan mirando televisión. Señala que el 38 por ciento del tiempo libre se disipa en frente de la televisión.[28]

La comunicación mundial, y hasta extraterrestre, y el acceso inmediato a información muy valiosa proveen también información gráfica y sin censura de pornografía, violencia y todo tipo de inmoralidad.

La economía

Se estima que en los últimos 50 años la inflación ha aumentado como un 600 por ciento. Los cambios fluctuantes e inestables de la economía han hecho que cada vez más y más madres con hijos tengan que salir a trabajar fuera de casa para poder sobrevivir y la tensión que produce el mantener un trabajo y las responsabilidades de la familia produce mucho estrés en la vida de muchas personas.

El porcentaje de familias donde los dos padres trabajan fuera de casa ha aumentado significativamente en los últimos 30 años. En 1992 Margaret Usdansky reportó en *USA Today* que sólo en una de cinco familias el esposo trabaja fuera de casa mientras que la esposa se queda con los hijos y que de 1940 a 1990 esto bajó de un 70 por ciento a casi un 20 por ciento. Los dos esposos trabajando fuera, lo más común en nuestros días, subió del 10 al 40 por ciento.[29] De acuerdo a Michael Ford, Beth Heinen y Krista Langkamer para 1997 el porcentaje de los dos esposos traba-jando fuera de casa aumentó a un 59.5 por ciento.[30] En 1994, el *Bureau of the Census* reportó que el concepto del padre trabajando y la madre en casa bajó del 67 por ciento en 1940 al 17 por ciento en 1994.[31]

Los cambios fluctuantes e inestables de la economía han hecho que cada vez más y más madres con hijos tengan que trabajar fuera de casa.

Las implicaciones de estos cambios son devastadores para la familia, ya que esto impide el envolvimiento directo de los padres con los hijos y la realidad es que esto hace que la familia ocupe un segundo plano.

Los estudios han reportado que las esposas con hijos tienden a trabajar más fuera de casa si tienen preparación académica, si encuentran un trabajo

[28]Deborah Baldwin, "It's About Time", *Common Cause Magazine*, Vol. 19, No. 1, primavera 1993.

[29]Margaret L. Usdansky, "'Diverse' Fits Nation Better Than 'Normal'", *USA Today*, 29 de mayo 1992.

[30]Michael T. Ford, Beth A. Heinen y Krista L. Langkamer, *Journal of Applied Psychology*, noviembre 2007, págs. 57-80.

[31]U. S. Department of Commerce, *Statistical Abstract of the United States 1994*.

que les pague bastante bien, si encuentran trabajo, si han trabajado anteriormente, si el esposo no gana suficiente y si tienen pocos hijos en edad suficiente para cuidarse a sí mismos.

En un estudio realizado entre esposas que trabajan fuera de su casa, encontré las siguientes razones por las que trabajan fuera del hogar: Finanzas (31 por ciento), no pueden vivir con el salario del esposo (28 por ciento), y para la educación de los hijos (19 por ciento).

Las consecuencias que resultan de que la esposa trabaje fuera de la casa son las siguientes: Aumento de la estima propia, reducción de fertilidad, no cambia la división del trabajo laboral en el hogar, le da a la esposa más poder en el área de decisiones importantes en el hogar, más inclinación a disolver un mal matrimonio, las viudas y divorciadas que trabajan fuera de casa tienden menos a volverse a casar y se ha encontrado que cuando la esposa trabaja fuera de casa no afecta directamente la satisfacción matrimonial a menos que la esposa gane más que el esposo.

Los sentimientos de culpa y la carga emocional que muchas madres cristianas experimentan por trabajar fuera de sus casas se ven expresados en las siguientes palabras de Dolores Slikkers:

> Me alarmo cuando veo el poco tiempo que le dedicamos a nuestros hijos, enseñándoles a orar, no solo oraciones de vanas repeticiones, sino oraciones reales acerca de gentes reales y sus necesidades, incluyendo a sus hermanos y hermanas, y acerca de sus problemas en sus propias vidas. ¿Y qué es lo que estamos haciendo? La mayoría de las madres dirán: "Tengo que trabajar". Oh, sería mucho mejor reducir nuestras necesidades y ver a nuestras queridas familias unidas en el Reino de Dios que trabajar por cosas que este viejo mundo nos hace creer que necesitamos. La mujer no tiene llamado más sublime en esta tierra que el campo misionero de su propio hogar. Dios nos ha llamado para nuestro mejor servicio. ¿Tenemos nuestras prioridades en el orden correcto?[32]

El libertinaje

Los tiempos en que vivimos han producido tremendos cambios en la estructura familiar debido al libertinaje que se extiende a través de casi todos los círculos sociales. La familia, y especialmente el matrimonio, no es considerado como el verdadero pilar de la sociedad y se ve bombardeado por una serie de factores que amenazan su misma existencia.

[32]Dolores Slikkers, *Adventist Affirm,* Fall 1987, pág. 43.

En estos días prevalece una posición de mucho libertinaje acerca de principios y normas que tienen que ver con la vida familiar en general. Incluso las mismas leyes en nuestra sociedad parecieran estar en contra de aquellos elementos que harán que la familia subsista. Hay muchos sentimientos con ideas radicales de libertinaje tales como la disolución del matrimonio por casi cualquier razón, la cohabitación entre parejas, los matrimonios homosexuales, el aborto, y muchos otros factores que hacen tambalear el sistema familiar.

Actualmente el matrimonio no es visto como una relación de pacto acompañada de un compromiso serio, sino más bien como un contrato que muchos perciben como innecesario y que puede ser fácilmente deshecho cuando se considere conveniente. En muchas ocasiones, incluso, se anticipa el fracaso mediante arreglos prenupciales, los cuales son como un seguro ante cualquier riesgo en el contrato matrimonial. Anteriormente el divorcio era considerado algo vergonzoso, pero últimamente se ha convertido en algo rutinario en la vida en América.[33]

Desde luego, hay muchos otros factores que entran en juego en la precipitación de la grave decadencia de la familia moderna. Sean cuales fueren las causas, externas o internas, conscientes o subconscientes, o las señales de los últimos tiempos, no cabe duda que esta institución tan importante, como lo es la familia y el matrimonio, está pasando por una crisis muy severa y a menos que se haga algo al respecto corre el riesgo de derrumbarse. Si no lo hace completamente, definitivamente disminuirá en su calidad. De allí la gran importancia de hacer todo lo posible por transformar la familia. De ello depende la misma existencia de toda la raza humana.

---

[33]David J. Jefferson, *Newsweek*, 21 de abril 2008, págs. 47-53.

La familia en crisis

Preguntas para discutir en grupos

1. ¿Cuáles crees que sean los principales problemas que están confrontando las familias en tu comunidad? ¿En base a qué puedes decir que están pasando por esos problemas?
2. ¿A qué crees que se deba el que las familias en tu comunidad estén pasando por problemas?
3. ¿Qué crees que se pueda hacer para disminuir las crisis por las que están pasando las familias en tu comunidad?
4. Después de leer la sección acerca de la violencia doméstica, ¿qué pueden comentar al respecto?
5. Contesta F si crees que la declaración es falsa y V si consideras que es verdadera:

F V Los esposos cristianos no golpean a sus esposas
F V Está bien enojarse, pero no está bien ser violento
F V Hay violencia sólo en hogares de bajos recursos
F V El abuso emocional es la violencia más común
F V Algunas esposas golpean a sus esposos
F V Sólo los borrachos golpean a sus esposas e hijos
F V Los violentos "nacen", no se "hacen"
F V Usar violencia en el hogar es un crimen
F V Los padres pueden hacer lo que quieran con los hijos

Preguntas de discipulado familiar

1. ¿Cómo crees que debería comportarse un discípulo de Jesús en su hogar? ¿Cómo debería ser su trato con cada uno de los demás miembros de su familia?

2. Repasa lo que se presenta en este libro acerca de las causas de las crisis familiares. ¿Qué se puede hacer para minimizar esas causas?

3. ¿De qué manera se puede ayudar a las familias de la comunidad a minimizar esas causas?

Una familia disfuncional

¿Por qué condena el Nuevo Testamento a Esaú por vender su primogenitura? (Hebreos 12:16, 17) ¿Qué representaba la primogenitura? ¿Qué dice ese intercambio del carácter y los valores de Esaú? ¿Qué dice del carácter y los valores de Jacob?

Dios eligió a Abraham y a su descendencia para bendecir a todas las naciones y tribus de la tierra. Sería a través de la familia de Abraham, entonces, que toda la tierra llegaría a ser bendecida.

La promesa a Abraham

- **¿Cuál fue la promesa que Dios hizo a Abraham? Ver Génesis 12:1-3.**

1 Pero Jehová había dicho a Abram: Vete de tu tierra y de tu parentela, y de la casa de tu padre, a la tierra que te mostraré. 2 Y haré de ti una nación grande, y te bendeciré, y engrandeceré tu nombre, y serás bendición. 3 Bendeciré a los que te bendijeren, y a los que te maldijeren maldeciré; y serán benditas en ti todas las familias de la tierra.

- **El hijo de esa promesa fue Isaac, el hijo de Abraham**

Génesis 17:19

Génesis 21:1

- **¿No es curiosa la cantidad de descendientes que tuvo Abraham con sus otros hijos? Génesis 25:1-6, 12-18.**

¿Por qué no se cumplió la promesa con ellos?

- **A través de Isaac se cumpliría la promesa de Dios a Abraham. ¿Cuál fue la descendencia de Isaac?**

21 Y oró Isaac a Jehová por su mujer, que era estéril; y lo aceptó Jehová, y concibió Rebeca su mujer. 22 Y los hijos luchaban dentro de ella; y dijo: Si es así, ¿para qué vivo yo? Y fue a consultar a Jehová; 23 y le respondió Jehová:

ESTUDIO BÍBLICO

Dos naciones hay en tu seno, y dos pueblos serán divididos desde tus entrañas; el un pueblo será más fuerte que el otro pueblo, y el mayor servirá al menor. 24 Cuando se cumplieron sus días para dar a luz, he aquí había gemelos en su vientre. 25 Y salió el primero rubio, y era todo velludo como una pelliza; y llamaron su nombre Esaú. 26 Después salió su hermano, trabada su mano al calcañar de Esaú; y fue llamado su nombre Jacob. Y era Isaac de edad de sesenta años cuando ella los dio a luz.

El primogénito de la promesa

- **El heredero de la promesa de Dios a Abraham, el primogénito de Isaac, fue Esaú.**

- **Pero Rebeca, la madre de Esaú, tenía otros planes. Ver Génesis 27.**

Rebeca aconseja a Jacob, su favorito (Génesis 27:5-17)
Isaac es engañado por Jacob (Génesis 27:18-29)
Esaú queda fuera de la bendición de Isaac (Génesis 27:31-40)

¿Por qué bendijo Isaac a Jacob, sobre todo cuando se dio cuenta del engaño de Jacob? ¿Cómo se compara esto a otras bendiciones de Abraham, Isaac y Jacob? ¿Cuáles son los elementos de la bendición de Isaac?

- **El "heredero de la promesa" odia a su hermano por haberlo engañado (Génesis 27:41)**

¿Era Rebeca una mujer espiritual, interesada en temas espirituales? ¿Era Isaac una persona espiritual? ¿Quién era más sensitivo espiritualmente? ¿Qué evidencia de espiritualidad vemos en Jacob? ¿Qué evidencia de espiritualidad vemos en Esaú?

Dios había dicho a Rebeca que Jacob estaría sobre Esaú (Génesis 25:23). Pero Rebeca decidió tomar el asunto en sus propias manos (Génesis 27:6-29). ¿Es posible disculpar el hecho de que Rebeca haya engañado a Isaac su esposo? ¿Qué parte de la responsabilidad de ese engaño recae sobre Jacob?

- **¿Por qué no pudo Isaac cambiar su bendición después de que descubrió el truco de Jacob? (Génesis 27:33)**

¿Cuál es el papel de Isaac en esa bendición? ¿Cuál es el papel de Dios en esa bendición?

¿Qué sucede cuando los hijos se dan cuenta que quieres a uno de ellos más que a los demás? ¿Sufriste de ese tipo de discriminación cuando niño? Si la respuesta es positiva, ¿sentiste resentimiento contra tus padres? ¿Qué te ayudó a sobreponerte a esa condición? ¿Cómo podemos, como padres, amar a nuestros hijos por igual pero de una manera especial a cada uno?

¿Las faltas de cuál de ellos se parecen a las tuyas? ¿Las faltas de Isaac, las de Rebeca, las de Esaú, las de Jacob? ¿Por qué? ¿Cómo está Dios trabajando en tu vida para mejorar tu carácter?

El heredero de la promesa

▶ **Mientras va en camino a Padan-aram, a la tierra de Labán, hermano de Rebeca, Dios se aparece a Jacob en Bet-el**

10 Salió, pues, Jacob de Beerseba, y fue a Harán. 11 Y llegó a un cierto lugar, y
durmió allí, porque ya el sol se había puesto; y tomó de las piedras de aquel
paraje y puso a su cabecera, y se acostó en aquel lugar. 12 Y soñó: y he aquí
una escalera que estaba apoyada en tierra, y su extremo tocaba en el cielo; y
he aquí ángeles de Dios que subían y descendían por ella. 13 Y he aquí, Jehová
estaba en lo alto de ella, el cual dijo: Yo soy Jehová, el Dios de Abraham tu
padre, y el Dios de Isaac; la tierra en que estás acostado te la daré a ti y a
tu descendencia. 14 Será tu descendencia como el polvo de la tierra, y te
extenderás al occidente, al oriente, al norte y al sur; y todas las familias de la
tierra serán benditas en ti y en tu simiente. 15 He aquí, yo estoy contigo, y te
guardaré por dondequiera que fueres, y volveré a traerte a esta tierra; porque
no te dejaré hasta que haya hecho lo que te he dicho. 16 Y despertó Jacob de
su sueño, y dijo: Ciertamente Jehová está en este lugar, y yo no lo sabía.

▶ **Qué pensó Jacob que era el significado de su sueño? ¿Cómo tomó la bendición de Dios? ¿Podríamos decir que esto señaló una conversión para Jacob?**

18 Y se levantó Jacob de mañana, y tomó la piedra que había puesto de
cabecera, y la alzó por señal, y derramó aceite encima de ella. 19 Y llamó el
nombre de aquel lugar Bet-el, aunque Luz era el nombre de la ciudad primero.

ESTUDIO BÍBLICO

20 E hizo Jacob voto, diciendo: Si fuere Dios conmigo, y me guardare en este viaje en que voy, y me diere pan para comer y vestido para vestir, 21 y si volviere en paz a casa de mi padre, Jehová será mi Dios. 22 Y esta piedra que he puesto por señal, será casa de Dios; y de todo lo que me dieres, el diezmo apartaré para ti.

▶ **¿Por qué derramó Jacob aceite sobre la piedra? ¿Cuál es el significado de esa acción? ¿Qué fue lo que le prometió a Dios?**

¿Qué lección aprendemos de la experiencia de Jacob hasta este punto? ¿Nos bendice Dios cuando usamos nuestra astucia para llevar a cabo sus planes o nos bendice a pesar de usar nuestra astucia? ¿Qué experiencias no hubiese tenido que experimentar Jacob si hubiese permitido a Dios actuar?

¿Cómo calificaríamos a la familia de Isaac hasta este punto? ¿Se trata de una familia modelo? ¿Es Abraham mismo un patriarca modelo? ¿Qué elementos en sus vidas los cualifican como modelos? ¿Sus acciones? ¿Su relación con Dios? Haz una lista de esas acciones y describe brevemente cómo encuentras paralelos en tu vida.

▶ **¿Qué mensaje encuentras para ti y para tu familia en la bendición de Dios a Jacob?**

Y estas cosas les acontecieron como ejemplo, y están escritas para amonestarnos a nosotros, a quienes han alcanzado los fines de los siglos (1 Corintios 10:11).

Recursos

▶ Libros

Matrimonio, divorcio y nuevo matrimonio

Jay E. Adams

Cuando empecé mi ministerio —dice el doctor Jay Adams— como pastor, los cristianos apenas hablaban del divorcio y del nuevo casamiento. Virtualmente, tampoco nadie escribía sobre estas cuestiones.

Hoy los estantes de las librerías cristianas están abarrotados de libros sobre el matrimonio y el divorcio, aunque, francamente, después de haber dado una ojeada a varias páginas, uno pierde las ganas de seguir leyendo la mayoría de ellos.

Hoy el divorcio no es simplemente una enfermedad infecciosa que se da en Hollywood entre las estrellas, sino una realidad que afecta de pleno a nuestras iglesias evangélicas, no tan sólo por los problemas que pueda plantear el divorcio entre sus miembros, sino por los nuevos convertidos que vienen a ellas después de haberse divorciado y que quieren saber cuál es su situación en la Iglesia de Cristo.

En consecuencia, se requieren respuestas basadas en algo más sólido que la tradición. Hace falta poner en claro lo que tiene que decir sobre este problema la Palabra de Dios.

El presente volumen pretende, aunque sólo sea en parte, con la ayuda de Dios, llenar este vacío.

Cómo crecer por el divorcio

Jim Smoke

En un mundo que tiene una píldora o una receta casi para todo, hay muy poco disponible cuando se trata de ayudar a alguien que atraviesa por el huracán emocional de un divorcio. El divorcio es una de las experiencias más dolorosas y emocionalmente agotadoras que pueda experimentar un ser humano. Es una herida profunda, y está generalmente acompañada de la duda de si algún día sanará.

Cómo crecer por el divorcio no es una exhortación a que las parejas consideren el divorcio cuando enfrenten problemas en su matrimonio. Es más bien una guía práctica para cualquiera que ya esté pasando o haya pasado por esa experiencia. Este libro, basado en la experiencia directa del autor con miles de personas que antes estuvieron casadas, puede transformar su vida y convertir un viejo final en un nuevo comienzo.

Salga adelante después del divorcio
David y Lisa Frisbie

El divorcio es una muerte y un morir. El divorcio es una muerte sin un punto final; el morir continúa.

El divorcio es la muerte del "juntos", el final aparentemente permanente del "para siempre". Con la intención de ser para toda la vida, un matrimonio que una vez se había remontado hacia arriba con una brillante promesa, se ha estrellado en las oscuras sombras. Nada queda sino la tristeza.

Cada mañana del siglo XXI, muchos de nosotros nos levantamos para afrontar un nuevo día sin una pareja. Alguien nos prometió: "Sí, acepto", pero luego no lo cumplió. Alguien con valentía dijo: "Lo haré", pero cuando llegaron los momentos difíciles, no lo hizo. Ahora estamos solos, sintiéndonos marcados con un sentimiento diario de fracaso que se muestra a sí mismo en todo lo que hacemos.

¿Hay esperanza para aquellos de nosotros que volvemos a morir con cada nueva mañana? ¿Hay alguna razón para levantarse, hacer café y atreverse a soñar?

Si existe tal esperanza, estas páginas se esfuerzan por señalar la dirección desde la cual podría llegar. Al igual que la aguja de una brújulas que en un principio puede oscilar, las verdades que se muestran aquí finalmente señalarán hacia el verdadero norte de nuestra alma: hacia Aquel que nos ama, aun en medio de toda nuestra confusión y sufrimiento. A pesar de otras fuerzas, la brújula no está desorientada; su aguja señala con confianza hacia la esperanza.

Amaneciendo en la adolescencia
Juan Ricardo Díaz

Existen muchos libros, buenos libros, que en determinadas épocas de la vida pueden servir como el faro que le indica al capitán del barco que la costa está cerca. Aunque, por la oscuridad del momento no logre divisarla, le avisa que allí está, lo guía y lo conduce a su destino seguro. En ningún momento, ni toma el control de la situación, ni se hace imprescindible en la ruta del barco, una vez vista la luz del faro, el capitán sabe hacia dónde ir y por donde ir. Quizás le agradezca al universo, al Creador, el haber puesto este faro en su camino.

Este libro está escrito para todos los adolescentes que buscan su propia verdad, para los padres de los adolescentes que quieran comprender los mejor y poder ayudarlos en esa etapa caracterizada por tantos cambios bruscos en todos los planos de su ser, en fin, está escrito para ti, que lo tienes en tus manos.

Abuso emocional—El enemigo invisible
Mariana Barrancos

¿Quién es ese enemigo invisible?

Al abuso emocional también se le conoce como maltrato psicológico o abuso invisible debido a que sus heridas no dejan marcas físicamente visibles. En cambio, dejan marcas profundas e invisibles en nuestra propia imagen e identidad.

Así, el abuso emocional es un proceso continuo que —con el tiempo— deteriora nuestra autoestima y nuestro sentido de valor personal.

Este libro describe algunas de las características generales de los diferentes tipos de abusos y sus consecuencias, explica quiénes son las personas que participan en relaciones abusivas y ofrece algunas soluciones posibles. Explorando los distintos métodos de prevención.

Conozca cómo funciona la mente de un manipulador y aprenda a establecer límites concretos para desarrollar relaciones más saludables.

Secretos enterrados (Cómo enfrentar las traumas del abuso sexual, el abandono y traición)
Jessica J. Ordoñez

Cuando ves la tormenta acechar tu vida, es allí donde empieza la verdadera batalla, donde mostramos quiénes somos en realidad. Mucha gente pasa años dentro de una iglesia, escuchando mensaje tras mensaje de cómo estar preparados para la tormenta; mas a la hora de la verdad, no ejecuta ningún plan de acción. ¿Te has esforzado por tanto tiempo, para que en la dificultad, te ahogues? ¡No puede ser!

Dios no quiere eso para ti. Él quiere que en medio de la prueba, confíes en él y lo busques. Dios permite la prueba cuando es necesario que aprendamos algo. No es una casualidad ni tu castigo, es una enseñanza. Es hora de tomar clases y estar muy atento, pues Dios quiere mostrarnos algo. Será algo grande. Algo que te acercará a él que producirá en ti paciencia, que te hará amarlo más, que hará crecer tu fe y te hará llegar a ser cada día más como Jesús.

¡Por favor di!: Un cuento para niños sobre el abuso sexual
Jessie

Las palabras de Jessie, de nueve años de edad, ayudan o otros niños que han sufrido el abuso a comprender que no están solos. Que es bueno hablar sobre sus sentimientos, y que el abuso no fue su culpa.

Llegando a los niños de una manera en que ningún adulto puede, Jessie con sus palabras transmite el mensaje: es bueno decir, la ayuda llega cuando uno dice.

¡Por Favor Di! es una excelente herramienta para los terapeutas, consejeros, trabajadores de la protección infantil, maestros y padres que tienen que trabajar con niños que han sufrido el abuso sexual.

Lo historia de Jessie añade un sentimiento de esperanza por lo que debe de ser y el conocimiento de que el sistema de protección infantil puede funcionar en favor de los niños. En forma simple, directa y de corazón, Jessie proporcionó a otros niños el permiso y el valor de enfrentarse el abuso sexual.

Cómo sobrevivir el embarazo de su adolescente: Consejo práctico para los padres de una cristiana embarazada y soltera
Linda Ellen Perry

Consejo práctico para comenzar al extremo de ayudarle a hacer este viaje con su niño. De la cita con el doctor, a decir a amigos, a apoyar a su niño, al nacimiento del bebé, usted encontrará cada paso por el cual usted esté pasando. Esto puede ayudarle a sobrevivir este viaje con su niño con su cristianismo y la relación intacta.

Perry tiene años de experiencia en aconsejar a adolescentes y a sus padres, y utiliza ese conocimiento para crear un libro para los padres que los lleve gradualmente del descubrimiento del embarazo al nacimiento del bebé. Escribe sobre el perdón de la hija embarazada, del padre del bebé, y de ambos. Utiliza diversas historias de la Biblia, historias verdaderas y algo de ficción cristiana para ayudar a producir una comprensión más profunda a la situación. Anima a los padres a escuchar realmente a su hija para llegar a desarrollar un plan viable para ella y su hijo. Apoya tanto la adopción como criar al niño presentado cuidadosamente tanto las ventajas como los problemas de ambos. Este es un libro cristiano, así que mientras que se menciona el aborto y otras opciones, incluye estadísticas sobre los posibles resultados si el adolescente decide tener un aborto.

La guía esencial sobre sexualidad adolescente
Michael J. Basso

Los automóviles son parecidos al cuerpo humano, con la diferencia de que nosotros somos mucho más complejos y tenemos una mayor autonomía. Pero antes de que nos adentremos en este "manual de funcionamiento sexual", debemos comprender los conceptos básicos. Al igual que con la primera experiencia como conductor, las nociones básicas sobre sexualidad pueden parecer innecesarias en un principio, pronto descubrirás que es imposible hablar de sexualidad sin conocerlas.

Para que esta etapa sea más llevadera, voy a ser breve e iré directo al grano. Cabe aclarar que esta información se podría presentar en muchísimo más detalle, pero para lo que tú la necesitas, como está te servirá para aprender sin confundirte con datos tal vez superfluos en esta etapa. Una vez que hayas comprendido los aspectos básicos, estarás en condiciones de entender los temas más complejos de la sexualidad humana.

Los nueve conocimientos básicos del adolescente
Cristian Totti

La adolescencia es una época hermosa. Esto es cierto, pero depende de ti. Depende de cómo te prepares y te informes. Llegar a la adolescencia sin orientación es como cuando un futbolista llega a un partido muy importante sin haber entrenado o un cantante asiste a un concierto sin haber practicado o calentado la voz. Lo mismo sucede con los adolescentes: Los que no se informan son pan comido para todos los vagos y farsantes que buscan aprovecharse de ellos.

Esto se aplica sobre todo en el terreno del amor. ¿Sabías que este puede determinar tu felicidad en el futuro? Si no lo sabías, ahora lo sabes. En este libro trataremos de resumir lo básico que debe conocer el adolescente en esta etapa. Son nueve conocimientos, pero que incluyen todos los temas importantes: Importancia del amor en el adolescente; aspectos físicos y psicológicos; el enamoramiento; la problemática de pareja; las amistades y más...

Te invitamos a descubrir estos nueve conocimientos básicos: ¡Para que obtengas un 10 en el amor!

Sexo y Dios
Francisco Mira Moya

El cambio en lo relativo a la sexualidad ha sido brutal, y a juzgar por las consecuencias poco positivo. Con ello no queremos decir que añoremos volver a los tiempos pasados, en absoluto, queremos crecer en madurez en esta área como en cualquier otra y eso significa que debemos detenernos, evaluar, reflexionar e introducir los cambios que sean necesarios para progresar realmente y no desequilibradamente como ha ocurrido y está ocurriendo en nuestra sociedad.

Con este libro intento de forma breve, evaluar, comprender y exponer, cómo, partiendo de una perspectiva tradicional-religiosa restrictiva en cuanto a la sexualidad, se ha llegado a la nueva moral sexual, excesivamente permisiva y con una gran capacidad expansiva que afecta a casi todas las áreas de la vida. Esa transición ha supuesto un cambio significativo que ha afectado y está afectando a la mayoría de las personas en nuestra sociedad y no precisamente de forma positiva.—Francisco Mira Moya

Los 10 errores más comunes de los adolescentes
Harvey Hamilton

Una obra espléndida dirigida en especial a los adolescentes, a los muchachos y muchachas que comienzan a ser dueños de su vida, de sus errores y de sus aciertos. La intención es señalar los errores básicos en que pueda caer un chico o una adolescente para que puedan evitarlos y convertirlos por sí mismos en aciertos.

Entre sus conceptos claros y honestos, esta obra comprende puntos tan importantes como los siguientes: ¡Cuidado con los "dolores" del crecimiento!; cómo convertirlos en satisfacciones; ¿qué carrera elegiré?; ¡cuidado!: Del cónyuge te puedes divorciar, pero de tu profesión, no; los errores trascendentales en tu vida sexual; ¡aguas con el falso placer del alcohol y las drogas!; ¿involucrarte en los problemas de tus padres? ¡grave error!; los buenos amigos y los amigos que no son amigos; y, ¿cuál es tu situación económica actual y futura?

@ Enlaces de la Web

- **Antes que se eche a perder**
  http://lacorriente.com/article/Familia/63/
  El matrimonio no fue diseñado para hacerlo feliz a usted, ni a nadie; por consiguiente, su desdicha no es razón para terminar el compromiso de toda una vida. La felicidad es solo la cubierta del pastel. Como lo he dicho por años, no es el amor lo que mantiene unido al matrimonio, es el compromiso. El amor, como una emoción, sube y baja con el tiempo. Hay solo unas cuantas noches para caminar bajo la luz de la luna. Las enfermedades, angustias, quebrantos, desilusiones, envejecimiento y adversidades obran contra el amor romántico; pero esos mismos conflictos pueden fortalecer el compromiso.

- **¿Lapidadores o restauradores?**
  http://www.paginascristianas.ca/pages/lapiladores.doc
  Los creyentes separados, divorciados o vueltos a casar tras una separación son una realidad creciente, dentro de las diversas iglesias y denominaciones evangélicas del mundo. No es nuevo, que todavía se mantenga una actitud lapidaria y enjuiciadora hacia estos hermanos. Los prejuicios y la ignorancia bíblica son las causas que originan esta actitud pecaminosa de juicio. Es por ello que nace este libro, para orientar bíblicamente a los líderes evangélicos de diversas denominaciones y latitudes. El fin de este libro es, que en un mañana no muy lejano, todos los creyentes que vengan a Cristo con sus matrimonios rotos y los que permanezcan en la iglesia en similar situación sientan en todo su ser, el amor y el consuelo de Dios, por parte del cuerpo de Cristo que fue concebido por un acto de amor y no de juicio.

- **Los niños y el divorcio**
  http://www.aacap.org/page.ww?section=Informacion+para+la+Familia&name=Los+Ninos+y+el+Divorcio+No.+1
  Hoy en día de cada dos matrimonios uno termina en divorcio y muchas de las parejas divorciadas tienen niños. Los padres que se están divorciando a menudo se preocupan acerca del efecto que el divorcio tendrá en sus hijos. Durante este período difícil, los padres puede que se preocupen por sus propios problemas, pero continúan siendo las personas más importantes en la vida de sus hijos.
  Mientras los padres bien pueden sentirse o desconsolados o contentos por su divorcio, invariablemente los niños se sienten asustados y confundidos por la amenaza a su seguridad personal. Algunos padres se sienten tan heridos o abrumados por el divorcio que buscan la ayuda y el consuelo de sus hijos. El

divorcio puede ser malinterpretado por los niños a no ser que los padres les digan lo que está pasando, cómo les afecta a ellos y cuál será su suerte.

- **Ayuda para las Familias Divorciadas**
  http://www.nuestrosninos.com/guias_divorcio.html
  Una encuesta nacional reciente reveló que el 37% de los niños en los EE.UU. nacen fuera de una familia tradicional en la que el padre y la madre están casados. El porcentaje es aún más alto cuando se trata de niños latinos. Muchos de estos niños crecerán en un hogar monoparental, es decir, encabezado por una madre o un padre sin pareja.

  Diversas situaciones crean hogares con solo un padre de familia, sea en el caso de madres solteras, de separación o divorcio, de la muerte de la pareja, de adopción por personas solteras, por enfermedad o discapacidad, servicio militar, encarcelamiento, por asuntos laborales, o por las separaciones que forman parte de las circunstancias de la familia inmigrante.

  Si la crianza infantil en estos tiempos y en estas tierras no es nada fácil, es más difícil aún para aquellos quienes no cuentan con la compañía y el apoyo de una pareja. Muchas madres y padres solos sienten culpa porque sus niños no tengan lo que les ofrecería una familia con ambos padres. A menudo los niños se sienten responsables de la ausencia del padre o la madre, y frecuentemente los mayores asumen el papel del padre o la madre ausente, lo cual no les corresponde.

- **El suicidio entre los adolescentes**
  http://guiajuvenil.com/autoestima/el-suicidio-entre-los-adolescentes.html
  El suicidio entre los adolescentes ha tenido un aumento dramático. Cada año miles de adolescentes se suicidan. En Estados Unidos, por ejemplo, el suicidio es la tercera causa de muerte más frecuente para los jóvenes de entre 15 a 24 años de edad, y la sexta causa de muerte para aquellos de entre 5 a 14 años.

  Los adolescentes experimentan fuertes sentimientos de estrés, confusión, dudas de sí mismos, presión para lograr éxito, incertidumbre financiera y otros miedos mientras van creciendo. Para algunos adolescentes el divorcio, la formación de una nueva familia con padrastros y hermanastros o las mudanzas a otras nuevas comunidades pueden perturbarlos e intensificarles las dudas acerca de sí mismos. Para algunos adolescentes, el suicidio aparenta ser una solución a sus problemas y al estrés.

- **La Salud Mental de Niños y Adolescentes**
  http://www.healthsystem.virginia.edu/uvahealth/peds_mentalhealth_sp/suicide.cfm
  El comportamiento suicida se define como la preocupación o acción orientada

a causar la propia muerte de manera voluntaria. El intento de causar la propia muerte es esencial en esta definición. El pensamiento suicida hace referencia a ideas de cometer suicidio o el deseo de quitarse la propia vida. El comportamiento suicida hace referencia a las acciones concretas realizadas por quien está pensando o preparándose para provocar su propia muerte. El intento de suicidio normalmente hace referencia a una acción orientada a provocar la propia muerte que no logra su objetivo. El suicidio hace referencia a haber causado intencionalmente la propia muerte.

- **¿Cómo evitar el suicidio en adolescentes?**
  http://www.revistafuturos.info/futuros14/suicidio_adoles1.htm
  A pesar nuestro, el suicidio en la adolescencia es una trágica realidad, ocupando un lugar entre las tres primeras causas de muerte en la mayoría de los países y en algunos, sólo le supera otro tipo de muerte violenta: los accidentes de vehículos de motor. Y lo peor es que la tendencia es a incrementarse según los estimados de la Organización Mundial de la Salud (OMS).

  Dotar a los adolescentes de literatura científica que aborde el comportamiento suicida y su prevención pudiera ser de una utilidad no despreciable, pues les pondría en mejores condiciones de ayudarse ellos mismos y a sus iguales que se encuentren en una situación de crisis suicida. Similar provecho tendría para los padres, las madres, y otros familiares, maestros y profesores, que estarían más capacitados para detectar prematuramente aquellos candidatos a la realización de un acto suicida y evitar que ocurra, además de contribuir a interpretar el suicidio como un proceso que tiene su historia y que contrariamente a lo que se piensa, no ocurre por impulso, sino más bien como una decisión largamente pensada, analizada, desechada y retomada en múltiples ocasiones para poner fin a una vida, en la que el suicidio es un síntoma más, el último síntoma, de una existencia infeliz.

- **El Suicidio en la Iglesia**
  http://www.horizonteinternacional.com/es/r_past_suicidio.asp
  Según un estudio hecho después de las muertes de los suicidas, se reporta que estos experimentan descontrol en su vida. Ellos sienten por varias razones que han perdido el control de sus vidas. Cambios tales como ir a la preparatoria, universidad, entrar a un nuevo trabajo, retiro, conflictos éticos y morales, problemas familiares tales como el divorcio o el fallecimiento de algún ser querido, todas estas causas hacen sentir al individuo descontrolado e imposibilitado para dirigir el curso de su vida. El resultado es un sentimiento interior de pánico, un sentimiento de pérdida que los lleva a sentirse sin esperanzas e impulsivos.

@ ENLACES DE LA WEB

- **Violencia doméstica**
  http://www.nlm.nih.gov/medlineplus/spanish/domesticviolence.html
  La violencia familiar o doméstica es un tipo de abuso. Implica lastimar a alguien, por lo general un cónyuge o una pareja, pero también puede ser un padre, un hijo u otro familiar.

  La violencia doméstica es un problema muy serio. Es una causa común de lesiones. Las víctimas pueden sufrir lesiones físicas, como hematomas o fracturas óseas. Pueden sufrir emocionalmente de depresión, ansiedad o aislamiento social.

  Es difícil conocer con exactitud la incidencia de la violencia doméstica, ya que frecuentemente las personas no la denuncian. No existe una víctima típica. Ocurre entre personas de todas las edades. Afecta todos los niveles de ingresos y de educación.

- **Terrorismo doméstico**
  http://www.elmundo.es/documentos/2004/06/sociedad/malostratos/victimas.html
  Amor y pánico se entremezclan en la vida de las mujeres víctimas de violencia doméstica. La ambivalencia de sentimientos se hace fuerte en ellas y terminan estableciendo una extraña relación de dependencia con su agresor, es el "Síndrome de dependencia afectiva" —una especie de síndrome de Estocolmo—, que les lleva a perdonarles una y otra vez, a minimizar y negar sus agresiones.

- **La violencia del género**
  http://criminet.ugr.es/recpc/08/recpc08-02.pdf
  El objeto del presente estudio acerca de la violencia de género es analizar y desvelar las razones que, a juicio de la autora, explican la resistencia social a admitir una realidad persistente y alarmante que parece tener la vocación de permanecer invisible en las sociedades de nuestros días. Aprovechando la ocasión que brinda la reciente ley española 1/2004 de protección integral contra la violencia hacia las mujeres, en el trabajo se argumenta la necesidad de identificar específicamente esa forma de violencia con un perfil diferenciado de la violencia doméstica. Finalmente, la autora pone el énfasis en los efectos perversos que, para la causa de las mujeres, produce una protección, a veces excesiva, por parte del Derecho y del Estado.

- **Más mujeres solteras están teniendo hijos**
  http://www.healthfinder.gov/news/newsstory.aspx?docID=627121
  El número de mujeres solteras que tienen hijos ha aumentado marcadamente en los Estados Unidos y varios países más, según las autoridades de salud de EE. UU.

  En los Estados Unidos, el 40 por ciento de los nacimientos tienen lugar ahora entre madres solteras, la mayoría de las cuales están en la veintena, no en la adolescencia, según un informe titulado Patrones cambiantes de reproducción fuera del matrimonio en los Estados Unidos, publicado el miércoles por los Centros para el Control y la Prevención de Enfermedades de EE. UU.

- **Padres adolescentes son más violentos con sus hijos**
  http://guiajuvenil.com/hijos/padres-adolescentes-son-mas-violentos-con-sus-hijos.html
  El embarazo en la adolescencia no solo perjudica la vida de los jóvenes sino también trae consecuencias para sus hijos. La frustración por tener la juventud abortada por la responsabilidad de cuidar de un bebé lleva a que los hijos de mujeres adolescentes sufran más violencia doméstica. Es una interesante conclusión de un estudio sobre el maltrato infantil de la Asociación para el Desarrollo Integral para Personas Violadas AC (ADIVAC).

- **Adolescente embarazada: Cuando la cigüeña se adelanta**
  http://guiajuvenil.com/educacion-sexual/adolescente-embarazada-cuando-la-ciguena-se-adelanta.html
  El inicio de las relaciones sexuales a edades tempranas es uno de los signos comunes a los jóvenes y adolescentes de todo el mundo y con ello se multiplica el riesgo de contraer enfermedades y de precipitar la llegada de la cigüeña con su maternal encargo.

- **Cada 5 minutos una chica adolescente es madre**
  http://guiajuvenil.com/educacion-sexual/cada-5-minutos-una-chica-adolescente-es-madre.html
  "Cada cinco minutos una adolescente se transforma en madre y generalmente un adolescente varón es el padre", advirtió ayer la brasileña Carmen Barroso, reconocida líder en el campo de la salud sexual y reproductiva y directora regional de la Federación Internacional de Planificación de la Familia (IPPF).

- **De la Prisión a la Alabanza**
  http://devocionalescristianos.org/2010/04/peliculas-cristianas-de-la-prision-a-la-alabanza.html
  Basado en el libro de gran éxito del mismo título, *De la Prisión a la Alabanza* es la fascinante historia de un joven soldado inquieto y el capellán que se niega a dejarlo por perdido. El soldado raso Jim Wikins es un joven atribulado cuyos problemas sólo han ido de mal en peor.

  Después de sufrir un colapso durante el adiestramiento, Jim se entera de que tiene una grave enfermedad cardiaca que requiere cirugía. Hostil y amargado por causa de su padecimiento, decide ausentarse sin licencia. Pronto es capturado por la policía militar y se le juzga en un tribunal militar, de modo que al parecer su situación es totalmente desesperada: es decir, hasta que un capellán de la base sabe de su situación por pura coincidencia. O ¿fue por la divina providencia? El capellán Merlin Carothers parece comprender a Jim como nadie antes lo comprendió. Mediante una serie de escenas retrospectivas, el capellán Carothers le cuenta a Jim una historia asombrosa y, a la larga, transformadora de vida.

- **Abuso Emocional**
  http://www.abusoemocional.com/
  El abuso de cualquier tipo es una forma de violencia y una manera inadecuada de relacionarse con otras personas. El abuso emocional consiste en el maltrato psicológico de una persona hacia otra, y todas aquellas maniobras de manipulación con el propósito de deteriorar la autoestima de esa persona. A menudo ocurre debido a la falta de información clave. Es importante tomar conciencia acerca de qué es el abuso emocional, cómo reconocerlo y de qué manera se lo puede prevenir y/o solucionar.

  Tanto víctimas como abusadores pueden ser niños, jóvenes, mujeres y hombres adultos o ancianos. Además, el abuso emocional puede ocurrir en cualquier ámbito de nuestra vida: en la familia, en el trabajo, en la pareja, en nuestro círculo social, en instituciones educativas, en la comunidad, etc.

Se nos invita a ser gente piadosa que piense, sienta y actúe en armonía con los principios del cielo.

APLICACIÓN DE LAS CREENCIAS FUNDAMENTALES

21

Conducta cristiana

Se nos invita a ser gente piadosa que piense, sienta y actúe en armonía con los principios del cielo.

22

El matrimonio y la familia

El amor mutuo, el honor, el respeto y la responsabilidad, son la trama y la urdimbre de esta relación, que debiera reflejar el amor, la santidad, la intimidad y la perdurabilidad de la relación que existe entre Cristo y su iglesia.

Capítulo tres
El poder transformador del tiempo

Le preguntaron al Señor Jesús: "Maestro, ¿cuál es el gran mandamiento en la ley? Jesús le dijo: Amarás al Señor tu Dios con todo tu corazón, y con toda tu alma, y con toda tu mente. Este es el primero y grande mandamiento. Y el segundo es semejante: Amarás a tu prójimo como a ti mismo. De estos dos mandamientos depende toda la ley y los profetas" (Mateo 22:36-40).

Jesús hizo referencia a uno de los pasajes bíblicos más importantes en la literatura judía, lo que se conoce como el *Shema*:

> Oye Israel: Jehová nuestro Dios, Jehová uno es.
> Amarás a Jehová tu Dios de todo tu corazón,
> y de toda tu alma, y con todo tu poder.
> Y estas palabras que yo te mando hoy,
> Estarán sobre tu corazón;
> y las repetirás a tus hijos,
> y hablarás de ellas estando en tu casa,
> y andando por el camino, y al acostarte,
> y cuando te levantes" (Deuteronomio 6:4-7).

De este pasaje, de este primero y grande mandamiento, se desprenden cuatro principios que han demostrado su capacidad de ayudar a transformar la vida de cada uno de los miembros de la familia. Los cuatro principios son los siguientes: Tiempo, Amor, Comunicación y Oración.

Cuando esos principios se aplican a la familia, al matrimonio, y a los hijos, se produce una transformación increíble que produce una alegría y satisfacción infinitas. Algo muy interesante es que los novios no tienen ningún problema en aplicar esos cuatro principios durante el noviazgo.

Veamos cómo esos cuatro principios se pueden aplicar a la vida familiar:

Tiempo

Los novios no tienen el más mínimo problema en pasar tiempo juntos como pareja. Al contrario, hay que animarlos a que se tomen una pausa, de lo contrario no se separarían nunca. Les encanta estar juntos, salir juntos, en fin, pasar todo el tiempo que se pueda juntos.

Pero después de casados, la cosa cambia drásticamente. Ahora no tienen suficiente tiempo para hacer nada, menos para estar juntos. Vienen al matrimonio con la intención de ser "dos en uno" y en realidad se convierten en "dos en todo".

Una familia feliz es aquella donde sus miembros pasan grandes cantidades de tiempo juntos. Tal concepto se aplica tanto a la familia en general como al matrimonio, y desde luego a la paternidad. Es esencial pasar tiempo como pareja y pasar mucho tiempo con los hijos.

PENSAMIENTOS INSPIRADOS

- La escuela sabática y la reunión del culto ocupan sólo una parte del sábado. La parte que queda para la familia puede abarcar las más sagradas y preciosas horas del sábado. Mucho de este tiempo deben pasarlo los padres con sus hijos .
  E. G. White, *Joyas de los Testimonios*, tomo 3, pág. 24

- Los padres no deben permitir que cosa alguna les impida dar a sus hijos todo el tiempo necesario para hacerles comprender lo que significa obedecer al Señor y confiar plenamente en él.
  E. G. White, *Consejos para los Maestros*, pág. 99

- Pero, padres, no desalentéis a vuestros hijos. Combinad el cariño con la autoridad, la bondad y la simpatía con la firme represión. Dedicad a vuestros hijos algunas de vuestras horas de ocio; intimad con ellos; asociaos con ellos en sus trabajos y juegos, y ganad su confianza. Cultivad su amistad, especialmente la de vuestros hijos varones. De este modo ejerceréis sobre ellos una poderosa influencia para el bien.
  E. G. White, *El ministerio de curación,* pág. 305

Los esposos deben planear tiempo para pasar tiempo juntos como pareja. Es imprescindible el que cada semana la pareja tome tiempo para salir a cenar juntos, como si fueran en una cita, como cuando eran novios.

Y una vez por trimestre, o por lo menos dos veces al año, la pareja debe hacer planes para salir juntos en una "miniluna de miel", algo de suprema importancia para fortalecer lo que es el pilar de la familia, el matrimonio.

Para transformar la familia no hay nada que pueda compararse con la importancia de dedicarle grandes porciones de tiempo. No sólo calidad de tiempo, sino cantidad, mucha cantidad.

En un estudio realizado por Linda Feldman (1991) se encontró que el 81 por ciento de los padres dijeron que no pasaban suficiente tiempo con sus hijos. Más del 50 por ciento reportaron que los hijos están peor ahora que hace 10 años en asuntos de moralidad, religiosidad, disciplina y el tiempo que pasan con los padres. También se encontró que los hijos reportaron buenas relaciones con sus padres y el 94 por ciento dijeron que sus madres eran los adultos más especiales en sus vidas y el 82 por ciento mencionaron a sus padres.[1]

Covey da los siguientes acertados consejos:

> Específicamente te quiero animar a que apartes un tiempo familiar especial cada semana, el cual se guarde en forma inviolable, a menos que ocurran grandes emergencias o interrupciones inesperadas. Este tiempo familiar es para planear, comunicarse, enseñarse valores, y divertirse juntos. Será un factor muy poderoso para ayudarte a ti y a tu familia a mantenerse en el camino.
>
> También te sugiero que regularmente pases momentos con cada uno de los miembros de tu familia y que hagan lo que la otra persona o miembro de tu familia desee. Si haces estas dos cosas, casi te puedo garantizar que la calidad de tu vida familiar va a mejorar dramáticamente.[2]

Del consejo anterior se desprenden dos grandes principios que transformarán radicalmente tu familia:

❖ Apartar tiempo cada semana para planear, comunicarse, enseñarse va-

[1]Linda Feldmann, *The Christian Science Monitor,* pág. 83.
[2]Stephen R. Covey. *The 7 Habits of Highly Effective Families,* pág. 18.

RECURSOS PARA FORMACIÓN ESPIRITUAL

- Es posible que mi respuesta no sea lo que usted esperaba, pero representa algo que he observado frecuentemente y que sé que es válido. La mejor forma de lograr que los niños hagan lo que uno quiere es pasar tiempo con ellos antes de que surjan problemas disciplinarios: divertirse juntos y disfrutar de la risa y de la alegría conjunta. Cuando se dan esos momentos de amor y de cercanía, los niños no se sienten tan tentados a desafiar ni a poner a prueba los límites. Se pueden evitar muchas confrontaciones estableciendo amistad con los niños, y haciendo así que ellos quieran cooperar en el hogar. ¡Sin duda eso es mejor que mostrar enojo para motivar a los pequeños!
James Dobson, *Atrévete a disciplinar*, pág. 86

- Los incidentes aislados revelan muy poco acerca del individuo pero al reflexionar en los patrones de comportamiento se revela el contenido del carácter de una persona y los valores a los que se adhiere esa persona. La forma como pasamos el tiempo y recursos es una expresión de nuestros valores. Jesús nos dijo esto cuando nos enseñó que "cada árbol se conoce por su fruto" (Lucas 6:44). Así que el reflexionar en la forma como Jesús pasó su tiempo puede ser algo instructivo. ¿Qué dijo vez tras vez? ¿Qué hizo repetidamente? La palabra clave aquí es *consistencia*.
Christopher Maricle, *The Jesus Priorities: Essential Habits*, pág. 15

- Lo que los hijos necesitan hoy en día no es padres perfectos, tan solo buenos padres. Un buen padre es, entre otras cosas, aquel o aquella dispuesta a equivocarse de tanto en tanto. El padre se da cuenta que hay perdón y redención aunque de vez en cuando él mismo meta la pata olímpicamente. Cuando la mamá pierde el control, sabe que hay principios básicos a los cuales retornar. En el corazón de esta "paternidad de la vida real" está la disciplina de la realidad: una forma consistente, decisiva y respetuosa como los padres aman y disciplinan a sus hijos. Noten que dije "disciplina" y no "castigo". Y noten que dije "amar" y no "sofocar con amor".
Kevin Leman, *Becoming the Parent God Wants You to Be,* pág. 14

---

lores y divertirse juntos.

❖ Pasar momentos con cada uno de los miembros de la familia y hacer lo que la otra persona desee.

Algunos dicen que no tienen tiempo para dedicarle a sus familias, especialmente a los hijos. Notemos lo siguiente:

"No hay tiempo", dice el padre; "no tengo tiempo que dedicar a la educación de mis hijos, ni a sus placeres sociales y domésticos". Entonces usted no debiera haber asumido la responsabilidad de una familia. Al no concederle el tiempo que les toca en justicia, los priva de la educación que debieran recibir de usted. Si tiene hijos, tiene una obra que hacer, en unión con la madre, en lo que se refiere a la formación del carácter de esos hijos.[3]

Una madre llevó a su hijo al parque y se sentó al lado de un padre mientras sus hijos jugaban.

"Ese del abrigo rojo es mi hijo", comentó la madre en el momento en que el hijo se deslizaba en un resbaladero.

"La felicito, señora, tiene un hijo muy lindo"- contestó el padre - El niño que se mece en el columpio, el de la camisa verde, ese es mi hijo".

Después de mirar su reloj el padre le dice a su hijo:

"¿Qué te parece si nos vamos, hijito?"

El hijo le contesta:

"Cinco minutos más, papi, cinco minutos más".

El papá asintió con la cabeza y su hijo continuó meciéndose felizmente en el columpio. Pasaron los cinco minutos y el papá volvió a llamar a su hijo.

"¿Nos vamos hijo?"

"Cinco minutos más, papi, cinco minutos más, por favor".

El papá sonríe y le dice:

"O.K. hijito".

"No cabe duda que tiene mucha paciencia", le dice la madre que se encontraba sentada a un lado.

Notando cierta ironía en las palabras de la señora, el padre le dice lo siguiente:

"Señora, Tommy, mi hijo mayor, fue atropellado el año pasado por un borracho mientras paseaba en su bicicleta cerca de aquí. Nunca pasé mucho tiempo con Tommy y ahora daría cualquier cosa por pasar cinco minutos con él. Prometí que eso no me pasaría con mi hijo Mike. Si mi hijo cree que puede pasarse cinco minutos más jugando en el columpio, creo que tengo cinco minutos más para verlo jugar".

Lo que los hijos necesitan hoy en día no es padres perfectos, tan solo buenos padres.

Oprah Winfrey dijo acertadamente lo siguiente: "Si no tienes tiempo para dedicar una noche a tu familia, por lo menos una hora durante la semana, cuando todos pueden reunirse como fa-

[3]E. G. White, *El hogar cristiano, pág.* 170.

milia, entonces la familia no es la prioridad en tu vida".

Entre mis archivos en la computadora encontré esto que alguien me envió hace mucho tiempo atrás. Siempre me pareció muy apropiado y quiero compartirlo aquí. No tengo idea de su procedencia y de seguro se encuentra en algún sitio del Internet:

> Imagínate que existe un banco, que cada mañana acredita en tu cuenta, la suma de 86,400 pesos.
>
> No arrastra tu saldo día a día. Cada noche borra cualquier cantidad de tu saldo que no usaste durante el día.
>
> ¿Que harías? Retirar hasta el ultimo centavo, ¡por supuesto!
>
> Cada uno de nosotros, tiene ese banco. Su nombre es tiempo.
>
> Cada mañana, este banco te acredita 86,400 segundos.
>
> Cada noche, este banco borra , y da como perdido, cualquier cantidad de ese crédito que no hayas invertido en un buen propósito.
>
> Este banco no arrastra saldos, ni permite sobregiros. Cada día te abre una nueva cuenta. Cada noche elimina los saldos del día.
>
> Si no usas tus depósitos del día, la pérdida es tuya. No se puede dar marcha atrás.
>
> No existen los giros a cuenta del depósito de mañana.
>
> Debes vivir en el presente con los depósitos de hoy.
>
> Consigue lo máximo en el día.
>
> Para entender el valor de un año, pregúntale a algún estudiante que perdió el año de estudios.
>
> Para entender el valor de un mes, pregúntale a una madre que alumbró a un bebé prematuro.
>
> Para entender el valor de una semana, pregúntale al editor de un semanario.
>
> Para entender el valor de una hora, pregúntale a los amantes que esperan a encontrarse.
>
> Para entender el valor de un minuto, pregúntale a una persona que perdió el tren.
>
> Para entender el valor de un segundo, pregúntale a una persona que con las justas evitó un accidente.
>
> Para entender el valor de una milésima de segundo, pregúntale a la persona que ganó una medalla de plata en las olimpíadas.
>
> Atesora cada momento que vivas. Y atesóralo más si lo compartiste

EL APOSENTO ALTO

- Le damos más importancia a las cosas y a los deberes que a las personas. Y parece que el auto, la vivienda, los estudios o el orden y el aseo son a veces más importantes que la relación con los hijos. Para el bienestar de los hijos es indispensable la calidad y la cantidad del tiempo con ellos. Tanto papá como mamá deben pasar un rato especial y suficiente individualmente con cada uno de los hijos. Durante este tiempo debemos darles nuestra atención exclusiva, bien sea jugando, paseando, explorando o simplemente conversando con ellos. La cercanía que logramos en estos encuentros es la que realmente nos permite comunicarles nuestro profundo amor, y cimentar una sólida y estrecha relación con los hijos.
Ángela Marulanda, *Creciendo con nuestros hijos*, pág. 29

- La vida familiar exige dedicar tiempo cada día para convivir con los demás miembros de la familia. Los padres y los hijos deben esforzarse y sacrificarse por encontrar ese tiempo. Ello supondrá, muchas veces, renunciar a gustos o apetencias personales y a ganar más dinero. También puede suponer organizarse mejor en el trabajo (saber terminar el trabajo a su hora) para llegar a casa a una hora razonable. . . . Es muy importante que los padres luchen contra la presión de la vida moderna que les empuja a vivir fuera de casa y de espaldas a la familia.
Gerardo Castillo Ceballos, *Preparar a los hijos para la vida*, págs. 77, 78

- Tener una familia no es como tener un trabajo en el que hay un horario definido y al que uno puede llamar para avisar que no puede ir porque está enfermo. Una familia no es un trabajo de tiempo completo, es un trabajo para toda la vida. Usted tiene que guardar fuerzas todos los días para este compromiso que ha adquirido con su familia. No importa que usted piense que se desenvuelve bien dentro de su hogar, o que lo haga bien cuando está en sus mejores días. Yo les digo a mis clientes, "Ustedes pueden tener el mejor auto del mundo, pero sin combustible sirve menos que una bicicleta. Tienen que reservar algo de combustible en su tanque cuando termina el día, para tener fuerzas al final del día".
David Niven, *Los 100 secretos de las familias felices: Lo que los científicos han descubierto y cómo puede aplicarlo a su vida*, pág. 58

---

con alguien especial, lo suficientemente especial como para dedicarle tu tiempo y recuerda que el tiempo no espera por nadie.

Ayer es historia.
Mañana es misterio.
Hoy es una dádiva.
¡Por eso es que se le llama el presente!

El problema del tiempo

La vida moderna, con todas sus ventajas, tiene su alto costo en lo que tiene que ver con el tiempo que los padres pueden dedicar a su familia. En teoría muchas organizaciones proveen asistencia a padres y madres para que dediquen tiempo a sus hijos. La realidad ha probado que muchos padres dispuestos a hacer sacrificios para empatar los requisitos de trabajo y dedicar tiempo a sus hijos se encuentran con que su habilidad de avanzar en su trabajo queda restringida. La crisis económica por la que hemos atravesado durante los últimos años hace que aumente el costo de mantener a una familia. Se estima que las madres, por ejemplo, reciben 7 por ciento menos por cada hijo que tienen.[4] Pero lo peor es que las madres se ven forzadas a elegir entre su familia y su trabajo.

"No alcanzan las horas del día", pareciera ser el refrán de muchos. Los padres se lamentan de no contar con suficiente tiempo para dedicar a su trabajo, para dedicar a su familia, para dedicar al descanso. Ante la crisis económica los padres consideran de mayor importancia el poner cuantas horas sea posible en su trabajo para garantizar su estadía en el mismo, en primer lugar, y "tratar" de ahorrar para la terrible eventualidad de perderlo.

En una sociedad que destaca la importancia del control personal y la naturaleza privada de los problemas sociales, no es de sorprender que las perspectivas prevalentes enfaticen que los individuos pueden y deben de ejercer control sobre su uso del tiempo de una manera más eficaz. Una búsqueda rápida en las librerías o el Internet ofrece una variedad de libros y material con consejos a los preocupados lectores acerca de cómo utilizar el tiempo de una manera más eficaz. Amazon.com, por ejemplo provee más de 1,200 libros acerca de administración del tiempo. Incluso hay varios títulos en español entre ellos *Cómo tomar el control de tu tiempo y de la vida,* por Alan Lakein; *Control de Tiempos y Productividad,* por José Manuel Arenas Reina; *Aprende a equilibrar tu vida: Hazte con el control, encuentra tiempo, alcanza tus objetivos,* por Michael y Jessica Hinz; *Gestión eficaz del tiempo y control del estrés,* por José María Acosta Vera.

Los lazos familiares, de los cuales con orgullo hablamos, no se puedan mantener al mismo nivel en este país que en nuestros países de origen.

La plétora de libros sobre este tema provee una evidencia convincente de que la preocupación por el tiempo se ha tornado en una preocupación cultural —preocupación que ha creado un mercado para autores y casas editoriales.

[4] Michele J. Budig y Paula England, *American Sociologial Review* 66, abril 2001, págs. 204-225.

Lo que no es claro es si tales libros ofrecen ayuda efectiva. El mismo hecho de tener que tomar tiempo para leerlos y al poner la responsabilidad del tiempo en el lector, esos manuales probablemente estén contribuyendo al problema que están tratando de resolver.[5]

No podemos tampoco ignorar que las familias hispanas o latinas sufren de desventajas en la sociedad americana. Aunque nos une el mismo lenguaje, podemos notar diferencias importantes debido al país de nuestra procedencia. Esto tiene que ver con cultura, educación y preparación. Las familias de segunda o tercera generación tienden a vivir mayormente a la par que las demás familias americanas pero esa no es la realidad para todos y mucho menos para los recién inmigrados. Esa diferencia se nota en las áreas de educación, fuentes de trabajo, estado social y solvencia económica. En general son las mujeres latinas o hispanas las que se encuentran en una situación peor que los hombres. Como grupo los latinos tienden a tener un nivel de educación más bajo.[6]

> En su mayoría los latinos, los afroamericanos y los indios americanos tienen menos ventajas que los blancos no hispanos y los asiáticos. Por ejemplo los niveles de educación de los latinos son más bajos y hay muchos menos profesionales, muy pocos tienen su propio negocio o ganan mucho menos que otros grupos. Entre los latinos, los mexicanos y los puertorriqueños tienen menos ventajas que los cubanos. En su mayoría las mujeres están en peores condiciones económicas que los hombres... Los cubanos y los asiáticos tienden a tener mejores condiciones de vida porque la inmigración de esos países ha sido más selectiva. La inmigración de esos países ha, mayormente, incluido a personas de un estado socioeconómico más elevado en comparación con los otros grupos de inmigrantes. Como consecuencia de esto esos inmigrantes traen consigo las características personales, motivación y recursos económicos que facilitan su integración en la sociedad americana.[7]

Basta simplemente con considerar a nuestras amistades y a los miembros de nuestra congregación y notamos la gran diferencia que existe entre nosotros y el resto de la sociedad americana. El mensaje del evangelio se presenta a todos pero

---

[5]Jerry A. Jacobs y Kathleen Gerson, *The Time Divide: Work, Family, and Gender Inequality,* pág. 150.
[6]Vilma Ortiz, *International Migration Review,* 20 (3) págs. 612-628. En Ruth Enid Zambrana (Ed.), *Understanding Latino families: Scholarship, policy and practice,* págs. *18-39.*
[7] Ruth E. Zambrana, *Understanding Latino families: Scholarship, policy and practice,* págs. 29, 30.

VOCES ADVENTISTAS PRESENTES Y PASADAS

- Haz un calendario diario sencillo enfocado en tus prioridades. Si tu relación con Dios es una de las prioridades principales, ¿estás pasando una buena cantidad de tu tiempo cultivando esa relación? Si has puesto a tu familia o a tu cónyuge en las primeras tres prioridades, ¿has dedicado un tiempo específico cada día para ayudar a que esa relación crezca? Una vez que has finalizado tu lista de prioridades, objetivos y calendario, ponlos en tu baño, al lado de tu computadora, o en algún lugar donde los puedas ver bastante regularmente.
  Laura K. Larsen, *Adventist Review,* 18 de agosto de 2005, pág. 12

- Martín Lutero, en una carta a Felipe Melanchthon, escribió: "Odio con un odio excesivo aquellos extremos que te consumen. Si la causa no es justa, abandónala". Que maravilloso consejo: "Si la causa no es justa, abandónala". ¿Con cuántas cosas nos ocupamos que en realidad no valen la pena? Abandonemos aquellas intrusiones que hacen una cuña entre nosotros y Dios y defendamos las prioridades que hacen más fácil el cultivo de las relaciones importantes. Defendamos esas horas tempranas de la mañana con Dios. Defendamos el tiempo que pasamos con nuestro cónyuge y nuestros hijos. Defendamos todo lo que es noble y bueno y hagamos a un lado aquellas cosas que roban el gozo a la vida. Resistamos después la tentación constante de añadir más placeres, más hobbies, más compromisos sociales, más obligaciones. Fijemos límites.
  Jim Hohnberger, *Adventist Review,* 22 de septiembre de 2002, pág. 45

- Quiero presentarte a un usurpador. Uno que procura robar al padre y a la madre de su papel como líderes cristianos en sus propias familias. Se llama Usurpador Prisa y Apremio. Demasiados padres sobrecargados de trabajo y madres distraídas permiten a este enemigo que les robe la serenidad y el control del tiempo de la familia. ¡Trabajo, trabajo, trabajo! Eso es lo único que saben algunos padres. No hay tiempo para la familia, para el culto o la recreación, y muy poco tiempo para el descanso. Puedes tener la seguridad que el Usurpador Prisa y Apremio te robará tu lugar en el afecto de tus hijos y te presentará como a un negrero o un tirano.
  D. A. Delafield, *Adventist Review,* 7 de octubre de 1948, pág. 13

tienden a ser los más humildes los que lo aceptan. Jesús dijo "Bienaventurados los pobres en espíritu, porque de ellos es el reino de los cielos" (Mateo 5:3), pero han sido no solamente los pobres en espíritu sino los pobres en educación y en recursos los que aceptan el mensaje de salvación.

Todo esto contribuye a que los lazos familiares, de los cuales con orgullo hablamos, no se puedan mantener al mismo nivel en este país que en nuestros países de origen. Las familias hispanas ya no cuentan con la red de familiares y vecinos de toda la vida con que cuentan las familias en los países latinoamericanos. En muchos casos se trata solamente de los padres y sus hijos, sin ningún otro familiar para darles asistencia y dirección. Todo eso hace que los padres puedan dedicar más tiempo a sus cónyuges y a sus hijos.

Trabajo, familia y tiempo

El interés por sobrevivir, no ya por sobresalir, hace que no pongamos atención a aquellas herramientas que estén disponibles. El enfoque está en la necesidad actual, en el cheque de cada dos semanas o de fin de mes. Como resultado, los padres se sienten culpables porque no dedican tiempo a sus hijos, a sus cónyuges, por tener que estar en reuniones de trabajo o poniendo horas en el mismo.

En el pasado lo común era para la madre permanecer en casa y atender a la familia. Atender a las necesidades de la casa, preparar los alimentos, pasar tiempo con los niños. Las mujeres ahora no salen de casa porque desean una carrera y sentirse satisfechas de sus logros. Salen de su casa a trabajar porque lo que el marido gana no alcanza. La realidad de la pareja que tiene que trabajar para mantener a la familia lleva, por consiguiente, al descuido de muchas cosas en el hogar. Pero, hay que reconocer, que también existen muchas familias en las que ambos cónyuges tienen carreras de éxito después de haber estudiado y haber subido por esa escalera que los ha llevado al lugar donde se encuentran.

La forma como utilizamos el tiempo refleja nuestra habilidad de enfocar nuestra vida y destaca cuáles son nuestras prioridades en la misma.

En esta vida hay varias verdades que tenemos que tener presente. La pri-mera de ellas es que *el trabajo es importante.* El trabajo es más que un empleo o una carrera. Es un principio fundamental de la vida. Es la forma como nos sostenemos y a nuestras familias. Es también la forma como expresamos nuestros amor, como contribuimos a mantener la creación divina dentro de nosotros.

Así como el trabajo es importante, *la familia es importante.* La familia es el principio fundamental de nuestra existencia y la fuente de felicidad y orgullo personal, es la base para la regeneración de la sociedad. El mayor éxito en la vida es el éxito que se alcanza en el hogar al hacer a cada generación futura mejor que la precedente.

Tanto el trabajo como la familia son importantes no solo para la sociedad sino para nuestra familia, tanto para el individuo como para el grupo. Pero en este capítulo estamos hablando acerca del tiempo. *El tiempo es importante.* El tiempo es el lenguaje del valor, del comercio, del balance en la vida. Podemos hablar y soñar todo lo que queramos pero, a fin de cuentas, lo que importa al final de cada día es lo que hacemos o lo que dejamos de hacer. La forma como utilizamos el tiempo refleja nuestra habilidad de enfocar nuestra vida y destaca cuáles son nuestras prioridades en la misma. Es la medida de nuestra habilidad para poner lo más importante en la vida en primer lugar.

Tenemos entonces que el trabajo, la familia y el tiempo son importantes. Esa es una realidad para todo el mundo. Tanto en la China como en Chile, en España como en Ecuador, en tu casa y en la mía. Los tres están unidos por el cuarto elemento, el dinero. Porque *el dinero es importante.* El dinero es el lenguaje del valor y está íntegramente relacionado a casi todo lo que tiene que ver con el trabajo, la familia y el tiempo. Es la manifestación concreta del valor que otros colocan a nuestro tiempo y a nuestra energía. Es la manifestación del valor que colocamos a las cosas que podemos comprar con el mismo. El resultado de nuestros esfuerzos en el tiempo dedicado al trabajo, muchas veces a costilla de nuestra familia, se materializa en la cantidad de dinero con la que pode-mos contar para sostener a nuestra familia.

Tener el buen juicio, la sabiduría, de hacer las decisiones correctas diariamente es lo que te capacita para tejer el trabajo, la familia, el dinero y el tiempo de una manera que produzca satisfacción.

Probablemente en todo esto esté el secreto de cómo tener una vida en la que el balance de sus elementos tenga sentido. La dinámica de la vida nos confronta con asuntos reales a los que tenemos que hacer frente. Esa dinámica nos muestra que, la mayoría de las veces, no estamos capacitados para lo que se nos viene encima. Aquí es donde el balance requiere de sabiduría. El escritor del libro de Proverbios aconseja "sabiduría ante todo; adquiere sabiduría" (Proverbios 4:7). Porque *la sabiduría es importante.* La sabiduría provee la capacidad de crear ese balance en las circunstancias especiales de nuestra vida. La sabiduría es vital no solo para los planes a largo plazo sino para aquellos momentos de la vida diaria que de continuo nos dejan sin saber qué hacer —son esos momentos los que ponen a prueba nuestra integridad, aumentan nuestra conciencia, desafían nuestro pensamiento y abren las puertas a oportunidades inesperadas. En cada momento de nuestra existencia hay decisiones que tomar. Indecisión es decisión. La vida no va a esperar a que consideremos. La vida es lo que sucede cuando estás ocupado haciendo otros planes, ha dicho alguien. Tener el buen juicio, la sabiduría, de tomar las decisiones correctas diariamente es lo que te capacita para tejer el trabajo, la familia, el dinero y el tiempo de una manera que produzca satisfacción. Ese es el gran desafío.[8]

La forma como utilizamos el tiempo refleja nuestra habilidad de enfocar nuestra vida y destaca cuáles son nuestras prioridades en la misma.

Me parecieron muy apropiadas las palabras de Charles Swindoll:

> No te dejes engañar por el mito del "tiempo de calidad". Cantidad de tiempo es lo que se requiere de ti como padre —tu principal función en la vida durante los próximos años. Llegar a conocer a alguien a profundidad toma tiempo. Tiempo que no tienes pero que debes de encontrar. Toma tiempo para detenerte, observar, escuchar, animar y amar. Ese es tiempo que, después, no lo vas a considerar como un desperdicio.[9]

Consejos y recomendaciones

Joan Bestard tiene un decálogo acerca de la utilización del tiempo que me parece muy apropiado:

> Busca tiempo para leer. Es una manera de perfeccionarte con el saber de los demás.
>
> Busca tiempo para orar. Es el modo de entrar en contacto con Dios y expresarle tu amor.
>
> Busca tiempo para meditar. Es un ejercicio necesario para llegar a la profundidad de tu corazón.
>
> Busca tiempo para dialogar. Es la acción más noble del ser humano a través de la cual uno escucha y habla, recibe y da; y así crece y se consolida la amistad.
>
> Busca tiempo para observar a los demás. Es una actitud que te enseñará mucho y te ayudará a imitar lo positivo de los otros y a evitar sus defectos.

---

[8]A. Roger Merril y Rebecca Merrill, *Life Matters: Creating a dynamic balance of work, family, time & money,* págs. 5, 6.

[9]Charles R. Swindoll, *Parenting: From Surviving to Thriving,* pág. 20.

Busca tiempo para contemplar la naturaleza. Es el arte de Dios, donde Él se ha manifestado en toda su belleza.

Busca tiempo para también trabajar, hacer algo, diligentemente. Es el precio que has de pagar por realizarte a ti mismo, ser útil a los demás y construir una sociedad más justa y humana.

Busca tiempo para viajar. Es una actividad que enriquece en gran manera, porque entras en contacto con gentes y culturas diversas que te pueden complementar.

Busca tiempo para evaluarte a ti mismo. Es un momento propicio para hacer balance, de decidir con energía lo bueno que debes potenciar y lo malo que debes corregir.

Busca tiempo para amar. Es la esencia de la vida, que brinda al ser humano sentido y felicidad.[10]

La doctora Aliza A. Lifschitz, tras analizar la necesidad de que los padres pasen más tiempo con sus hijos da estas dos acertadas recomendaciones:[11]

El pasar tiempo juntos es una buena manera para que los padres fomenten el amor por el aprendizaje en sus hijos.

Comer con la familia: No hay nada mejor que compartir la mesa con los seres que queremos. Es un gran momento para charlar de las experiencias que cada uno tuvo durante el día y para disfrutar de la comida hecha en casa. Además, es una forma de pasar nuestras tradiciones culinarias de generación en generación. El cocinar en casa es saludable ya que tienes el control sobre los ingredientes y las porciones. Así que el tener tiempo para esto, es muy valioso. Te beneficias doblemente: en el plano emocional y también en el plano físico, porque comes mejor.

Hacer ejercicio con la familia: Si hacer ejercicio para mantenerse en forma y saludables es un reto, creo que la mejor opción es hacerlo en compañía. ¿Qué tal una caminata por la playa, el parque o el vecindario con tu esposo y tus hijos? Hay muchas maneras de mantenerte activa e involucrar a los tuyos. Mientras tus hijos juegan a la

[10]Joan Bestard, *Hacer el bien humaniza,* pág. 210.

[11]La sección de enlaces tiene más sugerencias disponibles en el Internet.

pelota en el parque, tú puedes caminar o correr con tu esposo o mejor aún, jugar con tus hijos.[12]

Anime a los hermanos mayores a compartir tiempo junto con sus hermanitos compartiendo sus intereses y experiencias.

Jenny Sharkey, directora ejecutiva de Primeros 5 Yuba, da estos consejos:

Actividades para toda la familia
Pasen tiempo juntos haciendo una variedad de actividades apropiadas para toda la familia.

- ❖ **Empiece una tradición nueva durante la cena.** Una vez a la semana, asigne una responsabilidad a todos para que ayuden a preparar la cena. Motive a sus niños a ser creativos con sus trabajos, ya sea desde escoger el menú o el platillo para la cena, mezclando ingredientes o trabajando con su hermano mayor para poner la mesa.
- ❖ **Cada semana sirva de anfitrión para una noche de juego.** Cada semana permita a un miembro de su familia escoger su juego favorito.
- ❖ **Pasen tiempo al aire libre.** Salgan a caminar juntos o a pasear en bicicleta, ya sea en su vecindario, en el parque o en la playa.

Actividades para los padres
Los padres son los primeros maestros de los niños. El pasar tiempo juntos es una buena manera para que los padres fomenten el amor por el aprendizaje en sus hijos.

- ❖ **Salgan de paseo.** Visite un zoológico o museo local para aprender acerca de animales exóticos o datos fascinantes de historia y muchos otros temas educativos. Llame a su zoológico y museos locales para ver si ofrecen entradas de admisión con descuento en días especiales.
- ❖ **Establezca un día para jugar.** Enseñe a sus hijos la importancia de jugar y del ejercicio llevándolos al parque. Desafíense en las barras o poniendo en práctica sus habilidades en los columpios.
- ❖ **Haga que cada minuto cuente.** Utilice cada momento que pasen juntos para aprender y escuchar a sus hijos, inclusive

[12] http://www.tuvozentuvida.com/2010/04/13/salud-hijos-tiempo-en-familia/

mientras hacen mandados o tareas durante el día. Por ejemplo, mientras hacen las compras en el supermercado hágale preguntas a su hijo acerca de sus alimentos favoritos. También, pídales a sus hijos que le ayuden a embolsar las frutas y verduras a la vez que hablan sobre el color y la forma de cada producto.

Actividades para los hermanos y hermanas mayores

Anime a los hermanos mayores a compartir tiempo junto con sus hermanitos compartiendo sus intereses y experiencias.

- ❖ **Compartan anécdotas escolares.** Pídales a los hermanos mayores que hablen sobre cómo fue su experiencia en el Kinder o el preescolar. Anime a sus hijos pequeños a que hagan preguntas para ayudarlos a que se sientan más cómodos en el salón de clases.
- ❖ **Jueguen a la maestra.** Pídale a su hijo mayor que juegue a la maestra con su hijo más pequeño. Desafíe a los hermanos mayores a que les enseñen a los pequeños a cómo hacer su pasatiempo favorito como bailar o dibujar.
- ❖ **Lean.** Mande a sus hijos mayores a la biblioteca para que escojan sus libros favoritos de la infancia. Después, pídanles que les lean a sus hermanos pequeños y compartan sus secciones favoritas de la historia.

Actividades para los abuelos

Los abuelos tienen mucho amor y tiempo para compartir con sus nietos. Sugiérales las siguientes ideas para crear nuevos recuerdos.

- ❖ **Construya una caja de manualidades o artesanía.** Utilice objetos caseros de uso diario para crear una caja de artesanías o manualidades para hacer con sus nietos.
  Anime a los abuelos a tener una caja con papel, calcomanías o sellos, crayones y tijeras para realizar actividades de arte cuando los nietos estén de visita.
- ❖ **Intercambien historias o anécdotas —viejas y nuevas.** Sugiérales a los abuelos que compartan historias familiares, incluyendo cuentos de su infancia. Para mantener a los niños interesados muestren fotos para ilustrar las historias. Para más

diversión, desafíe a los abuelos y a los niños a crear sus propias historias.

- **Preparen juntos recetas familiares tradicionales.** Pídales a los abuelos que preparen recetas familiares con la ayuda de sus nietos más pequeños. Los nietos pueden ayudar a batir los ingredientes mientras que los abuelos les enseñan acerca de las recetas.[13]

Estos consejos y sugerencias pueden ser ampliados y utilizados de una gran variedad de maneras. La creatividad de cada individuo permitirá buscar y encontrar más y mejores maneras todavía de pasar tiempo con sus seres queridos: su familia. Lo importante es tomar tiempo de nuestros ocupados calendarios para dedicar a quienes son lo más importante para nosotros. La diferencia de ese esfuerzo se notará tanto en esta vida como en la venidera.

> El tiempo de que disponemos es corto. Sólo una vez podemos pasar por este mundo; saquemos, pues, al hacerlo, el mejor provecho de nuestra vida. La tarea a la cual se nos llama no requiere riquezas, posición social ni gran capacidad. Lo que sí requiere es un espíritu bondadoso y abnegado y firmeza de propósito. Una luz, por pequeña que sea, si arde siempre, puede servir para encender otras muchas. Nuestra esfera de influencia, nuestras capacidades, oportunidades y adquisiciones podrán parecer limitadas; y sin embargo tenemos posibilidades maravillosas si aprovechamos fielmente las oportunidades que nos brindan nuestros hogares.[14]

[13]www.first5yuba.org
[14]E. G. White, *El hogar cristiano, págs. 26, 27.*

El poder transformador del tiempo

Preguntas para discutir en grupos

1. ¿Por qué crees que sea importante para cada familia el pasar tiempo juntos?

2. ¿Qué actividades podrían realizar las familias para pasar tiempo juntos?

3. ¿Qué actividades familiares consideras como "calidad de tiempo"?

4. ¿Qué textos bíblicos puedes mencionar que recalquen la importancia de pasar tiempo como familia?

5. Contesta F si crees que la declaración es falsa y V si consideras que es verdadera:

   F V Los padres pasan muy poco tiempo con sus hijos

   F V En el cielo ningún padre se quejará porque pasó demasiado tiempo con su familia

   F V El pasar tiempo juntos es el factor más importante para fortalecer la familia

   F V Lo importante es la calidad y no la cantidad de tiempo con la familia

   F V Se debe pasar tiempo con cada uno de los miembros de la familia

   F V El tiempo familiar no debe planearse, tiene que ser espontáneo

   F V El pasar tiempo con la familia es un asunto cultural

   F V A los adolescentes no les gusta pasar tiempo con su familia

   F V Entre más problemas en el hogar menos tiempo pasará la familia junta

Preguntas de discipulado familiar

1. Ser un discípulo de Cristo requiere el pasar tiempo ministrando a otros. ¿En que áreas se requiere que todo discípulo gaste tiempo?

2. Ministrar a otros requiere el uso de considerables cantidades de tiempo. Muchos pasan tanto tiempo ayudando a otros que no tienen tiempo para su familia. ¿Qué piensas acerca de esto y qué se puede hacer al respecto?

3. ¿Qué papel juegan las prioridades en relación al tiempo? Elabora una lista de tus prioridades y el tiempo que crees que debes dedicarle a cada una de esas prioridades.

ESTUDIO BÍBLICO

El poder transformador del tiempo

La importancia del tiempo

- ¿Qué enseña Deuteronomio 6: 4-7 acerca de la importancia de pasar tiempo con la familia?

- ¿Por qué cree que es importante pasar tiempo como familia?

Tiempo en el Noviazgo

- ¿Por qué es importante para los novios pasar tiempo juntos?

- ¿Qué pasa cuando los novios no pasan tiempo juntos?

▶ ¿Por qué a los novios les gusta pasar tiempo juntos?

Tiempo en el Matrimonio

▶ ¿Por qué cuando los novios se casan dejan de pasar tiempo juntos?

▶ ¿Qué pasa cuando la pareja deja de pasar tiempo juntos?

▶ ¿Qué necesita hacer toda pareja para poder pasar tiempo juntos?

ESTUDIO BÍBLICO

Tiempo con los hijos

- ¿Por qué es importante pasar tiempo con los hijos?

- Muchos hijos se portan mal para llamar la atención de sus padres.

- Alguien ha dicho que en el cielo ningún padre se va a quejar de que pasó demasiado tiempo con sus hijos.

- ¿Qué actividades se pueden realizar al pasar tiempo con los hijos?

Tiempo con Dios

- Las relaciones interpersonales importantes, tales como las amistades y la familia, requieren de considerables porciones de tiempo.

- La relación interpersonal más importante de todas, la relación con Dios, también requiere de considerables porciones de tiempo.

Para meditar

¿Dedico suficiente tiempo para cultivar mi amistad con Dios?

¿Cómo nos ayuda el día de reposo a pasar tiempo con la familia y con nuestro Señor?

Recursos

▶ Libros

Los 100 secretos de las familias felices: Lo que los científicos han descubierto y cómo puede aplicarlo a su vida
David Niven

¿Qué es lo que diferencia a las familias unidas y amorosas de las familias con relaciones tensas y vacías?

Sociólogos, terapeutas y psiquiatras han dedicado años de trabajo a la investigación de las dinámicas familiares, pero sus descubrimientos son inaccesibles para la gente común, al quedarse escondidos en reportes científicos que sólo leen otros expertos. Ahora, David Niven, el autor internacional de la serie bestseller *Los 100 Secretos*, ha recolectado los más recientes y significativos datos de más de mil de los mejores estudios científicos sobre familias, y los ha puesto en lenguaje sencillo al alcance de cualquier persona.

Los consejos no se basan únicamente en las opiniones o experiencias de personas, sino que incluyen, por primera vez, apartes de las investigaciones de científicos reconocidos que han estudiado el modelo promedio de familia. Estos descubrimientos han sido resumidos en cien formas esenciales de encontrar y mantener el amor, la alegría y la satisfacción en todas las relaciones familiares.

Atrévete a disciplinar
James Dobson

El doctor James Dobson escribió la primera edición de Atrévete a disciplinar en el año 1970. En aquel entonces era un joven profesor de pediatría (desarrollo infantil) en la Facultad de Medicina de la Universidad de California del Sur. También en aquella época trabajaba en el Hospital Infantil de Los Ángeles. Atrévete a disciplinar se convirtió instantáneamente en un éxito de librería y a través de los años ha vendido más de dos millones de ejemplares del libro. Sin embargo, poco a poco ha ido cambiando el entorno cultural, de manera que las presuposiciones del libro acerca de la sociedad han quedado algo obsoletas, aunque ¡los principios sobre los cuales se basa son eternos! Por eso, el doctor Dobson tomó la decisión de escribir el libro de nuevo, un libro completamente actualizado y ampliado.

Divergencias del modelo tradicional: hogares de jefatura femenina en América Latina

Mercedes González de la Rocha

¿Son las mujeres jefas de familia un caso patológico o se pueden considerar como una forma alternativa de organización familiar?

La visión negativa de las unidades domésticas encabezadas por mujeres es en parte conceptual, debido a que nuestro acento eurocéntrico en la familia nuclear como la norma y la encarnación de la modernidad y el progreso nos lleva a considerar a las unidades domésticas encabezadas por mujeres como un fenómeno patológico, principalmente debido a la ruptura del lazo conyugal.

Se asume que la familia descansa en el matrimonio y el lazo conyugal, mientras que otras relaciones diádicas al interior de la familia, como las existentes entre la madre (o el padre) y sus hijos, quedan al margen. También se concibe a la familia como aquella que consiste sólo de padres e hijos, lo que relega a las otras relaciones de parentesco a un lugar secundario.

Esta visión patológica de las unidades domésticas encabezadas por mujeres contribuye a la creencia de que éstas generan pobreza; en lugar de verlas como un resultado de ella, y un resultado, por añadidura, en la que las políticas neoliberales han desempeñado un papel destacado.

Creciendo con nuestros hijos

Ángela Marulanda

Más que un libro. Creciendo con nuestros hijos es una guía práctica que aborda muchos temas de interés tanto para padres como para todos aquellos adultos comprometidos en la crianza y formación de las nuevas generaciones.

Es el manual que tantos padres reclamaban, con una característica especial: no hay que leerlo de principio a fin. Trata en forma ordenada pero independiente la mayoría de situaciones que surgen en la vida cotidiana con los hijos de todas las edades.

Dedicando unas pocas páginas a cada tema en particular, presenta alternativas y ofrece herramientas para manejar las dificultades que se viven a diario en todas las familias.

Su autora, Ángela Marulanda, se ha destacado como escritora y educadora familiar porque utiliza un lenguaje sencillo y muchos ejemplos concretos que hacen posible poner en práctica sus sugerencias.

Preparar a los hijos para la vida

Gerardo Castillo Ceballos

Gerardo Castillo, Doctor en Ciencias de la Educación es, actualmente, Subdirector del Instituto de Ciencias de la Educación de la Universidad de Navarra. Ha publicado seis libros relacionados con el estudio y el trabajo, y otros seis sobre la adolescencia y la edad juvenil. Dirige, cada año, Cursos de Formación de Orientadores Familiares en diferentes países de Europa y América.

Preparar a los hijos para la vida es el tema de este libro. Para educar bien a los hijos es necesario prepararles para la vida de hoy y para la de mañana, para una vida completa, no reducida a alguno de sus aspectos; para una vida honesta y feliz.

Se prepara a los hijos para la vida enseñándoles a desempeñar diferentes papeles en la vida preadulta (que sean buenos hijos, hermanos, estudiantes, amigos). También orientándoles con respecto a los papeles de la vida adulta (que sean buenos esposos, padres, profesionales, ciudadanos).

El libro explica a los padres en qué consiste cada uno de estos papeles y cómo ayudar a los hijos a realizarlos de forma eficiente y responsable.

@ Enlaces de la Web

- **Pasar el tiempo en familia**
  http://www.uisd.net/wp-content/uploads/2009/10/52-maneras-estupendas-de-pasar-el-tiempo-en-familia.pdf
  52 maneras estupendas de pasar tiempo en familia —una idea para cada semana del año.

  Póngala en un lugar visible para que le sea fácil encontrar sugerencias. Para que le resulte aún más conveniente, las ideas se han separado en tres categorías:

  Actividades para hacer adentro. Estas son ideas de lo que puede hacer en un día lluvioso, o los domingos por la noche, después de la cena. Para hacerlas, no necesita nada más que su tiempo.

  Actividades al aire libre son ideas de lo que puede hacer esos sábados por la mañana cuando mira por la ventana y se da cuenta que el día está hermoso. Estas actividades son divertidas y promueven el buen estado físico.

  Actividades organizadas son aquellas que seguramente va a querer poner en el calendario con anticipación. Estas son cosas como visitas al zoológico o a los museos—cosas que todas las familias, aún tan ocupadas como están, quieren realizar, pero no siempre pueden hacer sin planificar con tiempo.

  Disfrute esta guía, pero sobre todo, ¡disfrute de su familia!

- **Dedicar tiempo a la familia**
  http://estudios-biblicos.avanzapormas.com/familia-cristiana/dedicar-tiempo-a-la-familia.html
  Intencionalidad: Los tiempos han cambiado desde los días en que la mayoría de las familias tenían dos padres: una mamá que se quedaba en casa, y un papá que trabajaba de 9 a 5. Las familias hoy son más complejas. Los padres sin pareja, las familias en que ambos trabajan, la cantidad de actividades escolares después de la casa, y las distracciones que hay en el hogar, tales como la computadora, los Playstations® entre otras, significan que el tiempo juntos como familia no es algo que sucede "con facilidad y a menudo".

  Propóngase hacer del tiempo juntos como familia una prioridad. Planifique tiempo para estar juntos, e insista en que los niños participen. Es posible que

ENLACES DE LA WEB

estos no siempre se sientan emocionados por la idea, al comienzo. Pero piense en sus recuerdos favoritos de la niñez, y encontrará que la mayoría de ellos giran en torno al tiempo que pasaba con su familia, no importa lo frecuente o infrecuente que fuera eso.

- **Pasar más tiempo con la familia.... ¿a qué precio?**
  http://promoviendoenlared.com/blog/negocios/pasar-mas-tiempo-con-la-familia-...a-que-precio
  Frecuentemente, se nos ofrecen oportunidades de negocios por Internet, argumentando que al incursionar en este tipo de negocios pasaremos más tiempo con la familia e incluso que generaremos ganancias mientras estemos durmiendo.... Cierto o no, lo único que podemos afirmar es que todo el mundo desea o sueña pasar más tiempo con su familia y evidentemente tener dinero, sin embargo el precio para lograr esto es en algunos casos muy alto pero finalmente vale la pena.

- **Convivencia con los hijos**
  http://www.univision.com/content/content.jhtml?cid=2272027
  Pasar tiempo con tus hijos es una actividad importante dentro del vínculo familiar, pues mientras estés más con ellos, tendrás muchas oportunidades de reforzar sus valores, mejorar sus habilidades y de prepararlos para el futuro.

  De acuerdo con la psicóloga clínica y experta en salud mental, Carol Kryder, el no invertir tiempo en la familia se ha vuelto un gran problema en la sociedad americana, pues la mayoría de los padres creen que no pasar tiempo con nuestros hijos es fácilmente compensable dándoles un regalo.

- **El cristiano y el tiempo**
  http://www.pensament.com/tiempocristianismo.htm
  Con la consolidación del cristianismo, la noción de tiempo experimenta un importante cambio, ya que esta religión niega la posibilidad de un tiempo cíclico. La pasión, muerte y resurrección de Jesucristo son hechos únicos, irrepetibles, y dan un sentido a la existencia humana.

  De esta manera el tiempo aparece como fundamentalmente lineal y orientado hacia el futuro, y el sentido de toda la historia aparece como un despliegamiento en el tiempo, que tiene su origen en la creación ex nihilo y que culminará en el juicio final, que es el final de los tiempos.

  La concepción cristiana del tiempo, en la medida en que está vinculada a la noción de la Creación y de la venida del Mesías, es fuertemente deudora de la concepción judía, pero, a su vez, en la medida en que el pensamiento cristiano se edificó sobre la filosofía griega, expresa esta tensión entre ambas concepciones del tiempo.

ENLACES DE LA WEB @

- **Tiempo y utopía en el cristianismo**
http://revistas.ucm.es/fsl/02112337/articulos/ASHF8989110011A.PDF
El tiempo no es una yuxtaposición de eventos uno tras otro, como los objetos están situados en el espacio unos junto a otros. Esta sucesión no es más que una transposición de la coexistencia espacial en forma de una línea de sentido único. Por el contrario, el tiempo es una invención, una génesis creadora de un ser nuevo, que no puede ser representada por una línea.

La gran novedad y el gran escándalo que aportó la Metafísica hebrea, el pensamiento cristiano a la depauperada filosofía occidental helenístico-romana, en los tiempos en que nuestro Séneca hablaba de la fortaleza de la virtud y de la virtud de la fortaleza, fue la idea de creación y con ella la de tiempo. Porque el concepto cristiano de tiempo es un concepto derivado de lo real, en cuanto que lo real es consecuencia de un acto de creación continua y, por tanto, en génesis, en parto todavía y siempre.

- **¿Cómo usted usa su tiempo?**
http://www.ministros.org/crecimiento/como-usted-usa-su-tiempo/
Uno de los mayores desafíos actuales es el del uso del tiempo. A lo largo de la vida de 72 años especialistas afirman que gastamos 21 años durmiendo, 14 años trabajando, 7 años en el baño (mi hija adolescente ya agotó su tiempo), 6 años comiendo, 6 años viajando, 5 esperando en filas, 4 aprendiendo, 3 en reuniones, 2 devolviendo llamadas telefónicas, 1 año buscando cosas perdidas, 22 meses en la iglesia, 8 meses abriendo correspondencia inútil, 6 meses esperan-do en semáforos.

No es sorprendente decir que una pareja gaste en promedio, apenas 4 minutos por día, conversando y los hijos digan : ¿Vamos hasta el trabajo de papá para poder verlo? Los estudios indican que los padres gastan en promedio 30 segundos por día hablando con sus hijos.

¿Cómo usa usted su tiempo? ¿Dice regularmente: No tengo tiempo suficiente? ¿Sería Dios un sádico cósmico que creó un día con apenas 24 horas? ¿Es suficiente para todo lo que tenemos que hacer? ¡No deje que el calendario lo engañe! El año solo tiene el número de días que podemos utilizar. Una persona puede realizar en una semana lo que realizaría en un año, mientras otra realizaría lo contrario.

APLICACIÓN DE LAS CREENCIAS FUNDAMENTALES

10

La experiencia de la salvación

Con amor y misericordia infinitos Dios hizo que Cristo, que no conoció pecado, fuera hecho pecado por nosotros, para que nosotros pudiésemos ser hechos justicia de Dios en él.

21

La conducta cristiana

Se nos invita a ser gente piadosa que piense, sienta y actúe en armonía con los principios del cielo.

Capítulo cuatro
El poder transformador del amor

Si hay algo en que los novios son expertos es en el área del amor. Saben exactamente cómo demostrarlo y cómo hacer sentir a la otra persona que se le ama de todo corazón. Saben que el amor tiene dos características importantes: Es necesario decir constantemente "te amo" y también hay que demostrarlo. Por eso el novio nunca llega con las manos vacías, siempre trae algo, lo que sea. El tiempo que pasan juntos es para demostrarse lo mucho que se aman. Se llegan a convencer de que no pueden vivir el uno sin el otro, por eso deciden casarse.

Pero una vez que se casan como que las cosas cambian. El romanticismo es puesto a un lado. Lo que los hace unirse y apreciarse es dejado al olvido. Cuán cierta es la siguiente historia de una jovencita:

> De visita en casa de mis tíos, me divierte ver a mi prima prepararse cuando espera a su novio; toda contenta se peina, perfuma y pinta los labios, se viste muy guapa y corre de un lado a otro de la casa llena de emoción, arreglando todo con detalle para que su "mi amor" no encuentre defecto alguno en el entorno. Entonces llega el novio oliendo a mucha loción y cuando se miran… ¡Uf!, parece que flotan en el aire. Se abrazan con ternura y ella le ofrece algo de tomar junto con las galletas que le preparó durante la tarde.
>
> Además, él celebra todo lo que ella le prepara para cenar con esmero. Luego se sientan a platicar tontería y media por horas, después

de lograr que los niños desaparezcamos de la sala; se escuchan el uno al otro sin perder detalle ni soltarse sus manos, hasta que al susodicho no le queda más remedio que despedirse cuando mi tío empieza a rondar con la almohada bajo el brazo.

Al día siguiente le pregunto a mi mamá quién es su novio, y me dice muy sonriente que su novio es mi papá.

"No mami, en serio..." Pero ella insiste.

¿Cómo va a ser mi papá su novio?

En primer lugar, él nunca llega con un ramo de flores, ni chocolates.

Sí, le da un regalo a mamá en su cumpleaños y en Navidad, pero nunca he visto que el novio de mi prima se presente con una licuadora o dinero para que se compre algo.

Además mamá no pone cara de Blanca Nieves cuando papá llega del trabajo, ni él sonríe como príncipe azul cuando la mira. Mamá no corre a arreglarse el peinado, ni a pintarse los labios cuando suena el timbre de la puerta y apenas voltea para decirle "hola" porque está revisando las tareas.

Necesitamos cuatro abrazos al día para sobrevivir. Necesitamos ocho abrazos al día para mantenernos bien. Necesitamos doce abrazos al día para crecer.

Virginia Satir

El saludo de mi papá, en vez de "hola mi vida" es "hola, qué día" y de inmediato se pone en las peores fachas para estar cómodo.

En lugar de "¿qué se te antoja cenar?" mi mamá le pregunta temerosa "¿qué, quieres cenar?" Y cuando creo que papá le va a decir "qué bonita te ves hoy", le pregunta "¿no viste dónde quedó el control?" Los novios se dicen cosas románticas como "cuánto te amo", en vez de "¿fuiste al banco?"

Mi prima y su novio no pueden dejar de mirarse. Cuando mi mamá pasa delante de mi papá, él inclina la cabeza para no perder detalle... de lo que hay en la tele. A veces papá le da un abrazo sorpresa a mamá, pero ella tiene que zafarse porque siempre está a las carreras.

Yo creo que ella me dice que son novios para que no me entere de que "cortaron" cuando se casaron. La verdad es que mi mamá no tiene novio y mi papá no tiene novia.

¡Qué aburrido, sólo son esposos!

PENSAMIENTOS INSPIRADOS

- Si los padres quieren ver sin estado de cosas diferente en su familia, que se consagren plenamente a Dios y el Señor proporcionará caminos y medios mediante los cuales pueda ocurrir una transformación en sus hogares. Vuestro compasivo Redentor está observando con amor y simpatía, listo para oír vuestras oraciones, y brindaros la ayuda que necesitáis para la obra de vuestra vida. El amor, el gozo, la paz, la longanimidad, la benignidad, la fe y la caridad son los elementos del carácter cristiano. Estas preciosas gracias son los frutos del Espíritu. Son la corona y el escudo del cristiano. Nada puede otorgar un contentamiento y una satisfacción más perfectos.
  E. G. White, *Hijos e hijas de Dios*, pág. 35

- [Consejos a un joven] Su caso es similar en muchos aspectos al de Naamán. Ud. no cree que para perfeccionar un carácter cristiano hay que considerar lo que se refiere a la fidelidad en las cosas pequeñas. Aunque le parezcan pequeñas las cosas que se le pide que haga, son deberes que tendrá que cumplir mientras viva. El descuido de esas cosas producirá una gran deficiencia en su carácter. Ud., mi querido hijo, debe adiestrarse para ser fiel en las cosas pequeñas. No puede agradar a Dios a menos que lo haga. No puede obtener amor y afecto a menos que haga las cosas como se le piden, con buena disposición y con placer. Si Ud. quiere que las personas con quienes vive lo amen, debe mostrarles amor y respeto.
  E. G. White, *Mente, carácter y personalidad, vol. 2*, págs. 568, 569

- Hagan los padres y las madres la solemne promesa a Dios, a quien confiesan amar y obedecer, que por su gracia no van a estar en desacuerdo entre sí, sino que su propia vida y temperamento manifestará el espíritu que desean que sus hijos anhelen. La manifestación de ira a causa de las travesuras de sus hijos nunca va a ayudar a reformarlos. Los padres deben de manifestar pena por los errores de sus pequeños y al mismo tiempo mostrar amor hacia sus hijos. Muestren los padres los errores y equivocaciones a sus hijos pero no en un espíritu de severidad, sino con amor. Traten de llegar al corazón tierno de los errantes para que puedan sentir que han hecho sufrir a Jesús quien los ama más que sus padres terrenales. Mientras que es la obligación de los padres enseñar amor a sus hijos, no han de satisfacer sus hábitos erróneos o ceder a sus inclinaciones malsanas. Esta es una manifestación cruel del amor.
  E. G. White, *Manuscript Releases vol. 2*, pág. 280

Las esposas, especialmente las recién casadas, se quejan de dos grandes problemas: Que el marido ya no las quiere, y que es muy controlador.

¿Qué cosas puede hacer el marido para demostrarle a su mujer que la ama? Se pueden mencionar las siguientes:

- ❖ Ayudar en los quehaceres domésticos

- ❖ Ser más expresivo, considerado, y respetuoso
- ❖ Respetarla en público
- ❖ Respetar su individualidad
- ❖ Apreciar todo lo que ella hace
- ❖ Comprenderla y tenerle paciencia en la intimidad
- ❖ Ser cortés, amable, cariñoso
- ❖ Decirle constantemente que la ama
- ❖ Llevarle regalitos como flores, y dulces
- ❖ Demostrar su amor con rosas

La lista es interminable. Los esposos deberían experimentar lo anterior y añadir a la lista otras cosas que consideren importantes.

Si el amor fue lo que trajo a dos personas a contraer matrimonio, será el amor lo único que las habrá de mantener juntas hasta el fin. Lo mismo se aplica también al resto de los miembros de la familia.

Grandes manifestaciones de amor y cariño son parte esencial de familias con altos niveles de alegría y felicidad. Como puede percibirse, este elemento es crucial para la felicidad de cada uno de los miembros de la fami-lia. Los que se sienten amados y queridos por los demás miembros de la familia, gozarán indiscutiblemente de altos niveles de felicidad.

Cuando hay amor en el seno familiar, no hay problema o dificultad que no pueda solucionarse.

Este amor y cariño debe estar presente con base diaria, es decir, todos los días cada miembro de la familia necesita recibir la clara información de que es apreciado y amado por su familia. Esto provee un muy alto sentido de pertenencia lo cual brinda mucha seguridad y confort.

Cuando hay amor en el seno familiar, no hay problema o dificultad que no pueda solucionarse. Con mucha certeza nos dice el himno: "Todo es bello en el hogar cuando hay amor". La Palabra de Dios presenta las características del amor puro y verdadero en 1 Corintios 13. Pero en lugar de citar el texto bíblico, presento la siguiente paráfrasis de alguien que entendía ese significado del amor en términos de la vida contemporánea:

> Aunque tenga tres Doctorados en Lenguas, y trabaje de traductora e intérprete para las Naciones Unidas en ocho diferentes idiomas, y no tenga amor, lo que saldría de mi boca no sería mejor que el sonido del chipote chillón del Chapulín Colorado.

Y si fuera un ama de casa con título de Chef certificado, y mis invitados estuvieran siempre encantados con mi comida, y enseñara a cocinar gratis en mi tiempo libre, pero no tuviera amor, nada soy.

Y si entregara todas mis tardes para ir con la unión de damas a visitar enfermos, hogares de niños, y separara del presupuesto de comida del mes para alimentar a otra familia necesitada, y no tuviera amor, de nada me serviría.

El amor no me permite decir "te lo dije" cada vez que algo te va mal, y me llena de alegría cada vez que tienes éxito.

El amor hizo que pudiera esperarte un año y medio para estar juntos. Hace que ponga una cucharada más de arroz y dos trocitos más de pollo en tu plato. Permite que no tenga envidia de que puedes comer lo que te da la gana sin engordar. Hace que nunca me jacte de tenerte y comience a tomarte por sentado. El amor hace que no presuma cuando te he suge-rido algo y me has dado la razón.

El amor hace que no me vista como una quinceañera (aunque quisiera poder hacerlo) y hacerte pasar vergüenza en una reunión. Hace que no me importe que no compremos el auto nuevo de la marca que quiero. Permite que decida reírme aunque tenga ganas de tirarte un plato por la cabeza. El amor hace que no recuerde que me dejaste sin llave y sin poder entrar a la casa el 17 de abril del 2005.

El amor no me permite decir "te lo dije" cada vez que algo te va mal, y me llena de alegría cada vez que tienes éxito.

El amor hace que esté dispuesta a pasar por cualquier problema, a creer en ti siempre, a esperar por ti toda una vida si es necesario, y a soportarte con todos tus defectos y virtudes.

Porque el amor nunca deja de ser, y doy gracias a Dios que es así.

El amor es un componente básico en las relaciones interpersonales de éxito y ciertamente lo es en las relaciones familiares. Cuando hay amor en el matrimonio, este será transmitido a los hijos, los cuales responderán a ese amor; y cuando hay

VOCES ADVENTISTAS PRESENTES Y PASADAS

- Muchos cristianos confunden poner "el yo en último lugar", con "auto odio" y van por la vida sintiéndose miserables . . . Estoy segura que Cristo no tenía eso en mente cuando nos pidió que lo pusiésemos a él en primer lugar en nuestras vidas. Simplemente pidió que reconociéramos su dirección. Deberíamos de reconocer a todos los demás en este mundo como de igual valor al nuestro. Si no nos amamos a nosotros mismos de la manera adecuada no podemos amar verdaderamente a alguien más. Si nos consideramos despreciables, esto se transmite a toda la raza humana. Una actitud de vergüenza no atrae a nadie a Cristo ni a nosotros mismos; sino lo contrario.
  Miriam Wood, *Adventist Review*, 19 de enero de 1989, pág. 11

- Recuerden los padres que nuestro blanco es hacer de Cristo y de nuestra relación personal con Cristo algo irresistible. Eso significa que el amor —amor como el de Cristo— está en el centro de nuestra relación con nuestros hijos. Aunque nos horroricemos ante la realidad, el cuadro más claro de Cristo que nuestros hijos verán es el cuadro de Dios que ven en nosotros. Pablo, en 2 Corintios 5:20 nos llama "embajadores de Cristo, como si Dios los exhortara a ustedes por medio de nosotros" (NVI). ¡Qué tremendo privilegio!
  Richard y Brenda Duerksen, *Adventist Review*, septiembre de 1996, pág. 10

- Un hogar basado en "mis derechos" no es un hogar. El esposo o la esposa pueden demandar del otro lo que consideran sus "derechos", pero una vez que eso se torna en la rutina en la relación familiar el verdadero lazo del amor se ha debilitado. Un hogar no puede permanecer basado en la conveniencia. El amor no hace ninguna demanda, solamente busca servir. Pero si el amor no es mutuo y es unilateral, en el que el esposo hace todas las demandas y la esposa hace todas las concesiones o viceversa, el amor no tardará en morir.
  Frederick Lee, *Review and Herald*, 19 de enero de 1961, pág. 8

una atmósfera de amor en el hogar no hay nada que pueda compararse a eso.

Estudios han reportado que la satisfacción matrimonial y el amor apasionado siguen una curvilínea: Son muy altos en los recién casados, declinan en la vida media, y se recuperan en los últimos años. Esto se debe sin duda alguna a la disminución de responsabilidades paternales, faltas de demandas de trabajo, y la transición al retiro.[1]

"Amor" es una palabra muy popular en nuestro mundo pero, la mayor parte del tiempo, es mal entendida, mal usada y maltratada. Pero "amor" es una palabra con mucho poder. Es muy poderosa porque es una palabra bíblica. Las

[1]Nathan Story, Cynthia Berg, Timothy Smith, Ryan Beveridge, Nancy Henry y Gale Pearse, *Psychology and Aging*, 22 (4), diciembre 2007, págs. 719-727.

Escrituras hablan ampliamente acerca del poder transformador del amor y de lo mucho que puede ayudar a un matrimonio en la mar borrascosa de las relaciones maritales, a un individuo en el desierto de la incertidumbre y la congoja, a una familia en la selva de relaciones quebrantadas y corazones desconsolados. Las Escrituras nos dicen que:

El amor es una deuda familiar que vale la pena tener. "No debáis a nadie nada, sino el amaros unos a otros" (Romanos 13:8).

El amor mantiene a nuestras familias pensando con claridad. "Si somos cuerdos... [es] porque el amor de Cristo nos constriñe" (2 Corintios 5:13, 14).

El amor impulsa la armonía familiar. "Os ruego que andéis... con toda humildad y mansedumbre, soportándoos con paciencia los unos a los otros en amor" (Efesios 4:1, 2).

El amor une a las familias. "Sus corazones [están] unidos en amor" (Colosenses 2:2).

El amor evita que nos enfoquemos en las faltas familiares. "Tened entre vosotros ferviente amor; porque el amor cubrirá multitud de pecados" (1 Pedro 4:8).

El amor de Dios nos permite vencer cualquier obstáculo familiar. "En todas estas cosas somos más que vencedores por medio de aquel que nos amó" (Romanos 8:37).[2]

Se presenta el siguiente consejo:

> En muchas familias hace mucha falta que se exprese el afecto de unos miembros hacia otros. Aunque no es necesario demostrar sentimentalismo, lo es que se exprese amor y ternura de una manera casta, pura y digna. Muchos cultivan realmente la dureza de corazón y por sus palabras y acciones revelan la fase satánica del carácter. Siempre debe cultivarse un tierno afecto entre los esposos, entre los padres y los hijos, y entre hermanos y hermanas. Toda palabra apresurada debe ser refrenada, y no debe haber siquiera apariencia de que falte el amor mutuo. Es deber de cada miembro de la familia ser amable y hablar con bondad.[3]

Gary Chapman presenta cinco características que deben estar presentes en una familia amante: Una actitud de servicio, intimidad entre el esposo y la esposa, padres que enseñan y entrenan, hijos que obedecen y honran a sus padres,

---

[2]James MacDonald, *Seven Words to Change your Family,* págs. 153, 154

[3]E. G. White, *El hogar cristiano,* pág. 177.

y esposos que son líderes amantes.[4]

Consejos prácticos

Nuestra norma de conducta, como cristianos, son las Sagradas Escrituras. En ellas Dios nos ha dejado el derrotero que desea sigamos para ser felices. Fundamentalmente la historia de la creación en el libro de Génesis es una manifestación del deseo de Dios por que la humanidad sea feliz. En cada aspecto de su creación, dice el relato que "vio Dios que era bueno" (Génesis 1:4, 10, 12, 18, 21, 25). En su deseo de que el hombre fuese feliz, Dios creó un mundo perfecto, un mundo en el que el hombre podría crecer tanto mental como física y espiri-tualmente. Después de crear ese mundo hermosamente bueno, Dios culminó su creación con su obra maestra, creó a Adán y Eva "y vio Dios todo lo que había hecho, y he aquí que era bueno en gran manera" (Génesis 1:31).

Si a alguien hemos de amar primordialmente, como nuestro prójimo, tiene que ser a nuestra familia.

Las Sagradas Escrituras son, ante todo, un manual espiritual práctico de conducta. Su pragmatismo se manifestó en su mayor totalidad en la vida y las enseñanzas de nuestro Salvador. Vez tras vez, en el Nuevo Testamento, encontramos a Jesús exponiendo el pragmatismo del mensaje del evangelio. El Sermón del Monte, en el evangelio de Mateo está colmado de consejos prácticos. ¿Qué hay más práctico, por ejemplo, que atender a lo que hay en nuestros propios ojos antes de tratar de ayudar al ojo del prójimo? (Mateo 7:3-5; Lucas 6:41, 42.) En el caso del joven rico Jesús le da un consejo sencillo y práctico, algo inesperado para todos sus oyentes (Mateo 19:21; Marcos 10:21; Lucas 18:22). Quizás el ejemplo fundamental del pragmatismo de las enseñanzas de Jesús se encuentra en la parábola del Buen Samaritano (Lucas 10:25-37). El experto de la ley viene a Jesús preguntándole qué es necesario hacer para heredar la vida eterna. En lugar de exponer una cátedra acerca del cumplimiento de la ley, el Maestro confronta a sus oyentes —tanto a sus discípulos como al experto de la ley— con la pragmática historia del Buen Samaritano.

No podemos considerar las enseñanzas de Jesús en un vacío. Sus enseñanzas reflejaban los mismos principios que se encuentran en el Antiguo Testamento. En el caso del joven rico, por ejemplo, al indicarle "amarás a tu prójimo como a ti mismo" (Mateo 19:19), estaba simplemente citando Levítico 19:18.

[4]Gary Chapman, *Five Signs of a Loving Family,* pág. ii.

Amarte a ti mismo

¿No es ese un consejo que fallamos en comprender y aplicar a nuestra conducta como cristianos? Si fallamos en comprender y aplicarlo a nuestra conducta como cristianos, con más razón fallamos en comprender y aplicarlo a nuestra relación con aquellos que están más cerca de nosotros. Fallamos en comprender y aplicarlo a nuestra familia.

Si a alguien hemos de amar primordialmente, como nuestro prójimo, tiene que ser a nuestra familia. A nuestro cónyuge, a nuestros padres, a nuestros hijos, a nuestros hermanos. Pero fallamos en seguir el consejo del Maestro porque ponemos toda la atención en la primera parte del consejo. Estamos muy ocupados y preocupados en "amar al prójimo". Tan ocupados, tan atareados en querer hacer esto una realidad que, con desánimo, descubrimos que por más que tratamos de avanzar, no llegamos a ninguna parte. Nos encontramos dando patadas de ahogado en una mar cada vez más embravecida.

¿Cuántos de nosotros nacemos con el sentimiento de que somos amados, de que somos importantes para alguien, de que alguien nos ama?

La clave, me parece, está en la segunda parte del consejo de Jesús al joven rico: "como a ti mismo". Amar a los demás resultaría más fácil si hiciéramos nuestras las palabras de la canción "Greatest Love of All",[5] popularizada por Whitney Houston. En la parte del coro, Whitney canta:

> The greatest love of all
> Is easy to achieve
> Learning love yourself
> It is the greatest love of all.[6]

¿No es eso lo que la mayoría de nosotros necesita, lo que muy pocos poseemos? ¿Por qué será que, en realidad, no nos amamos a nosotros mismos?

El proceso se inicia desde el vientre de nuestra madre. Percibimos sus mensajes mientras estamos dentro de ella. ¿Qué mensajes recibimos? ¿Mensajes de amor, de cariño, de pertenencia? ¿Cuántos de nosotros nacemos con el sentimiento de que somos amados, de que somos importantes para alguien, de que alguien nos ama?

---

[5] El mayor amor de todos.

[6] El mayor amor de todos / es fácil de obtener / aprender a amarte a ti mismo/ es el mayor amor de todos.

Como padre, como madre, como hermano, como hermana, como hijo, como hija, tienes que aprender a amarte para poder compartir ese amor. No puedes compartir lo que no posees.

Si nuestra madre se cuida a sí misma durante el embarazo, nos habla y nos dice que somos queridos e importantes, vamos a recibir su mensaje. Si crecemos en un ambiente de cariño, de amor, de aceptación, de aprobación, de respeto, de apoyo, tendremos esas características en nuestra vida.

Desafortunadamente la mayoría no hemos tenido esa experiencia. Tanto en nuestra infancia como en nuestra adolescencia y en nuestra edad adulta nos sentimos faltos de amor, abandonados, incomprendidos, rechazados, ignorados, ofendidos, devaluados. ¿Qué ocurre con nuestra estima propia? Si la tenemos, no está en las mejores condiciones. En lugar de ver alegría y amor en nuestra experiencia, vemos desánimo, molestia, temor, tristeza, depresión, apatía, desprecio, etc.

No es que nuestros padres hayan inculcado eso en nosotros debido a que querían transmitir esa información intencionalmente. Ellos han transmitido la información que han recibido de sus padres y estos de los suyos, de generación tras generación. Nuestros padres han tan solo sido un espejo de su propia experiencia. Si sufrieron de pequeños, si fueron descuidados, si fueron abandonados, si no tuvieron una buena educación, si no tuvieron buenos ejemplos o modelos a seguir, ¿qué imagen positiva pueden transmitir? Repito, son tan solo un espejo de su experiencia. Su lenguaje tanto verbal como corporal lo dice todo.

Ante todo eso, ¿cómo podemos amar, verdaderamente amar a los demás, si no sabemos amarnos a nosotros mismos, si nunca hemos sabido lo que es tal cosa? Es triste, al experimentar durante la edad adulta escenas retrospectivas de nuestro pasado que nos revelan la forma como nos trataron nuestros padres, consciente o inconscientemente.

Nuestro pasado nos ata con cordones más fuertes de lo que podemos imaginar cuando somos víctimas de mensajes verbales o tácitos de nuestros progenitores, cuando nos deprime el reflexionar en nuestro pasado como niños, cuando hemos experimentado abuso verbal o físico, cuando tenemos temor a confrontar las experiencias de nuestro pasado, cuando pensamos que el amor es algo prohibido para nosotros, cuando nos sentimos avergonzados y culpables sin saber la causa de tales sentimientos.

Aunque las nociones románticas del amor nos presentan otro cuadro, el amor es una decisión. Para poder amar a tus seres queridos, para poder verdade-

RECURSOS PARA FORMACIÓN ESPIRITUAL

- Cuando haces algún acto para honrar a tus padres u honrar otros adultos en tu vida, asegúrate que tus hijos sepan lo que estás haciendo. La mejor manera como ellos aprenden es al observar un modelo pero si no les informas que has enviado flores a tu tía para mostrarle cuánto la quieres, quizás nunca aprendan a enviarte flores. De la misma manera, si te ven hacer una tarjeta para tu madre para expresarle tu amor y tu honor hacia ella, van a aprender a hacer cartas para ti.
  Gary Chapman, *Five Signs of a Loving Family*, pág. 153

- A través de los años he visto a infinidad de parejas pasar del invierno a la primavera. Cuando se confiesan se perdonan los fracasos del invierno, el perdón hace lugar para el amor, y «el amor cubre multitud de pecados». Al extender la rama de olivo de la paz, aun en medio del dolor y de la desavenencia, muchas parejas han descubierto el potencial para una sanidad profunda y una intimidad aún más profunda. Las cicatrices del fracaso son recordatorios del pecado, de una necesidad desesperada de perdón, y del poder de Dios para salvar. Las buenas noticias son que el perdón y el poder de Dios están siempre a disposición de aquellos que los buscan. Cuando dos personas deciden amar de nuevo, el deshielo va mojar las semillas de la primavera, y el invierno ha servido su propósito principal.
  Gary Chapman, *Las cuatro estaciones del matrimonio*, pág. 23

- Cada uno de nosotros tiene un camino o lenguaje primario y secundario de dar y recibir amor. Por ejemplo, usted puede mostrar a su esposo que es amado al hacerle la comida todas las mañanas antes de que él se vaya a trabajar. También tendemos a expresar amor a nuestro cónyuge y los demás de la manera en que nos gusta recibirlo. Lo hacemos porque suponemos que, si una cierta acción o actitud nos haría sentir amados, también nuestro cónyuge y los demás sentirían lo mismo. Sin embargo, a menudo los esposos y las esposas no hablan el mismo lenguaje del amor (¿nos sorprende?). Él se asegura de rotar las ruedas y cambiar el aceite de su auto, mientras que usted preferiría una docena de rosas color coral envueltas con un moño color salmón. Usted le dice "te amo" todos los días, mientras que él preferiría que usted hiciera el amor con él más a menudo. Estos comunes ejemplos de desencuentros suelen dejarnos heridos y abandonados, a menos que por casualidad, usted y su esposo sean tan afortunados que compartan el mismo lenguaje del amor.
  Denise Vezey, *¡Puro fuego!: Siete secretos para encender su matrimonio*, pág. 37

ramente amar a tu familia, tienes que tomar la decisión de amarte a ti mismo. Suena contradictorio, ¿no es cierto? Pero, ¿cómo puedes amar a tu familia si no te amas a ti mismo, a ti misma? Como padre, como madre, como hermano, como hermana, como hijo, como hija, tienes que aprender a amarte para poder compartir ese amor. No puedes compartir lo que no posees.

Esa decisión tiene que ser incondicional. Tienes que decidir amarte a ti mismo sin importar las condiciones, o las consecuencias. Tienes que decidirte a hablar y a pensar en ti mismo solamente de una manera positiva. Podrás entonces relacionarte y hablar de tu familia en los mismos términos. Las palabras y las acciones de parte tuya deben, entonces, estar motivadas por esos mismos principios. Recuerda que la mayoría de las veces no es tanto lo que decimos sino la forma como lo decimos que hiere, que cala, que deja heridas. En mi familia, por ejemplo, mis abuelos y mis tías maternas eran famosos por el uso de palabrotas. Es todavía de lo más común para mis tías saludarme con palabras que, para muchos, serían un insulto. Pero las dicen de tal manera que no solamente causan gracia, sino que te hacen sentir aceptado, amado, bienvenido. Te hacen sentir parte de la familia. "Amor son acciones, no palabras bonitas", dice un dicho. Pero

EL APOSENTO ALTO

- En lo que tiene que ver con demostrar amor a nuestras esposas, no tenemos que detenernos a pensar, tengo que hacer esto y aquello, para que las cosas marchen bien. Cuando tenemos amor en nuestros corazones por nuestras esposas es nuestro supremo deseo hacerlas felices. Es nuestro deseo hacer todo lo posible por ellas.
  Robert H. Pierson, *Review and Herald*, 31 de julio de 1975, pág. 6

- Así como las mujeres se muestran sensibles al sentirse rechazadas cuando no reciben la atención que necesitan, los hombres se muestran sensibles al sentir que fracasaron cuando una mujer habla acerca de sus problemas. Esa es la razón por la que les resulta a veces tan difícil escuchar. Él quiere ser su héroe. Cuando ella se siente decepcionada o desdichada, él lo vive como un fracaso. La desdicha de ella confirma su temor más profundo: no ser lo suficientemente bueno. Muchas mujeres no toman conciencia de lo vulnerables que son los hombres y de hasta qué punto ellos también necesitan amor. El amor los ayuda a saber que pueden satisfacer a los demás.
  John Gray, *Los hombres son de Marte, las mujeres son de Venus,* pág. 82

- Hollywood ha deformado el amor, la televisión lo ha deformado, las grabaciones musicales lo han deformado. Por todas partes, hoy, el amor es considerado un suceso. Algo que ocurre. «No pude evitarlo», dice el joven que se buscó complicaciones en el asiento trasero del coche. «No pude evitarlo». Está orientado hacia los sentimientos, pero no al amor. Está motivado por el deseo, pero no por el amor. El verdadero amor siempre está bajo control.
  Jay Edward Adams, *Manual del consejero cristiano*, pág. 160

a todos nos caen bien, muy bien, las palabras bonitas, con las acciones correspondientes.

Si tu pasado ha estado plagado de sinsabores, de rechazos, de desánimos, de vergüenza, debido a lo que has experimentado mientras crecías, puedes cortar el palo desde la raíz y no permitir que esa experiencia continúe con los tuyos. Puedes dejar tan solo buenos recuerdos y buenas experiencias en la vida de tus hijos, de tu cónyuge, de tu familia. Pero tiene que empezar contigo.

Jesús dijo "he venido para que tengan vida y para que la tengan en abundancia" (Juan 10:10). Esa vida plena, esa vida abundante, quiere que sea parte de tu experiencia. Por eso quiere que aprendas a amarte a ti mismo.

El lenguaje del amor

Nos podemos guiar por el dicho mencionado antes que "amor son acciones, no palabras bonitas", pero ¿a quién no le gusta escuchar palabras bonitas? El apóstol Pablo, en la epístola a los filipenses les aconseja "Por lo demás, hermanos, todo lo que es verdadero, todo lo honesto, todo lo justo, todo lo puro, todo lo amable, todo lo que es de buen nombre; si hay virtud alguna, si algo digno de alabanza, en esto pensad" (Filipenses 4:8). La versión *The Message* lo pone de una manera que me gusta mucho: "Resumiendo entonces, mis amigos, les aseguro que les va a ir mejor si llenan sus mentes y meditan en lo que es verdad, noble, de confianza, auténtico, convincente, lleno de gracia —lo mejor, no lo peor; lo hermoso, no lo feo; aquellas cosas dignas de alabanza, no dignas de maldición".[7] No sé de otro pasaje en las Escrituras que me hable más fuertemente de la necesidad de utilizar palabras de amor hacia mis seres queridos.

Para algunos no resulta fácil hacer tal cosa. Podemos sentir que el amor nos sale por los poros, pero la boca se niega a obedecer. Puede que sea vergüenza de no decir lo correcto, puede que sea timidez, puede que sea inseguridad, puede que sea duda, pero lo más seguro es que a los demás a nuestro alrededor les hará sentir muy bien escuchar de ti esas dos palabras tan sencillas "te quiero". Probablemente requiera que practiques frente al espejo, o en el auto mientras vas o vienes del trabajo. Nos resulta más fácil decir "cuídate", "maneja con cuidado", "pórtate bien", cuando lo que queremos decir es "te quiero", "el mundo se me acabaría si no te volviese a ver", "eres la persona más importante de mi vida".

Me hace recordar el cuento de un amigo de los años universitarios. Le gustaba contar la historia de un muchacho de su pueblo. El muchacho estaba terriblemente enamorado de la hija de la vecina, pero no sabía cómo decirle

---

[7] Traducción libre del inglés.

que la quería. La muchacha iba los domingos a lavar la ropa al río y el muchacho aprovechaba para ir a hablar con ella. Pero su timidez era tal que no sabía qué decir.

"¿Lavando?", le preguntaba.

"Lavando", le decía ella.

"¿Con agua?", le preguntaba él de nuevo.

"Con agua", era la respuesta de la muchacha.

"¿Y con jabón?", le preguntaba el muchacho.

"Y con jabón", le contestaba ella.

El amor es algo que es difícil de formular de una forma sencilla y expresar de una forma total su significado.

Esa era su única conversación. Cuando el compañero nos veía conversando con alguna chica, le gustaba preguntarnos, "¿lavando?"

"Love is a many-splendored thing"[8] dice una canción ya bastante añeja. Es muy cierto. Es una cosa muy esplendorosa y, al mismo tiempo, es algo que es difícil de formular de una forma sencilla y expresar de una forma total su significado. Encontré esta "definición" del amor que me pareció muy apropiada. Notará el lector que esta "definición" tuvo que utilizar varios párrafos:

> El amor es exigente. Requiere asistencia de los padres a los juegos de basquetbol y a las ferias de ciencia.
>
> El amor es sordo. Requiere orgullo y elogios en los recitales de violín.
>
> El amor es ciego. Agradece de corazón el desayuno quemado del domingo por la mañana.
>
> El amor es silencioso. Especialmente el año que el hijo está sacando su licencia de manejar.
>
> El amor es verbal. Siempre recuerda a los demás acerca de su existencia.
>
> El amor es tibio. Y viene envuelto en brazos de adoración.
>
> El amor es sanador. Aun cuando los moretones sean el producto de la desobediencia.
>
> El amor es genuino. Es amor porque tú eres amor.
>
> El amor es reflexivo. Se parece al amor de Dios —en el cuerpo de

[8] El amor es una cosa muy esplendorosa.

los padres.[9]

Me parecen también muy apropiadas las palabras de Elena White:

> Aprovechad cada oportunidad que se os presente para contribuir a la felicidad de vuestros semejantes, compartiendo con ellos vuestro afecto. Las palabras bondadosas, las miradas de compasión, las expresiones de aprecio serán como un vaso de agua fresca para el sediento, en el caso de muchas personas solitarias y afligidas. Una palabra de ánimo, un acto de bondad aliviarán muchísimo las cargas que pesan sobre muchos hombros fatigados. La verdadera felicidad se encuentra en un ministerio abnegado. Y cada palabra y acción nacidas con ese fin se registran en los libros del cielo como si se dirigieran a Cristo...Vivid bajo el resplandor del amor de Jesús. Entonces seréis una bendición para el mundo.[10]

Quiero volver al dicho que he repetido dos veces ya, "amor son acciones, no palabras bonitas". ¿Por qué? Porque en algunas ocasiones probablemente sea más conveniente comprar a nuestros seres queridos algo que demuestre nuestro amor. Podría ser algo tan extravagante como un auto nuevo o tan sencillo como una tarjeta. No me canso de ver la expresión de alegría en el rostro de mis hijos o de mi esposa, de mis hermanos o de mis padres, cuando les hago un regalo inesperado. Cuando les digo que los quiero no con palabras, sino con acciones. Pero tiene esto que ser una verdadera expresión de amor y no por compromiso, por chantaje, por quedar bien, por resanar algún malentendido o alguna rencilla. El chantaje del amor no es lo mismo que el mensaje del amor.

Una expresión de este principio me parece se expresa en la canción "Un ramito de violetas", de la fallecida cantautora española Evangelina Robledo conocida mejor como "Cecilia":

> Era feliz en su matrimonio
> aunque su marido era el mismo demonio
> Tenía el hombre un poco de mal genio
> y ella se quejaba de que nunca fue tierno,
> desde hace ya más de tres años
> recibe cartas de un extraño

---

[9]Richard y Brenda Duerksen, *Adventist Review*, septiembre de 1996, pág. 10.
[10]E. G. White, *Mi vida hoy*, pág. 171.

cartas llenas de poesía
que le han devuelto la alegría.

¿Quién le escribía versos dime quién era,
quién le mandaba flores por primavera,
quién cada 9 de noviembre
como siempre, sin tarjeta,
le mandaba un ramito de violetas?

A veces sueña y se imagina
cómo será aquel que tanto la estima,
sería un hombre más bien de pelo cano
sonrisa abierta y ternura en las manos.
No sabe quién sufre en silencio
quién puede ser su amor secreto
y pide así de día en día
con la ilusión de ser querida.

Y cada tarde al volver su esposo
cansado del trabajo la mira de reojo;
no dice nada porque lo sabe todo.
Sabe que es feliz así de cualquier modo,
porque él es quien le escribe versos.
Él su amante su amor secreto
y ella que no sabe nada
mira a su marido y luego calla.

¿Cuándo fue la última vez que sorprendiste a un ser querido con un mensaje de amor? ¿No será hoy un día oportuno para tal cosa?

Gary Chapman, en su libro *Los cinco lenguajes del amor,* ha señalado en sus veinte años trabajando como consejero matrimonial que "el amor tiene muchos dialectos, pero tiene cinco lenguajes principales".[11] O sea que hay diferentes maneras de comunicar amor a los demás. Es probable que estemos tratando de demostrar amor a alguien pero, si no hablamos su mismo lenguaje, es como si le estuviésemos hablando en griego. Dentro de la familia eso puede causar mucha confusión. El punto no es si quieres a tus hijos o a tu cónyuge, sino si se sienten

[11]Gary Chapman, *Los cinco lenguajes del amor,* pág. 12.

amados. ¿Les hacemos saber que los queremos, que son amados?

Estos son los cinco lenguajes que presenta Chapman:

1. *Palabras de afirmación.* No hay nada más seguro para hacer que los demás se sientan amados que al recibir palabras de afirmación. "Gracias por esa deliciosa cena". "Te ves muy bien hoy". "Te agradezco mucho todo lo que haces por mí". "El Señor me bendijo poniéndote en mi vida". "Eres la mejor esposa del mundo". Para quienes su lenguaje del amor son las palabras de afirmación, tales expresiones les comunican claramente el mensaje de amor.

2. *Tiempo de calidad.* Este es el lenguaje de casi todas las esposas. Les podemos decir todas las cosas lindas que nos vengan a la mente pero vamos a escuchar: "Necesito de tu tiempo. Necesito que me des toda tu atención". Para los hombres es algo muchas veces muy difícil de hacer. Es algo que tenemos que aprender a hacer. Tenemos que desconectarnos de todo lo demás que existe en nuestra vida para dedicar tiempo de calidad no solo a nuestra mujer, sino a los demás miembros de la familia. Facebook puede esperar para otro día, lo mismo que el email.

3. *Dar regalos.* Esto es algo que ya hemos mencionado. Pero nunca está de más. Tanto a los hombres como a las mujeres les gusta recibir un regalito sorpresa de tanto en tanto. Uno de esos regalitos que le dicen a tu cónyuge o a tus hijos, simplemente porque te quiero. Después de todo, ten presente que no es el regalo lo que cuenta, sino el haber tomado tiempo para pensar en hacer algo especial para tu ser querido.

4. *Actos de servicio.* Nada se puede comparar con hacer algo por los seres queridos de tu familia. Llegar temprano del trabajo, ayudar con los niños, planchar una camisa, preparar una comida especial, salir con la familia al parque, salir con la familia a un centro de recreaciones. Las posibilidades son enormes. Para algunas personas nada comunica amor tanto como hacer un acto de servicio por ellos.

5. *Contacto físico.* Para algunos padres el contacto con los demás miembros de la familia es algo difícil. Pero un abrazo, un beso, tomarlos de la mano, una palmadita en la espalda, una sonrisa de aliento, cualquier cosa que te ayude a ponerte en contacto con los demás miembros de tu familia, hará maravillas para su estado de ánimo y les mostrará tu amor.

Vienen muy a colación las palabras del apóstol Juan: "Queridos hijos, no amemos de palabra ni de labios para afuera, sino con hechos y de verdad".[12]

---

[12] 1 Juan 3:18, NVI.

El poder transformador del amor

Preguntas para discutir en grupos

1. ¿Qué evento recuerdas donde se te mostró que tu familia te amaba? ¿Cómo te sentiste entonces? ¿Cómo te sientes ahora?

2. ¿Crees y sientes que realmente Dios te ama incondicionalmente? ¿Por qué sí y por qué no?

3. Haz una lista de cómo puedes demostrar tu amor a tu cónyuge y a tus hijos.

4. Contesta F si crees que la declaración es falsa y V si consideras que es verdadera:

   F V Los hombres no saben expresar su amor

   F V Las mujeres son más cariñosas que los hombres

   F V El ser romántico es sólo para los novios

   F V No hay que decir "te amo" todos los días

   F V Agarrarse de la mano es cursi y anticuado

   F V "Hechos son amores"

   F V La esposa está para servir al esposo

   F V Hay quienes no saben dar ni recibir amor

   F V Yo sé cómo expresarle mi amor a mi cónyuge

Preguntas de discipulado familiar

1. Se nos recomienda leer todos los días 1 Corintios 13. ¿Qué te dice ese texto personalmente?

2. Haz una lista de todas las bendiciones que Dios te ha dado y nota lo mucho que te ama.

3. "La característica más importante de todo discípulo es ser una persona amante". ¿Qué piensas de esta declaración?

ESTUDIO BÍBLICO

El poder transformador del amor

La preeminencia del amor

▶ **¿Qué indica Deuteronomio 6: 4-7 acerca del amor?**

▶ **¿Qué dijo Jesús acerca de Deuteronomio 6:4-7? (ver Marcos 12:28-31)**

28 Acercándose uno de los escribas, que los había oído disputar, y
sabía que les había respondido bien, le preguntó: ¿Cuál es el primer
mandamiento de todos? 29 Jesús le respondió: El primer mandamiento de
todos es: Oye, Israel; el Señor nuestro Dios, el Señor uno es. 30 Y amarás
al Señor tu Dios con todo tu corazón, y con toda tu alma, y con toda tu
mente y con todas tus fuerzas. Este es el principal mandamiento. 31 Y el
segundo es semejante: Amarás a tu prójimo como a ti mismo. No hay otro
mandamiento mayor que éstos.

▶ **Leer detenidamente I Corintios 13**

1 Si yo hablase lenguas humanas y angélicas, y no tengo amor, vengo a
ser como metal que resuena, o címbalo que retiñe. 2 Y si tuviese profecía,
y entendiese todos los misterios y toda ciencia, y si tuviese toda la fe, de
tal manera que trasladase los montes, y no tengo amor, nada soy. 3 Y si
repartiese todos mis bienes para dar de comer a los pobres, y si entregase
mi cuerpo para ser quemado, y no tengo amor, de nada me sirve.

4 El amor es sufrido, es benigno; el amor no tiene envidia, el amor no es
jactancioso, no se envanece; 5 no hace nada indebido, no busca lo suyo, no
se irrita, no guarda rencor; 6 no se goza de la injusticia, mas se goza de la
verdad. 7 Todo lo sufre, todo lo cree, todo lo espera, todo lo soporta.
8 El amor nunca deja de ser; pero las profecías se acabarán, y cesarán
las lenguas, y la ciencia acabará. 9 Porque en parte conocemos, y en parte
profetizamos; 10 mas cuando venga lo perfecto, entonces lo que es en

parte se acabará.
11 Cuando yo era niño, hablaba como niño, pensaba como niño, juzgaba como niño; mas cuando ya fui hombre, dejé lo que era de niño. 12 Ahora vemos por espejo, oscuramente; mas entonces veremos cara a cara. Ahora conozco en parte; pero entonces conoceré como fui conocido. 13 Y ahora permanecen la fe, la esperanza y el amor, estos tres; pero el mayor de ellos es el amor.

- ¿Qué enseña el texto anterior acerca de la supremacía del amor? (versos 1 al 3)

- ¿Qué dice el texto acerca de las características del amor? (versos 4 al 8)

- ¿Qué señala el texto acerca de la permanencia del amor? (versos 9 al 12)

Amor en el noviazgo

- **El noviazgo es una de las etapas más románticas y llenas de amor en la vida de todo ser humano.**

- **Muchas expresiones y demostraciones de amor y cariño.**

- **¿Cómo expresan y demuestran su amor los novios?**

- **No se debe confundir el amor con la infatuación.**

- **¿Qué diferencias existen entre el amor y la infatuación?**

ESTUDIO BÍBLICO

- **Peligros en el noviazgo:**
  Demasiada intimidad
  Excitación sexual
  Casarse por la razón equivocada

Amor en el matrimonio

- **El secreto para tener un matrimonio feliz: No dejar de ser novios.**

- **Deben continuar las expresiones y demostraciones de amor y cariño.**

- **Haga una lista acerca de cómo se puede demostrar el amor en el matrimonio.**

- **Se dice que el amor en el matrimonio es un principio y no un sentimiento. ¿Cuál es la diferencia?**

- **El postre matrimonial: Amor e intimidad**

  La intimidad es uno de los beneficios que gozan los casados.

  Reconocer las diferencias sexuales que existen entre el hombre y la mujer.

  Toda pareja debe platicar acerca de sus gustos sexuales.

Para meditar

¿Cómo puedo demostrar mejor mi amor por mi esposo(a)?

- **Leer detenidamente Efesios 5: 21-33**

21 Someteos unos a otros en el temor de Dios. 22 Las casadas estén sujetas
a sus propios maridos, como al Señor; 23 porque el marido es cabeza de
la mujer, así como Cristo es cabeza de la iglesia, la cual es su cuerpo, y él
es su Salvador. 24 Así que, como la iglesia está sujeta a Cristo, así también
las casadas lo estén a sus maridos en todo. 25 Maridos, amad a vuestras
mujeres, así como Cristo amó a la iglesia, y se entregó a sí mismo por ella,
26 para santificarla, habiéndola purificado en el lavamiento del agua por

la palabra, 27 a fin de presentársela a sí mismo, una iglesia gloriosa, que no tuviese mancha ni arruga ni cosa semejante, sino que fuese santa y sin mancha.

28 Así también los maridos deben amar a sus mujeres como a sus mismos cuerpos. El que ama a su mujer, a sí mismo se ama. 29 Porque nadie aborreció jamás a su propia carne, sino que la sustenta y la cuida, como también Cristo a la iglesia, 30 porque somos miembros de su cuerpo, de su carne y de sus huesos. 31 Por esto dejará el hombre a su padre y a su madre, y se unirá a su mujer, y los dos serán una sola carne.

32 Grande es este misterio; mas yo digo esto respecto de Cristo y de la iglesia. 33 Por lo demás, cada uno de vosotros ame también a su mujer como a sí mismo; y la mujer respete a su marido.

▶ **¿Qué principio debe regir la relación familiar? (5:22)**

▶ **¿Cómo debe someterse la esposa al marido? (5:23-25)**

▶ **¿Cómo debe someterse el marido? (5: 26-31)**

▶ **¿Cuántas veces dice el texto que el marido debe amar a su esposa?**

▶ **¿Cómo deben tratarse los esposos? (5:33)**

Amor con los hijos

▶ **¿Cómo deben someterse los hijos? (Efesios 6:1-3)**

1 Hijos, obedeced en el Señor a vuestros padres, porque esto es justo. 2 Honra a tu padre y a tu madre, que es el primer mandamiento con promesa; 3 para que te vaya bien, y seas de larga vida sobre la tierra.

ESTUDIO BÍBLICO

▶ ¿Cómo deben tratar los padres a sus hijos? (Efesios 6:4)

4 Y vosotros, padres, no provoquéis a ira a vuestros hijos, sino criadlos en disciplina y amonestación del Señor.

▶ ¿Por qué es importante que los padres demuestren amor a sus hijos?

▶ ¿Cómo puedo demostrar más amor a mis hijos?

▶ ¿Cómo se demuestra el amor al disciplinar a los hijos?

Amor en la relación con Dios

▶ ¿En qué consiste el gran mandamiento? (Marcos 12:28-31)

28 Acercándose uno de los escribas, que los había oído disputar, y sabía que les había respondido bien, le preguntó: ¿Cuál es el primer mandamiento de todos? 29 Jesús le respondió: El primer mandamiento de todos es: Oye, Israel; el Señor nuestro Dios, el Señor uno es. 30 Y amarás al Señor tu Dios con todo tu corazón, y con toda tu alma, y con toda tu mente y con todas tus fuerzas. Este es el principal mandamiento. 31 Y el segundo es semejante: Amarás a tu prójimo como a ti mismo. No hay otro mandamiento mayor que éstos.

▶ ¿Cuál es la evidencia de que se ama a Dios? (Juan 14:15)

15 Si me amáis, guardad mis mandamientos.

Recursos

▶ Libros

Las cuatro estaciones del matrimonio
Gary Chapman

Los matrimonios están constantemente en un estado de transición, moviéndose todo el tiempo de una estación a otra, tal vez no todos los años, como en la naturaleza, pero tan cierta y consecuentemente. Algunas veces nos encontramos en invierno, desalentados, apartados y descontentos; otras veces experimentamos la primavera con sus nuevos comienzos, esperanza y anticipación. En otras ocasiones nos deleitamos en la calidez del verano, cómodos, seguros y disfrutando de la vida. Y entonces llega el otoño con su inseguridad, negligencia y temores. Las transiciones se repiten muchas veces a través de la vida matrimonial.

Las estaciones del matrimonio llegan y pasan. Cada una posee el potencial para la salud emocional y la felicidad, y cada una tiene sus propios desafíos. El propósito de este libro es describir esas estaciones que se repiten en el matrimonio, ayudarle a usted y a su cónyuge a identificar en qué estación se encuentra su matrimonio, y mostrarle la forma de mejorar su matrimonio en las cuatro estaciones.

Gary Chapman le enseñará las estrategias para volver a tener esperanza en su relación, establecer profundas raíces de satisfacción, y cultivar el gozo en su matrimonio.

¡Puro Fuego!: Siete secretos para encender su matrimonio
Denise Vezey

En general me parece que esta obra es muy completa. En ella reinan los elementos más comunes e importantes para que toda mujer se convierta en una mujer sabia; en una mujer idónea para el hombre, quien la ame y la respete dignamente; en una mujer con la capacidad de mantener el balance correcto para todas las etapas de su vida.

Ninguna mujer debería casarse sin antes haber leído este libro, porque tiene todos los consejos que una mujer madura, que quiera discipular a una mujer joven, le daría. Toda mujer casada tiene que leer este libro para que haga su lista de cotejo y vaya haciendo los ajustes correspondientes según va preguntado a su marido cómo la evalúa en cada área desarrollada en esta obra.

El varón casado, "el ser más hermético del universo", debería leer este libro porque va a resultar estimulante para fomentar la comunicación con su esposa. El sólo saber que el libro ayudará a tu esposa a entender tu forma de pensar y tus gustos, ayudará a tu esposa a criticarte menos y los preparará a ambos para convertirse en los amantes idóneos que tanto habían anhelado. Será suficiente para que quieras comenzar a leerlo junto a ella y utilizarlo como una plataforma desde donde se ìaticen a una nueva aventura matrimonial!

Les deseo mucho éxito en su travesía de... ¡puro fuego!

Amor: o lo que sea

Manuel S. Pérez-Seoane

¿Cree usted en el amor?

Después de la sucesión de fracasos, ¿qué nos lleva a seguir intentando un nuevo amor? Si consideramos agotadas todas nuestras fórmulas, ¿habrá alguna dentro de este libro capaz de conducirnos al bienestar sentimental?

Amar es un intento por buscar en otro lugar, por incautarse de ciertos poderes ajenos a lo terrenal. Es un esfuerzo por convertirse: por transformarse en otro tipo de ser.

Los hombres o las mujeres que aman, utilizan los medios a su alcance para enfrentarse a sus límites naturales, para arañar en niveles únicamente intuidos. Y lo hacen, sin ningún soporte sólido que les garantice la aventura. El esfuerzo, que se necesita hacer para sostener esa ilusión, excede, en muchos casos, las capacidades del ser humano. ¿Es una tara biológica? ¿O es una herramienta para construir el futuro de una especie? Este libro pretende poner al lector frente al sueño, y mostrar, al mismo tiempo, el terreno que sería posible pisar para introducirse en el mundo sentimental de la pareja.

Cuando el amor se encuentra con el miedo

David Richo

Todo el mundo tiene miedo de algo. A veces se trata de miedos inapropiados y neuróticos. En otras ocasiones tenemos buenas razones para estar asustados. Pero en todas ellas, el miedo reduce nuestra capacidad de actuación, nos convence de que es mejor no intentarlo, no arriesgarnos.

Este libro ha sido escrito para todos aquellos que quieren alejarse del miedo irracional o actuar de forma más creativa ante un miedo justificado. Aquí se examina la raíz misma del miedo —al cambio, a la autoapertura, a dar y recibir, a la soledad. Y por encima de estos, al mayor de todos ellos: el miedo al amor.

David Richo nos abre un camino que puede liberarnos de la carga del miedo y nos presenta sugerencias que nos ayudarán a amar incluso cuando estemos asustados. El modo de sobreponernos al miedo, afirma, consiste en eliminar primero todas nuestras defensas. Es entonces cuando, a pesar del vértigo que nos produce, aceptamos nuestra debilidad. De esta forma, nunca más resultaremos heridos y el miedo perderá su poder sobre nosotros.

El amor debe ser firme
James Dobson

Después de escribir varios libros sobre el matrimonio y la familia, que son éxitos de librería, el doctor James Dobson trata en esta obra las causas de los conflictos familiares. El amor debe ser firme, considera cada aspecto de las relaciones matrimoniales y examina específicamente los efectos devastadores de la infidelidad, el alcoholismo, el maltrato a las mujeres y la indiferencia emocional.

El amor debe ser firme no sólo ofrece consejos prácticos para las parejas que están al borde del divorcio sino también para toda persona que busca una mejor comprensión de la conducta humana y de las complejas relaciones entre hombres y mujeres. El principio de firmeza amorosa es aplicable a los hogares en crisis, a los matrimonios saludables e incluso a las personas solteras. Es una lectura amena e instructiva para profesores y estudiantes, padres e hijos, obreros y empresarios.

El doctor James Dobson es presidente y predicador del programa radial Enfoque a la familia, que se transmite diariamente en 450 emisoras de los Estados Unidos y en más de 250 estaciones de otros países. Como sicólogo, consejero familiar y autor de varios libros, ha ganado un merecido prestigio en todo el mundo.

Los hombres son de Marte, las mujeres son de Venus
John Gray

Érase una vez unos marcianos y unas venusinas que se conocieron, se enamoraron y fueron felices porque respetaron y aceptaron sus diferencias. Luego vinieron a la Tierra y olvidaron que pertenecían a diferentes planetas...

El doctor John Gray utiliza esta divertida metáfora paro mostrar los conflictos habituales entre los hombres y las mujeres. Explica cómo surgen los malentendidos entre los sexos, que dificultan la comunicación y deterioran las relaciones afectivas.

Propone un esquema original y soluciones inteligentes para superar los enojos, las discusiones interminables, y el sufrimiento innecesario.

Los hombres son de Marte, las mujeres son de Venus constituye una herramienta muy valiosa para lograr relaciones más profundas y satisfactorias.

Desde su aparición ha figurado en los primeros puestos de las listas de best Sellers de los medios más prestigiosos de los Estados Unidos, donde permanece desde hace más de dos años.

Manual del consejero cristiano
Jay Edward Adams

La obra se divide en tres partes:

En la primera parte, el autor analiza las distintas «personas» implicadas en el proceso de aconsejar: el aconsejado, el consejero y el Espíritu Santo como persona principal.

En la segunda parte, estudia las presuposiciones y los principios en la práctica de aconsejar, la esperanza, la oración, la reconciliación...

Y en la tercera entra en los aspectos prácticos del proceso, el apoyo, la simpatía, el amor de parte del consejero, el lenguaje a utilizar, el interrogatorio, las distintas problemáticas y los ejemplos de casos concretos.

El libro se complementa, finalmente, con seis apéndices prácticos, seis tablas de referencia y varios interrogatorios «modelo»; todos ellos extraordinariamente útiles en el proceso de aconsejar.

Jay E. Adams nació en los Estados Unidos. Realizó sus estudios en la Universidad John Hopkins, donde adquirió un Máster en Griego; también, en la Universidad de Missouri, en el Seminario Reformado Episcopal, en el Temple University School of Practical Theology, en el Pittsburgh-Xenia Theological Seminary, donde cursó estudios de graduado, y en la Universidad de Illinois, bajo la dirección del Doctor O. Hobart Mowrer, quien le influyó positivamente en su interés por la psicología humana en relación con el ministerio de la Palabra de Dios. Jay E. Adams ha sido pastor de diversas iglesias presbiterianas en Pennsylvania y Nueva Jersey, y también profesor de Teología Práctica y Decano del Instituto de Estudios Pastorales en la Fundación Cristiana de Orientación y Educación. En 1991, dejó su puesto en el Westminster Theological Seminary para, junto a su yerno, hacer obra pionera en Carolina del Sur.

Cómo ser padres cristianos exitosos
John MacArthur

Sin duda alguna nos encontramos ante una grave crisis. Lo cierto es que la familia encabeza la lista de especies en peligro de extinción y nuestra sociedad no sabe cómo salvarla. Cómo ser padres cristianos exitosos reposa sólidamente sobre el fundamento de la Biblia. No se trata de los principios de John MacArthur para la crianza de los hijos: son los principios divinos establecidos por el Padre de todos los padres y de todas las madres, y que han sido empleados con éxito por los padres piadosos a lo largo de todas las edades.

Criar a los hijos según el camino de Dios se lleva a cabo con solicitud, compasión, sentido común, igual que Dios Padre, nos cría a nosotros como sus hijos. John MacArthur presenta estas eficaces características de la crianza de los hijos de manera llana "lógica".

Los cinco lenguajes del amor
Gary Chapman

Entender los cinco lenguajes emocionales del amor y aprender a hablar el principal lenguaje de amor de su cónyuge puede afectar radicalmente su comportamiento.

En lo más profundo de la existencia humana está el deseo de tener intimidad y ser amado por otro. El matrimonio fue instituido para suplir la necesidad de intimidad y amor. Pero expresar este amor es muy distinto que simplemente tener la experiencia de estar "enamorado". Es de naturaleza más intencional. Es algo que elegimos hacer. Es también algo que podemos aprender a hacer. Eso es una buena noticia para la pareja casada que ha perdido el sentimiento de estar "enamorados". En este singular volumen, Gary Chapman arroja luz sobre la experiencia de estar "enamorado", y habla de la necesidad emocional de amor en la pareja matrimonial. Cuando cada uno habla el lenguaje de amor que es significativo para el otro, hay armonía en el matrimonio; pero ocurren complicaciones cuando lo que uno ve como un acto de amor es algo totalmente insignificante para el cónyuge, que, en efecto, puede estar esperando algo completamente distinto como señal de amor y devoción. Como director del seminario "Hacia un matrimonio cada vez mejor", Gary Chapman ha recibido incontables testimonios de cómo el concepto de los lenguajes del amor ha revolucionado —aun salvado— matrimonios.

Lo que usted lee en este libro puede que salve su matrimonio si éste se halla en problemas, y puede grandemente realzar el clima emocional de aun un buen matrimonio. Cualquiera que sea la calidad de su matrimonio ahora, puede mejorar! Y este libro puede contribuir a ello.

Enlaces de la Web

- **El amor en la familia**
http://www.ecovisiones.cl/informacion/amorfamilia.htm
Al hablar de familia se hace referencia a un grupo de personas que teniendo lazos de parentesco viven juntas bajo la emoción del amor. Es decir el amor es una emoción básica en la relación intrafamiliar. Cuando no existe la pasión de vivir juntos la familia se desintegra como tal. El amor es el motor que mantiene a la familia unida y constituye el principal alimento para el crecimiento y desarrollo de los hijos, y la relación de pareja.

La palabra amor identifica al afecto, la necesidad de estar cerca del otro pero por sobre todo la aceptación incondicional del que se ama. En la familia el amor es la emoción básica que sustenta las relaciones entre padres e hijos y entre los integrantes de la pareja. En la familia se recibe el amor y se aprende a darlo a los demás, en la familia se aprenden las formas de expresión de dicho amor y se aprende a compartir y a aceptar a los demás.

Sin embargo este aprendizaje no siempre se da adecuadamente en las familias, ya que en muchos de los hogares el deterioro en la relación de la pareja, o la historia personal de cada uno de los integrantes adultos de la familia, no les permite vivir y expresar este amor. Muchos de estos casos provienen de familias en las cuales no vivieron el cariño de parte de sus padres y no tuvieron un modelo adecuado que les permitiera primero, sentirse queridos y aceptados, y segundo sentirse capaces de entregar lo que cada uno tiene dentro de sí. Generalmente este tipo de familias son muy negadoras del otro y tienden a la violencia y el maltrato como una forma de resolver las diferencias. Cuando una familia es capaz de aceptar a los demás y aceptar las emociones u opiniones de los otros se puede trabajar en la solución de las diferencias de manera no violenta, es más, se puede aceptar que dos o más integrantes de la familia tengan diferente postura u opinión y ello no constituye un problema.

- **Amor en familia**
http://www.amor.com.mx/amor_en_la_familia.htm
Es una triste realidad que las familias actuales estén tan saturadas con el trabajo, la escuela y otras tantas actividades que ya no tienen tiempo de platicar, convivir y mucho menos para darse amor. Es esencial entonces recomenzar para formar a nuestros hijos en la afectividad y así ayudarlos a desarrollar su

capacidad de amar. No olvidemos que el amor se transmite principalmente en el hogar.

La capacidad de amar es resultado del desarrollo afectivo que ha tenido el ser humano durante los primeros años de su vida, mediante un proceso continuo y secuencial que pasa por la infancia, adolescencia y se posterga hasta la madurez y vejez.

- **Ser Padres... ¿Dificultad o Desafío?**
  http://www.renuevodeplenitud.com/ser-padres-dificultad-o-desafio.html
  Dos personas se unen en el amor para convivir, compartir y construir. Compartiendo las bases para la proyección o construcción de la familia que se quiere formar. El objetivo esencial de una pareja es poder trascender, es decir, formar o construir una familia. Este proyecto debe comenzar a formarse en el noviazgo y luego se va reformulando, organizando o tomando nuevas formas a lo largo de la vida matrimonial.... Qué tarea difícil pero a su vez maravillosa es el proceso de elección, aceptación y construcción de un proyecto en común.

  Para aceptarse es necesario perdonar y sólo así se puede llegar a amar verdaderamente. Aceptarse a sí mismo es condición necesaria y fundamental para aceptar a los demás. Como hijos heredamos todo, desde lo biológico hasta nuestras conductas, forma de ser, de actuar, de pensar y sentir. De ahí la gran responsabilidad como padres de asumir este gran desafío... la herencia familiar.

- **Pensamientos sobre el amor familiar**
  http://www.literato.es/pensamientos_sobre_el_amor_familiar/
  Ofrecer amistad al que pide amor es como dar pan al que muere de sed. —Ovidio

  La mayor declaración de amor es la que no se hace; el hombre que siente mucho, habla poco.—Platón

  Ten en cuenta que el gran amor y los grandes logros requieren grandes riesgos.—Dalai Lama

  El amor no se mira, se siente, y aún más cuando ella está junto a ti.—Pablo Neruda

- **El amor familiar**
  http://www.mater-purissima.org/mater/Valores.pdf
  No cabe la menor duda de que en la sociedad que nos ha tocado vivir se habla poco de Dios. Los niños muchas veces crecen sin unos referentes espirituales cristianos, incluso los hijos de familias tradicionalmente católicas. Es cierto que es un poco difícil hablar de Dios a los niños y, sobre todo, a los jóvenes, pero si

en la familia se crea un ambiente espiritual adecuado, todo resultará más fácil.

Y en el hogar, la mejor manera de mantener la espiritualidad es mediante una relación entre padres e hijos llena de cariño y confianza. Los padres deben estar presentes para los hijos en un nivel psicológico profundo y de cuidado diario y eso es de vital importancia cuando se trata de Dios y de asuntos espirituales. La mejor manera de hablar de Dios a los hijos es mediante la expresión del amor en el contexto de la religión.

- **El amor en la convivencia familiar**
  http://ptobal.wordpress.com/2008/03/25/el-amor-en-la-convivencia-familiar/
  Dentro de nosotros cuando amamos se enfrentan el afán de dominar y el afán de servir. El verdadero amor exige que triunfe el afán de servir.

  Hay quien considera el amor y sus manifestaciones como pura espontaneidad, sin la responsabilidad de las consecuencias para uno mismo y para los otros. También hay quien considera el amor como un impulso para conseguir la propia satisfacción.

  Yo creo que el verdadero amor es mucho más que todo eso. El verdadero amor es salirse de uno mismo, es entregarse libremente. Amar en libertad implica tener confianza en el otro, protegerle, respetar sus gustos.

  Amar significa comunicarse con palabras, con caricias..., etc.

  Amar significa ayudar al crecimiento personal del otro al tiempo que crecemos nosotros. Amar de verdad significa compartir tu vida con alegría, dialogar sobre diferencias y preferencias, sobre lo que nos une y lo que nos separa y sobre todo amar significa respetar la integridad del otro.

- **El amor de la familia es el más imperfecto**
  http://www.monografias.com/trabajos64/amor-familiar-imperfecto/amor-familiar-imperfecto.shtml
  El amor de la familia es la base de la sociedad.

  Pareciera que en el primer renglón hay una contradicción potente de establecer un tremendo dilema; porque si el amor de la familia es el más imperfecto, no debería ser la base de la sociedad, y sin embargo, es así y no hay tal dilema.

  Todo descansa en el mismo principio de amor, pero todo tiene la misma ley de estímulo, que es el antagonismo; y como la molécula y el átomo en los cuerpos y el hombre individual en la sociedad, son antagónicos de los otros, igualmente la familia considerada en el hogar consanguíneo, es antagónica de la vecina, aunque se amen, pero cada una tira para sí la mejor parte posible.

Eso es una imperfección; pero lejos de perjudicar a la sociedad, la beneficia; puesto que ese antagonismo natural, sirve de estímulo a procurar mayor bienestar de los hijos y cada familia aspira y persigue ese mismo objeto.

El mal no está en ese instinto, sino en no ponerle el grado de moral eficiente para no perjudicar a su vecino, reduciéndolo a la necesidad por causa de su desmedido acaparamiento, en todo juicio analítico, falta de sentimiento moral; porque ha de comprender que si cada hombre es un grado del progreso universal, cada familia es lo mismo un grado de la comunidad que compone la sociedad.

▶ **El amor y la familia**
http://autorescatolicos.org/ppa707.pps
En el mundo exterior podrá haber violencia, egoísmo y frialdad, pero en el refugio cálido del hogar no podría faltar el afecto leal y profundo. Sin embargo, lamentablemente, cuán a menudo los hogares carecen del ingrediente primordial del amor. Y las consecuencias no se hacen esperar.

Mientras que el amor construye el hogar y la vida de sus moradores, el desamor divide y desintegra a la familia.

Todos estamos de acuerdo en que hace falta más amor en la tierra.

Pero ¿recordamos siempre que sólo cuando tengamos más amor en nuestros hogares, lo tendremos también en el mundo? Consideren con corazón abierto esta reflexión, y vean de qué manera se puede acrecentar el amor en el seno de su familia.

▶ **Amor en la familia**
http://www.alumnosonline.com/notas/amorenlafamilia.php
La capacidad de amar es resultado del desarrollo afectivo del ser humano durante los primeros años de su vida. El desarrollo afectivo es un proceso continuo y secuencial, desde la infancia hasta la edad adulta.

La madurez afectiva es un largo proceso por el que el ser humano se prepara para la comunicación íntima y personal con sus semejantes como un Yo único e irrepetible; y que debe desencadenarse al primer contacto del niño con el adulto perpetuándose a lo largo de su existencia. En la familia es donde se hace posible el amor, el amor sin condiciones; los padres que inician la familia con una promesa de amor quieren a sus hijos porque son sus hijos, no en razón de sus cualidades. "La familia es un centro de intimidad y apertura".

Es en el seno familiar donde cultivamos lo humano del hombre, que es el enseñarlo a pensar, a profundizar, a reflexionar. Es en el ámbito de la familia donde

@ ENLACES DE LA WEB

el hombre aprende el cultivo de las virtudes, el respeto que es el guardián del amor, la honradez, la generosidad, la responsabilidad, el amor al trabajo, la gratitud, etc. La familia nos invita a ser creativos en el cultivo de la inteligencia, la voluntad y el corazón, para poder contribuir y abrirnos a la sociedad preparados e íntegros. El amor de la familia debe trasmitirse a la sociedad.

▶ **Amor por la familia**
http://www.iglesiadecristo-ensunset.com/castillodocs/AMOR%20POR%20LA%20FAMILIA.pdf
El amor bíblico no es solamente algo que uno siente, sino además algo que uno hace. Los sentimientos solos no constituyen el amor. Tiene que ser demostrado. El amor es una de esas virtudes que pueden ponerse a prueba. (Lea I Juan 4: 20-21; 3: 18). Esta regla es aplicable a todas las relaciones humanas.

¿Cómo sabe usted que ama a su familia? Algunos responderían diciendo que aman a sus respectivas familias porque sienten un gran afecto por ellos. A estos sentimientos espontáneos que uno tiene por los que están más cerca de uno y llevan nuestros genes, la Biblia los distingue del amor llamándole "afecto natural" (Romanos 1: 31). La capacidad de sentir este afecto es bendición dada por Dios, pero solamente las acciones deliberadas que tienen como fin hacer bien a nuestros seres queridos convierten a los sentimientos en amor.

En cuanto a la familia, por ejemplo, la Biblia nos dice que el amor es algo que se aprende (Tito 2: 4). ¿Cuáles son entonces, las implicaciones prácticas del amor por la familia? ¿Cómo puedo aprender de Dios a amar a mi familia? Ciertamente no hay espacio para exponer en un solo artículo todo lo que enseña la Palabra de Dios sobre este tema, pero podemos brevemente concentrarnos en un solo aspecto del amor por la familia: la provisión. La escritura dice: "porque si alguno no provee para los suyos, y mayormente para los de su casa, ha negado la fe, y es peor que un incrédulo" (I Timoteo 5: 8). El contexto se refiere a la responsabilidad financiera que tienen los hijos y los nietos de proveer a los padres y abuelos para sus necesidades, si es que les falta. Pero de lo específico, el espíritu Santo extrajo un principio general que aplica también a la responsabilidad que tienen los padres de proveer a los hijos.

▶ **El amor no se hereda**
http://revista.consumer.es/web/es/20061201/interiormente/70950.php
El amor es el ideal en la relación de los hijos con los padres, pero no una norma de obligado cumplimiento.

El amor al padre y a la madre es el más irracional de los amores en los que estamos embarcados, porque en ninguno se siente tanto el deber de amar. Sin embargo, esa obligación debe ser bien entendida, precisa de voluntad y compromiso, reciprocidad y bases sólidas que generen una relación sana y libre con posibilidades de ser sincera y que procure la felicidad. Pero los sentimientos de los hijos hacia los padres no siempre están marcados por el amor, lo que puede generar inquietud, frustración y sentimiento de culpa, que afloran especialmente en fechas como las navideñas, en las que las reuniones familiares adquieren una gran relevancia.

Amor por la familia

http://enlacuatroesquina.blogspot.com/2007/10/amor-por-la-familia.html
El timbre del teléfono suena varias veces, él enciende una luz que le queda a la cabecera de su cama, rápidamente se levanta preocupado, ella lo mira extrañada y angustiada.

Javier: ¿Quién será a estas horas de la madrugada?, son las 3:30 de la mañana.

Luisa: Vamos, levanta el teléfono y contesta Javier, ya sabes cómo está mi madre de salud, ya sabes....Ni Dios lo quiera.

Javier inmediatamente contesta el teléfono, una voz gruesa le responde, sin ni siquiera Javier decirle nada comienza a darle instrucciones.

Voz: Hagamos esto de forma rápida y sin llamar la atención, no te imaginas quién te habla, ya que ni siquiera me conoces, pero a lo que voy es que esta llamada se trata de un secuestro, sí, tenemos a tu hija y si quieres volverla a ver con vida debes traer dos millones de pesos, la dirección del encuentro te la daré más adelante, recuerda no involucrar a nadie más en esto y espera mi llamada.

[Para enterarte de cómo se desarrolla el resto de la historia, te recomiendo que vayas al enlace que aparece bajo el título.]

Frases de familia

http://www.abueling.com/frases_de_familia.htm
Ama tu familia de principio a fin, sin medida, porque siempre, donde vayas, serás parte de una. He recibido de la vida el regalo más bello, mi familia, lo demás no tiene importancia. ¿Para qué esforzarte en buscar a tus antepasados? Métete en política y tus adversarios lo harán por ti. La familia empieza por el amor a aquél que tienes más cerca. El que desea haber nacido en otra familia se rechaza a sí mismo. Me gustaría saber quién fue mi abuelo, pero me preocupa más saber quién será su nieto.

Prefiero estar buscando personas fallecidas a que me encuentren ellas a mí.

Genealogía: Cuando confundes a los muertos e irritas a los vivos.

@ ENLACES DE LA WEB

▶ **El amor que da vida a la familia**

http://www.esperanzaparalafamilia.com/Rev/Articulos/PDFs/PDF0278.pdf

Es doloroso decirlo pero muchos padres de familia no saben abrazar a sus hijos, darles un beso o decirles: *te quiero.* Y esos hijos, ávidos de amor y afecto, no reciben lo que necesitan; al contrario, ven a papá como un extraño que llega cansado del trabajo y no tiene tiempo para estar con ellos. Los hijos sienten ese rechazo y van a dejar de acercarse, papá va a ser simplemente un extraño más que no representa nada para ellos.

Los padres no están entendiendo que su principal meta en la vida no es el trabajo. El trabajo es importante y debe hacerse con mucha diligencia y responsabilidad para proveer lo material para la casa, pero lo más importante para una persona es, primeramente, su relación con Dios, luego su familia y después el trabajo.

Cuando el trabajo ocupa el primer lugar en la vida del ser humano la familia queda relegada, de manera que no recibe nada de papá, pues todas sus energías las canaliza al trabajo. Los hijos no solamente necesitan dinero. Muchos de ellos han llegado hasta el suicidio porque nunca tuvieron un vínculo con su padre, a pesar de que les proveyó carros último modelo, la mejor ropa y la mejor educación. Pero hubo algo que no les proveyó: su amistad y su amor.

▶ **¿Criticar o mostrar amor?**

http://www.losnavegantes.net/CLARKFUND/clark-fundamentos35.html

Dice Santiago 5:9: "Hermanos, no os quejéis unos contra otros, para que no seáis juzgados; mirad, el Juez está a las puertas". El hogar no debe ser un nido de iras no resueltas, rencores no perdonados, quejas contra otros, críticas de los hermanos - ni los familiares ni los amigos cristianos. Nuestros hijos aprenderán a admirar, respetar y amar a otros de nuestros comentarios en el hogar... o aprenderán a odiar, sospechar, rechazar y despreciar a los demás por lo que oyen. Sus oídos están abiertos a todo lo que platicamos.

Algunos creen que no deben esconder a sus hijos sus sentimientos hacia los demás porque piensan que eso es hipocresía y falta de honestidad. Pero yo pregunto: ¿Cómo van a aprender a perdonar a otros si no ven que sus padres cristianos buscan la paz con todos? Jesús dijo: "Por tanto, si estás presentando tu ofrenda en el altar, y allí te acuerdas que tu hermano tiene algo contra ti, deja tu ofrenda allí delante del altar, y ve, reconcíliate primero con tu hermano, y entonces ven y presenta tu ofrenda" (Mateo 5:23,24). Si vamos a una reunión y hay otros cristianos allí a quienes hemos criticado en el hogar, ¿qué van a aprender si no tratamos de arreglar nuestras broncas con ellos? Esa es la hipocresía que deberíamos evitar.

El amor mutuo, el honor, el respeto y la responsabilidad, son la trama y la urdimbre de esta relación, que debiera reflejar el amor, la santidad, la intimidad y la perdurabilidad de la relación que existe entre Cristo y su iglesia.

APLICACIÓN DE LAS CREENCIAS FUNDAMENTALES

7

La naturaleza del hombre

Aunque fueron creados como seres libres, cada uno es una unidad indivisible de cuerpo, mente y espíritu que depende de Dios para la vida, el aliento y todo lo demás.

22

El matrimonio y la familia

El amor mutuo, el honor, el respeto y la responsabilidad, son la trama y la urdimbre de esta relación, que debiera reflejar el amor, la santidad, la intimidad y la perdurabilidad de la relación que existen entre Cristo y su iglesia.

Capítulo cinco
El poder transformador de la comunicación

Los novios pasan mucho tiempo juntos y utilizan magistralmente la comunicación para transmitirse lo mucho que se aman y para conocerse más detenidamente. Después de haber estado todo el día juntos, continúan por la noche hablándose por teléfono o a través del Internet. Saben hacer uso efectivo de todos los medios de comunicación disponibles y a su alcance.

Pero para muchos matrimonios, la comunicación es el problema número uno. A los pocos días después de casados, la pareja deja de comunicarse o empieza a comunicarse mal, a adquirir patrones negativos de comunicación.

Recientes estudios reportan que las parejas ponen mucho énfasis en la intimidad y la cercanía y por lo tanto la idea de un "amor romántico" está muy relacionado con un matrimonio feliz, y como tal, la calidad de la comunicación entre la pareja es considerada como el barómetro más importante en el funcionamiento exitoso de relación matrimonial.[1]

Es interesante notar que en los programas educacionales matrimoniales y familiares, la enseñanza de cómo comunicarse efectivamente ocupa un lugar de primera importancia, lo cual indica que la comunicación es una variable altamente asociada con la satisfacción familiar.[2] Y algunos instrumentos que asesoran el funcionamiento familiar, como el de McMaster, incluyen la solución de

[1]Uzma Rehman y Amy Holtzworth-Munroe, *Journal of Family Psychology*, 21, 759-763.
[2]Kim Halford, Alf Lizzio, Kelly Wilson, y Brenda S. Occhipinti, *Journal of Family Psychology*, 21, 185-194.

PENSAMIENTOS INSPIRADOS

- El apóstol, viendo la tendencia al abuso del don del habla, da instrucciones en cuanto a su uso. "Ninguna palabra corrompida salga de vuestra boca", dice, "sino la que sea buena para la necesaria edificación". La palabra "corrompida" califica aquí toda palabra que haría una impresión desfavorable a los principios santos y a la religión sin mácula, toda expresión que eclipsaría la visión de Cristo y borraría de la mente la verdadera simpatía y amor. Incluye las sugerencias impuras que, a menos que sean resistidas al instante, llevarán a grave pecado. Sobre cada persona descansa el deber de impedir el paso de las palabras corrompidas.
E. G. White, *En lugares celestiales*, pág. 176

- Aquel que es tu prójimo ha de ser buscado y atendido con gran seriedad. ¿Es ignorante? Que tu comunicación lo haga más inteligente. ¿Está triste y desanimado? Que tus palabras traigan esperanza a su alma. Dios nos llama a ayudar a quienes poseen un carácter defectuoso. "No he venido a llamar a los justos", dijo Jesús, "sino a pecadores, al arrepentimiento". Por la influen-cia de la palabra hablada por un corazón lleno de amor, los desanimados pueden llegar a ser trofeos de gracia —herederos de Dios y coherederos con Jesucristo.
E. G. White, *Adventist Review and Sabbath Herald*, "Our Words", 16 de febrero de 1897

- En nuestras relaciones sociales, en nuestro intercambio de unos con otros, las palabras de Cristo: "vosotros sois la luz del mundo", son especialmente verdaderas. Cada asociación que formamos, por limitada que sea, ejerce una influencia en la vida y el carácter; y el alcance de esa influencia será determinado por el grado de intimidad mantenido, la constancia del intercambio, y el amor y la confianza sentida hacia aquel con quien nos asociamos. Hasta los enemigos de Cristo, conforme observan su espíritu y su vida demostrada en la vida diaria de sus seguidores, serán llevados a glorificar a Dios, la fuente de su fortaleza y su honor. De esa manera quienes tienen una conexión viva con Dios pueden ejercer un poder salvífico en la iglesia y en la sociedad.
E. G. White, *The Signs of the Times*, 10 de septiembre de 1885

problemas y la habilidad de la familia para comunicarse en forma clara y directa.[3]

Balswick y Balswick presentan la comunicación como el corazón de la vida familiar. Señalan que mediante la expresión del amor se logra intimidad y mediante la expresión de ira se pueden negociar los conflictos.[4]

---

[3]Lauren M. Weinstock, Gabor I. Keitner, Christine E. Ryan, David A. Solomon e Ivan W. Miller, *Journal of Consulting and Clinical Psychology*, 74 (6), diciembre 2006, págs. 1192-1202.
[4]Jack O. Balswick y Judith K. Balswick, *The Family: A Christian Perspective on the Contemporary Home*, pág. 251.

La comunicación ha demostrado ser el ingrediente más importante para lograr relaciones familiares satisfactorias. La familia que desea lograr la felicidad en su seno, procurará a toda costa el tener una comunicación eficiente y efectiva entre cada uno de sus miembros.

Se ha dicho acertadamente que hablando se entiende la gente, y para que pueda haber un buen entendimiento entre los miembros de la familia, se necesita buena comunicación, y tener bien abiertos los medios de comunicación para que la información correcta pueda ser transmitida entre cada uno de los miembros de la familia.

> **Si deseas conocer la mente de una persona, escucha sus palabras.**
>
> **Proverbio chino**

Para que haya buena comunicación en la familia, se requiere de tiempo, grandes porciones de tiempo, para que esta comunicación pueda lograr sus propósitos. Muchos preguntan si debe haber calidad o cantidad de tiempo, y la verdad es que se requiere de ambos, como alguien dijo, la familia requiere de calidad de tiempo, mucha calidad de tiempo.

Algunos elementos que pueden ayudar en la comunicación familiar son los siguientes:

- Leer juntos
- Comer o cenar juntos
- Pasear juntos
- Tomar vacaciones juntos
- Tener concilios familiares
- Jugar juntos como familia
- Acampar todos juntos

Durante un concilio familiar la familia puede decidir las distintas cosas que desean hacer para mejorar la comunicación familiar.

El concilio familiar

Una de las mejores formas que existen para fortalecer las relaciones familiares es lo que se conoce como el concilio familiar. El concilio familiar es el pleno de la familia en reunión general administrativa para tomar decisiones que afectan a todos los miembros de la familia, tales como las reglas del hogar, responsabilidades y vacaciones. Estos concilios son para aclarar situaciones o resolver conflictos.

El concilio familiar ayuda no solamente a que la familia esté junta, reunida, sino que además ayuda a resolver problemas y establecer bases para el funcionamiento correcto de todo el hogar.

Descripción

Dreikurs en su obra titulada *El concilio familiar,* describe la técnica para poner fin a la guerra entre padres e hijos. En esta obra se presenta una descripción concisa de lo que es el concilio familiar y sus beneficios.

> El grupo debe tener reuniones regulares y debe operar bajo reglas que han sido determinadas de antemano. Las reuniones deben ser foros abiertos en los cuales los miembros de la familia pueden hablar sin interrupciones, con libertad de expresión, sin temor a consecuencias, y sin poner atención a edad o estatus. Las deliberaciones resultan en decisiones solo cuando todos los miembros presentes están de acuerdo, es decir, cuando llegan a un entendimiento común.[5]

La comunicación clara y directa es el ingrediente más importante para lograr una familia feliz.

El mérito que se le atribuye a esta actividad es que a cada miembro de la familia se le toma en cuenta para las decisiones importantes. Es un método muy democrático para ayudar a la familia en general.

Los concilios familiares proveen una plataforma desde la cual se permite a los hijos, especialmente a los que están en edad adolescente, expresar sus opiniones, ayudar a resolver problemas, mostrar sus necesidades y tomar decisiones importantes.

Popkin, describe al concilio familiar como la reunión semanal donde toda la familia se reúne para hacer planes y solucionar problemas que afectan a miembros de la familia.[6] La reunión puede durar de 20 minutos a una hora y se lleva a cabo de acuerdo a una agenda. Señala que la primera reunión debe ser corta y que se debe tratar sólo un asunto: Planear una salida familiar o un momento de recreación para toda la familia. Las reuniones posteriores pueden durar más y tener una agenda más extensa.

Un modelo

Popkin presenta el siguiente modelo para una agenda:

Halagar

Consiste en dar oportunidad para que se presenten muestras de

---

[5]Rudolph Dreikurs, *Family Council: The Dreikurs Technique for Putting an End to War Between Parents and Children (and Between Children and Children),* pág. 7.
[6]Michael H. Popkin, *Active Parenting Today,* pág. 150.

halago o aprecio a algún miembro de la familia por algo que dijo o hizo durante la semana pasada. Este es el tiempo para que los miembros de la familia se den las gracias unos a otros por acciones realizadas y animarse unos a otros mediante halagos.

Minutas

Esta parte tiene que ver con pedir a la persona que funcionó como secretaria durante la reunión pasada que lea las minutas de la reunión anterior. La lectura de las minutas ayuda a cada persona a recordar lo que ocurrió en la reunión pasada.

Asuntos viejos y asuntos nuevos

Se pide a la familia que hable acerca de asuntos que no se terminaron de discutir en la reunión anterior. Cada persona puede decir lo que desee pero no se debe hablar cuando alguien está hablando. Luego se pide a la familia que se discutan los asuntos que están anotados en la agenda.

Regalos

Este es el tiempo y oportunidad para que papá y mamá den a sus hijos algún tipo de regalo (dinero, juguetes, etc.).

Actividad familiar

Terminar la reunión diciendo 'se terminó la reunión'. Cuando las reuniones son largas la gente se cansa, así que estas deben durar el tiempo que se acordó.

Se recomienda de 10 a 15 minutos con hijos de 5 a 7 años de edad y aumentarlas a 30 - 45 minutos con hijos mayores. A la familia le gustará terminar con una nota positiva, como un postre o algún juego.[7]

Características de los concilios familiares

Esta práctica familiar ha llamado la atención a varios autores y consejeros familiares. Kathleen y James McGinnis,[8] presentan las siguientes características de los concilios familiares:

---

[7]Michael H. Popkin, M., *Active Parenting Today*, pág. 152.

[8]Kathleen y James McGinnis, *Parenting for Peace and Justice*.

Horarios regulares

Esto es importante porque así los miembros saben cuándo se van a tener estas reuniones familiares y no harán otros compromisos; además, los miembros planearán y pensarán con anticipación los temas que desean que se discutan, sabiendo que habrá un concilio familiar. Algunos pueden comenzar teniendo reuniones cada mes, después cada dos semanas, o cada semana; esto dependerá de cada familia.

Entre los factores que entran en juego para que las reuniones sean más frecuentes podemos mencionar el que los hijos sean mayores y tengan deseos de participar, el aumento de asuntos que se tengan que discutir, y la disposición de los padres a tener estas reuniones.

Lugar y tiempo

Estos deben ser planeados cuidadosamente. Debe procurarse un lugar y una ocasión cuando los miembros se encuentren menos tensos y distraídos.

Si a alguien hemos de amar primordialmente, como nuestro prójimo, tiene que ser a nuestra familia.

Cuando hay algún juego de pelota importante, tal como la serie mundial, o el *super bowl,* será muy difícil para algunos miembros poder estar tranquilos durante la reunión familiar. Todos los miembros deben ponerse de acuerdo acerca del mejor tiempo para reunirse.

Una forma interesante para relajar a miembros tensos es comenzar con algo divertido o interesante que le haya ocurrido a alguien durante los últimos días.

Ciertas reglas

Las reglas deben ser claras, simples y al punto. Entre las más importantes se encuentran las siguientes: Tomar turnos al hablar, escuchar mientras otro habla, hablar de un solo tema a la vez y cada miembro puede poner asuntos en la agenda.

Otras dos reglas importantes son que el grupo puede cambiar las reglas y que se puede rotar el liderazgo de las reuniones. Cuando el concilio se realiza por primera vez, es necesario que uno de los padres sea el líder; y a medida que crecen los hijos, es cuando se puede llevar a cabo la rotación.

VOCES ADVENTISTAS PRESENTES Y PASADAS

- El poder del habla es un don de Dios y debería ser usado siempre para glorificar a nuestro Hacedor y llevar alegría y gozo a quienes encontramos. Es la obligación de cada hijo de Dios el mejorar este talento que Dios le ha dado, para que las palabras de su boca sean aceptables al Señor. De todos los dones que hemos recibido de Dios ninguno es capaz de ser mayor bendición que este. Qué tan importante, entonces, es que sea entrenado para que sea lo mayormente efectivo para hacer bien.
Hattie M. Hall, *Advent Review and Sabbath Herald*, "Our Words", 30 de junio, 1904, pág. 10

- Ningún padre tiene el derecho de estar tan absorto en su trabajo que no tenga tiempo para hablar con sus hijos acerca de su escuela, su trabajo, sus juegos, sus compañeros y su vida religiosa. Esos intereses son vitales. Es preferible tener menos que comer y vestir, menos prosperidad mundanal, y saber que tus hijos y tus hijas están siendo instruidos para Dios y el cielo.
Vesta Farnsworth, *The Advent Review and Sabbath Herald*, "Honor thy Father", 25 de marzo, 1920, pág. 20

- La comunicación es probablemente el más delicado arte en el matrimonio. Cada pareja casada necesita un curso en semántica. Lo que decimos probablemente no sea cómo realmente nos sentimos. Y la otra persona puede colocar otra connotación a nuestras palabras. Los argumentos con frecuencia se inician debido a la falta de comprensión acerca de lo que la otra persona está tratando de decir. Los problemas no pueden ser definidos y resueltos si la esposa usa la técnica de "Sí, cariño". Si una pareja no se puede comunicar verbal, estética, espiritual y físicamente, no pueden experimentar la felicidad que Dios tenía en mente para que gozasen los esposos y las esposas.
Rolland R. Hegstad, Especially for Men, *Review and Herald*, 8 de junio, 1970, pág. 10

El proceso que se sigue es más o menos el siguiente:

1. La persona que puso algún asunto en la agenda tiene que explicarlo. Los demás hacen preguntas sólo para clarificar y entender el problema. Aunque no siempre tiene que ser un problema, puede también ser algo que produce felicidad, y alegría, y que se quiere compartir con los demás.
2. Si la persona que presenta el asunto no tiene ninguna recomendación acerca de lo que se debe hacer al respecto, se le pide que proponga algo.
3. Se pide la colaboración de todos. Es de mucha importancia el que todos participen. Se anima, sin forzar a nadie, a que cada uno colabore de alguna forma. Si alguien rehúsa colaborar, se respeta entonces esa decisión y se le agradece estar presente.

4. Se evalúan las alternativas. Cada alternativa que se presente, por más ridícula que parezca, debe ser seriamente considerada y evaluada. Una forma efectiva en la evaluación de esas alternativas es el considerar la pregunta: "¿Qué piensan ustedes que pasaría si hiciéramos esto?"
5. Se decide una, la que la mayoría piensa que es la mejor y se trabaja en un plan específico para implementarla.

Un foro abierto

Cada miembro de la familia debe sentirse en completa libertad para expresar sus opiniones sin ser interrumpido. A veces ocurrirá que alguno de los miembros habla por un período bastante largo, dominando así la reunión. La mejor forma de solucionar esto es evaluando periódicamente las reuniones y cada miembro exprese su opinión acerca de las reuniones en general y lo que le gustaría que se cambiara. Se llevan a cabo aquellos cambios que todos sugieren que se hagan.

Un foro abierto significa también una agenda abierta, es decir, cualquier miembro de la familia puede poner cualquier asunto en la agenda.

Decisiones de consenso

La tentación que se presenta en estas ocasiones es la de tomar un voto para alcanzar rápido alguna decisión, sin embargo, se recomiendan mejor las decisiones de consenso que el voto. En las votaciones gana la mayoría, pero hay perdedores. Alcanzar un consenso significa que cuando hay desacuerdos, las personas involucradas discuten el asunto hasta que todos están de acuerdo.

Popkin (1993) señala que cuando no se alcanza un acuerdo, pueden ocurrir dos cosas: El asunto se vuelve a discutir en la próxima reunión o, si es un asunto urgente que requiere decisión y acción, entonces el padre de familia tendrá que tomar la decisión como cabeza de la familia.

Una de las mejores formas de manejar las decisiones en un consenso familiar consiste en rotar a la persona que decide por toda la familia, especialmente en esas ocasiones cuando no se llega a un consenso acerca de, por ejemplo, el lugar donde se va a ir a cenar, a pasear, o llevar a cabo alguna otra actividad familiar.

Terminar siempre con una nota positiva

El concilio familiar debe tomarse con toda la seriedad debida, pero no debe convertirse en algo tedioso o de muy mal gusto. Todo lo determinará el grado de amistad, cordialidad y amor que se manifieste entre los miembros.

Es importante terminar con una oración donde se pida a Dios que ayude a cada miembro de la familia y por los problemas que están pasando y para la solución de esos problemas. Después de la oración es muy apropiado concluir con algo divertido y del gusto de todos, tal como un juego familiar, una buena película, o salir a tomar un helado.

Toda evaluación tiene sus riesgos, es decir, los padres deben estar conscientes de que al permitir evaluaciones o que se discutan problemas familiares, habrá muchas ocasiones donde será criticado su liderazgo, sus responsabilidades, sus funciones como padres, y hasta su ejemplo. Los padres deben escuchar atentamente las quejas de sus hijos y hacer todo lo posible por remediar aquellas situaciones que producen incomodidades en las vidas de sus hijos. Especialmente cuando los hijos llegan a la adolescencia los padres deben reconocer que serán tiempos muy difíciles, duros y críticos; pero son los tiempos donde los hijos necesitan más comprensión, cariño y entendimiento de parte de sus padres.

Termino esta sección con algo que considero de mucha importancia. Aunque el concilio familiar es una reunión democrática donde todos tienen voz y voto, sin embargo, el último responsable de todo lo que pasa y ocurre y el que debe vigilar porque todo se lleve a cabo como se debe, es el padre. Los concilios familiares son unas excelentes oportunidades para reunir a toda la familia, pasar tiempo juntos, y solucionar problemas, pero esto no implica que los padres siempre harán lo que los hijos decidan. Hay algunas cosas que son decisiones exclusivas de los padres, tales como asuntos de salud, seguridad y cosas relacionadas con el trabajo. En tales situaciones los padres sólo tienen que informar a sus hijos las decisiones que fueron realizadas, aunque se permiten y fomentan discusiones al respecto.

Cuando los hijos llegan a la adolescencia los padres deben reconocer que serán tiempos muy difíciles, duros y críticos.

Es responsabilidad del padre vigilar porque no se produzcan situaciones donde se falte el respeto, se ofenda, o se realicen actos de violencia. Aunque otra persona sea la encargada de la reunión, si se produce una situación tal, el padre debe intervenir para que todo se realice en forma apacible, saludable y amorosa.

El concilio familiar es una excelente plataforma donde debe considerarse la situación espiritual de la familia, la asistencia a la iglesia y los cultos familiares.

La solución de conflictos

Algo que es de suprema importancia para la familia, especialmente para la pareja, es aprender a solucionar sus conflictos. Esto es algo integral para una rela-

RECURSOS PARA FORMACIÓN ESPIRITUAL

- La comunicación es más que un eco de su propia opinión. La opinión que difiere de la propia no debiera dar pie a una discusión. El intercambio de opiniones no terminará con la comunicación mientras ambas partes respeten las reglas. Permítanse tiempo para escucharse sin interrupciones. Cuando vean que está por iniciarse una discusión, tómense un tiempo para calmarse y determinen cuándo retomarán la conversación. Recuerden que durante la pausa, ninguno de los dos intentará discutir el tema sobre el que están en desacuerdo.
  John Hagee, *Lo que todo hombre quiere de una mujer, lo que toda mujer quiere de un hombre*, pág. 105

- Un hombre muy sabio dijo una vez "Si funciona... No lo toques". Si hay partes de la rutina de la casa y de las interacciones de comunicación que senci-llamente están funcionando bien, ¿para qué cambiarlas? No hay razón para cambiar cosas que ya están funcionando, sólo por hacerlas más sofisticadas o para que coincidan con lo que sucede en otro lugar. Mientras cumplan adecuadamente con su propósito y todo el mundo entienda, por qué no emplear ese tiempo y energía tratando de mejorar situaciones que no están funcionando tan bien, o de cambiar una situación que requiere ser modificada por una razón específica.
  Linda Hodgdon, *Estrategias para mejorar la comunicación*, pág. 117

- Los ojos suelen descubrir lo que la boca no quiere decir. Por tanto el contacto visual es importante en la comunicación interpersonal. Al examinar la expresión facial de su interlocutor podrá notar el efecto o respuesta a lo que usted dijo. Mirar hacia otra parte o una mirada evasiva constante pudiera interpretarse como interés en otra persona o cosas, falta de honestidad al hablar, nerviosismo e incomodidad al estar con quien habla. Por otra parte, el contacto visual comunica atención. Como en varios de los demás lenguajes gestuales, recalcamos que puede variar de una a otra cultura. Entre la mayoría de los pueblos hispanos, mirar a los ojos de la persona con quien hablamos es un signo natural de interés, respeto y conexión.
  Sergio Altesor Ramos, *Cómo relacionarse mejor: manual de técnicas para desarrollar relaciones más satisfactorias, dinámicas y duraderas*, pág. 15

---

ción exitosa [9] y uno de los aspectos fundamentales del éxito matrimonial.[10]

Los conflictos no resueltos, acompañados de discusiones y pleitos, destruyen el matrimonio. En cambio, los conflictos que se resuelven escuchándose el uno al otro, respetándose mutuamente y negociando soluciones, fortalecen el matrimonio.[11]

---

[9]Frank D. Finchman, Steven R. Beach y José Dávila, *Journal of Family Psychology*, 21, 542-545.

[10]Gary Rosberg y Barbara Rosberg, *Cómo mejorar la comunicación en su matrimonio*.

[11]Gary Chapman, *Todos ganan: La guía Chapman para resolver los conflictos sin argumentar*, pág. 21.

La pregunta no es si habrá conflictos entre la pareja, la pregunta es cómo los van a resolver. Balswick y Balswick indican que:

"La unidad marital o la unión ante Dios no significa que no habrá conflictos o diferencias entre los esposos. Todo lo contrario. Los conflictos deben esperarse cuando dos personas distintas y únicas se expresan igualmente. Un matrimonio sin conflictos significa muy a menudo que uno de los cónyuges ha cedido su personalidad; hay acuerdo, pero a costa del cónyuge".[12]

De la misma manera, JohnGottam señala acertadamente lo siguiente:

"Si hay una lección que he aprendido en mis años de investigación es que un matrimonio duradero es el resultado de la habilidad de las parejas de resolver los conflictos que son inevitables en cualquier relación. Muchas parejas tratan de equiparar un bajo nivel de conflictos con felicidad y creen que la afirmación "nosotros nunca peleamos" es un signo de salud matrimonial. Pero creo que crecemos en nuestras relaciones al reconciliar nuestras diferencias. Esta es la forma como llegamos a ser personas más amorosas y de verdad experimentamos los frutos del matrimonio".[13]

¿Qué son los conflictos matrimoniales? Para Gary Chapman, "los conflictos son desacuerdos en los que ambos cónyuges mantienen opiniones diferentes muy fuertes que afectan su conducta produciendo una falta de armonía en la relación".[14]

Worthington señala tres causas principales acerca de las causas de los conflictos matrimoniales: Diferentes trasfondos, eventos del ciclo de la vida, y lucha por poder.[15] Y los investigadores Scott Stanley, Daniel Traten, Savannah McCain, Milt Bryan encuentran tres trasfondos principales que producen dificultades: El familiar, el cultural, y el religioso.[16]

---

[12]Jack O. Balswick y Judith K. Balswick, *The Family: A Christian Perspective on the Contemporary Home*, pág. 79.
[13]John Gottman, *Why Marriages Succeed or Fail*, pág. 28.
[14]Gary Chapman, *Todos ganan: La guía Chapman para resolver los conflictos sin argumentar*, pág. 13.
[15]Everett L. Worthington, *I Care About your Marriage*.
[16]Scott M. Stanley, Daniel Thrathen, Savannah McCain, y Milt Bryan, *A Lasting Promise: A Christian Guide to Fighting for your Marriage*, págs. 70-93.

Para los investigadores John Gottman y Nan Silver las mayores áreas de conflictos matrimoniales son las siguientes: Dinero, sexualidad, hijos, quehaceres domésticos, y estrés laboral.[17]

¿Cómo se solucionan los conflictos matrimoniales y familiares? Se han identificado varias formas de solucionar los conflictos familiares. Se pueden mencionar las siguientes:[18]

- ❖ Identificar el problema
- ❖ Escoger el tiempo correcto
- ❖ Comenzar con una nota positivas
- ❖ Mantenerse en un mismo problema
- ❖ No mencionar el pasado
- ❖ No golpear por debajo del cinturón
- ❖ Tomar a la otra persona con la seriedad debida
- ❖ Expresar enojo en forma no abusiva
- ❖ No hacerse el culpable
- ❖ No ser pasivo-agresivo
- ❖ No pedir explicaciones por comportamiento
- ❖ Evitar apodos y calificativos
- ❖ Evitar triangulización
- ❖ Discutir tomados de la mano

La palabra de Dios, en Efesios 4, presenta consejos muy sabios que se aplican a la solución de conflictos: Desechar la mentira (v. 25); airaos pero no pequéis (v. 26a); no se ponga el sol sobre vuestro enojo (v. 26b); ninguna palabra corrompida salga de la boca (v. 29); quítese toda amargura, enojo, ira, gritería y maledicencia, y toda malicia (v. 31); sed benignos unos con otros, misericordiosos, perdonándoos unos a otros (v. 32).

Una de las peores cosas que puede impedir la solución de conflictos es el resentimiento, lo cual crea nuevos conflictos y evita que se solucionen los otros conflictos. En contraste con el resentimiento está el perdón.

El perdonar las transgresiones del cónyuge ofrece el potencial de terminar con tales eventos dolorosos en la relación y reduce la oportunidad de que tales eventos vuelvan a surgir en futuras interacciones. Por lo tanto, la falta de perdón a transgresiones pasadas puede estar relacionada directamente con las estrategias inadecuadas de relacionar conflictos en la relación matrimonial y familiar. El perdón tiene implicaciones de largo alcance en la relación, así

[17]John Gottman y Nan Silver, *The Seven Principles for Making Marriage Work*, pág. 184.
[18]Jack O. Balswick y Judith K. Balswick, *ibid.*, págs. 237-268.

EL APOSENTO ALTO

- Hay que aprender a comunicarse; por eso podría decirse, en cierta manera, que la comunicación es una ciencia: se aprende poco a poco, se desarrolla con la práctica, cuando se logra es el fruto de la perseverancia, a veces supone tropiezos y dificultades. La comunicación requiere un cuidado especial, exige de cada uno su olvido personal para salir al paso de la otra persona, de sus intereses y necesidades. Quien se comunica corre el riesgo de la aceptación o el rechazo, de ahí que la comunicación sea también una aventura. Aventura que tiene especial sentido cuando se trata de la familia porque es en ella en donde se forma la futura sociedad.
  Gloria Elena Franco, *La comunicación en la familia*, pág. 18

- No es posible hablar de carácter sin referirse a los hábitos. La máxima dice: "Siembra un pensamiento, cosecha un acto; siembra un acto, cosecha un hábito; siembra un hábito, cosecha un carácter; siembra un carácter, cosecha un destino". Los hábitos se desarrollan mediante el ejercicio repetido. Todos los procesos, tanto orgánicos como psicológicos, se modifican y se perfeccionan mediante el ejercicio. Si nos atenemos particularmente al campo psicológico, podemos decir que los fenómenos del hábito aparecen "siempre" que se repiten las mismas actividades psíquicas. Por esto se habla de la ley del hábito.
  Sergio Altesor Ramos, *Cómo relacionarse mejor: manual de técnicas para desarrollar relaciones más satisfactorias, dinámicas y duraderas,* pág. 53

- Son muchas las encuestas que prueban que la mayoría de los niños y adolescentes ven demasiada televisión. También son muchas las investigaciones que demuestran que la televisión, vista con exceso y sin control, origina dependencia (teleadicción) y fatiga mental en todas las personas, aunque más en los niños. La televisión no controlada dificulta seriamente, además, la comunicación entre los miembros de la familia. La televisión se está convirtiendo, para muchas familias, en el único recurso para llenar el tiempo libre. Ello hace que los niños pierdan el hábito de leer, escribir, conversar y jugar, y que carezcan de aficiones.
  Gerardo Castillo, *Los estudios y la familia*, pág. 125

como en los patrones de interacción de corto alcance. El perdón provee la transformación necesaria para que las motivaciones negativas, tales como la revancha y el apartarse, sean altamente disminuidas en la relación matrimonial y evita el uso inefectivo de estrategias para resolver conflictos que surgen debido a transgresiones del pasado.[19] Además, varios estudios han encontrado que el perdón está altamente asociado con la tendencia a comportarse más

[19]Frank D. Finchman, Steven R. Beach y José Dávila, *Journal of Family Psychology*, 21, págs. 542-545.

¿Cuántos de nosotros nacemos con el sentimiento de que somos amados, de que somos importantes para alguien, de que alguien nos ama?

positivamente en el matrimonio, reduciendo los conflictos matrimoniales,[20] produciendo empatía por el trasgresor, niveles bajos de depresión, más cooperación, salud mental y estabilidad emocional.[21]

Clare Stocker y Melissa Richmond[22] reportan que la relación entre los padres es la relación romántica que los niños observan primero y con la cual están más conectados. Los adolescentes observan cómo los padres solucionan sus conflictos en su interacción matrimonial y usan esa conducta como un modelo para resolver sus propios conflictos en sus relaciones románticas. Stocker y Richmond también indican que investigaciones recientes han comprobado una relación directa entre conflictos matrimoniales y conflictos en las relaciones amorosas de sus hijos; violencia entre los padres está relacionada con agresión física de los adolescentes hacia sus novios o novias. Los pleitos matrimoniales cuando los hijos eran adolescentes están relacionados con conflictos que los hijos tuvieron en sus propios matrimonios 17 años más tarde. Nuevamente aquí se ve el increíble poder de la familia; de acuerdo a cómo se resuelvan los problemas en el hogar, así será la forma como los hijos resolverán sus problemas en sus propias familias.

Así que el asunto no es si los padres van a tener conflictos o no, el asunto es cómo los resuelven, o la forma como pelean. Lo pueden hacer de una manera constructiva, donde los conflictos se resuelven favorablemente, o en una forma hostil, emocionalmente destructiva. Van Doorn, Branje, y Meeus han encontrado que los hijos adolescentes solucionan los conflictos con sus padres de la misma manera como los padres solucionan los conflictos entre ellos; además, identifican tres formas como se solucionan los conflictos:[23]

- ❖ En forma positiva (tratando de entender la posición de la otra persona y usando tácticas de razonamiento constructivo para lograr alcanzar acuerdos);

---

[20]James K. McNulty, *Journal of Family Psychology*, febrero 2008, págs. 171-175.

[21]Gregory R. Maio, Geoff Thomas, Frank D. Finchman, y Katherine B. Carnelley, *Journal of Personality and Social Psychology*, 94 (2), págs. 307-319.

[22]Clare M. Stocker y Melissa K. Richmond, *Journal of Family Psychology*, 21 (3), octubre 2007, págs. 490-497.

[23]Muriel D. Van Doorn, Susan J. T. Branje y Wim H. J. Meeus, *Journal of Family Psychology*, septiembre de 2007, págs. 426-434.

- Pelear (abuso verbal, enojo, a la defensiva, o pérdida de control propio);
- Alejarse (evadir los problemas, no hablar, distanciarse).

La forma positiva de solucionar conflictos está íntimamente ligada a la comunicación positiva entre los miembros de la familia. Una comunicación verbal nega-tiva durante los conflictos predice el deterioro de una relación familiar satisfactoria.[24]

Tres psicólogos de la Universidad de Notre Dame, Lauren Papp, Marcie Goeke-Morey y E. Mark Cummings reportan que la calidad de la relación matrimonial, incluyendo la forma en que se resuelven los conflictos, tiene implicaciones muy importantes en la vida diaria y el ajuste psicológico de los cónyuges. Matrimonios altamente funcionales tienen habilidades para comunicarse y resolver conflictos efectivamente, los cuales sirven frecuentemente para indicar el bienestar positivo general de toda la familia.[25]

---

[24]W. Kim Halford, Alf Lizzio, Keithia L. Wilson, Stefano Occhipinti, *Journal of Family Psychology*, 21 (2), junio 2007, págs. 185-194.

[25]Lauren M., Papp, Marcie C. Goeke-Morey y E. Mark Cummings, *Journal of Family Psychology*, 21, septiembre 2007, págs. 533-537.

El poder transformador de la comunicación

Preguntas para discutir en grupos

1. ¿Por qué crees que es importante la comunicación y por qué será un serio problema en muchos hogares, especialmente en los matrimonios?

2. ¿Cómo se relaciona la comunicación con la solución de conflictos que ocurren en toda familia?

3. ¿De qué manera solucionan sus problemas la mayoría de las personas?

4. ¿Qué nos enseña Efesios 4:25-32 acerca de la solución de conflictos?

5. Contesta F si crees que la declaración es falsa y V si consideras que es verdadera:

   F V La comunicación es un gran problema en el hogar

   F V Los hombres hablan más que las mujeres

   F V Las mujeres expresan mejor sus necesidades

   F V En la buena comunicación, hablar es más importante

   F V Ver mucha TV favorece la comunicación en el hogar

   F V La comunicación verbal dice más que la no verbal

   F V Cuando hay problemas, es mejor no decir nada

   F V La comunicación no deber ser planeada

   F V Se puede mejorar la comunicación en el hogar

Preguntas de discipulado familiar

1. ¿Por qué es importante para un discípulo el comunicarse efectivamente con los demás?

2. Hay tres maneras de reaccionar ante un conflicto: Con agresividad, con pasividad, y con asertividad. ¿Cómo debe reaccionar un discípulo de Jesús?

3. ¿Cómo crees que era la comunicación de Jesús?

ESTUDIO BÍBLICO

El poder transformador de la comunicación

La importancia de la comunicación

▶ ¿Qué enseña Deuteronomio 6:4-7 acerca de la comunicación familiar?

Comunicación en el noviazgo

▶ ¿De qué deberían platicar los novios?

▶ ¿Por qué a los novios les gusta platicar, comunicarse entre ellos?

▶ Un tema importante que debe discutir cada pareja de novios: La ley matrimonial.

▶ Leer detenidamente Génesis 2: 24
24 Por tanto, dejará el hombre a su padre y a su madre, y se unirá a su mujer, y serán una sola carne.

- ¿Qué tres principios abarca la ley matrimonial de Génesis 2:24?

- ¿Cree que ninguna pareja debería casarse hasta que entiendan y estén listos a poner en práctica la ley matrimonial de Génesis 2:24? ¿Por qué?

- ¿Por qué es importante que los novios procuren el consejo de los demás, especialmente los padres?

Comunicación en el matrimonio

- ¿Por qué es importante la comunicación en el matrimonio?

- Lea nuevamente Génesis 2:24

- ¿En qué consiste dejar padre y madre?

ESTUDIO BÍBLICO

- ¿En qué consiste unirse a la mujer?

- ¿En qué consiste llegar a ser una sola carne?

- ¿Cómo se pueden mantener abiertas las líneas de comunicación en el matrimonio y la familia?

Comunicación con los hijos

- ¿Por qué es importante que los padres mantengan una comunicación abierta con los hijos?

- ¿Cómo se pueden mantener abiertas las líneas de comunicación con los hijos?

- ¿Qué ocasiones especiales deben aprovechar los padres para hablar con sus hijos? (Deuteronomio 6: 4-7)

- ¿De qué deben hablar los padres con sus hijos?

▶ **¿Hay una edad en la que los padres deben comunicarse más con sus hijos?**

Comunicación con Dios

▶ **¿Qué invitaciones especiales nos hace Dios?**

No temas, porque yo estoy contigo; no desmayes, porque yo soy tu Dios que te esfuerzo; siempre te ayudaré, siempre te sustentaré con la diestra de mi justicia. **Isaías 41:10**

He aquí, yo estoy a la puerta y llamo; si alguno oye mi voz y abre la puerta, entraré a él, y cenaré con él, y él conmigo. **Apocalipsis 3:20**

Todo lo que el Padre me da, vendrá a mí; y al que a mí viene, no le echo fuera. **Juan 6:37**

▶ **¿Por qué desea Dios comunicarse con nosotros?**

▶ **¿Cómo se comunica Dios con los seres humanos?**

▶ **¿Cómo nos comunicamos con Dios?**

Recursos

▶ Libros

La comunicación en la familia
Gloria Elena Franco

Gloria Elena Franco Cuartas nació en Medellín, Colombia. Es Licenciada en Ciencias de la Comunicación Social por la Universidad Pontificia Bolivariana. Realizó estudios de Postgrado en la Universidad de Navarra. Diplomada en Orientación Familiar por el ICE de esta Universidad. Ha ejercido el periodismo en diversos medios de comunicación y realizado programas de radio y televisión sobre temas de orientación familiar. Lleva varios años impartiendo charlas y conferencias relativas a la familia. Es colaboradora de prensa con temas de educación y familia. Está casada y es madre de cinco hijos.

La comunicación en la familia se ha escrito para todos aquellos padres que sienten inquietud por mejorar el nivel de su comunicación familiar, especialmente para quienes tienen hijos entre los 4 y los 12 años.

Desde una óptica sencilla, amena y llena de sentido común, estas páginas muestran la necesidad e importancia de comunicarse bien para educar mejor.

Este libro pretende, mediante casos reales y prácticos, aportar ideas, sugerencias y posibles soluciones a las distintas situaciones diarias que se presentan en la convivencia familiar.

Entre padres e hijos
Haim G. Ginott

Ningún padre o madre se despierta por la mañana con la intención de amargarle la vida a su hijo. Ni uno ni otro dirían: «Hoy gritaré, regañaré y humillaré a mi hijo siempre que pueda». Por el contrario, al levantarse muchos padres se dicen con convicción: «Hoy será un día pacífico. Ni gritos, ni discusiones, ni enfrentamientos»; pero a pesar de las buenas intenciones, la guerra no deseada estalla de nuevo.
La paternidad es una serie interminable de pequeños eventos, conflictos periódicos y crisis súbitas que requieren respuestas, y estas no carecen de consecuencias: afectan a la personalidad y al amor propio para bien o para mal.

Nos gustaría creer que sólo un padre perturbado puede responder de forma perjudicial a un hijo. Desafortunadamente, incluso los padres cariñosos y bienintencionados reprochan, avergüenzan, acusan, ridiculizan, amenazan, sobornan, etiquetan, castigan, predican y moralizan.

¿Por qué? Porque la mayoría de los padres no son conscientes del poder destructivo de las palabras. De repente se encuentran diciendo cosas que ellos oyeron de sus padres, cosas no intencionadas en un tono que no les gusta. La tragedia de tal comunicación se debe, a menudo no a la falta de cariño, sino a la falta de comprensión; no a la falta de inteligencia, sino a la falta de conocimiento.

Estrategias visuales para mejorar la comunicación
Linda A. Hodgdon

Presenta numerosas estrategias para favorecer las interacciones de comunicación en los estudiantes que padecen de autismo y otras incapacidades de comunicación, de moderadas a severas.

Es un libro tipo "cómo hacer", diseñado para ayudar a los maestros, patólogos del habla y el lenguaje y padres, a idear soluciones para los desafíos de comunicación y el manejo de sí mismos, tan comunes en este tipo de estudiantes.

Este libro viene lleno de ejemplos e ilustraciones y describe estrategias específicas que capitalizan las fortalezas visuales y estilo de aprendizaje de esta población.

Cómo relacionarse mejor: manual de técnicas para desarrollar relaciones más satisfactorias, dinámicas y duraderas
Sergio Altesor Ramos

"Quien tiene éxito en sus relaciones con los demás es un verdadero triunfador. Las relaciones auténticas nos dan descanso, pues multiplican los beneficios y dividen los problemas de la vida" (de la Introducción). ¿Necesita mejorar sus relaciones familiares? ¿Desea comprender más a SUS amigos y compañeros de trabajo? Este manual combina la teoría y la práctica, otorgándole a usted los conocimientos precisos para que logre relacionarse mejor con los demás. Es una lectura sencilla que contiene el potencial de cambiar su vida y la de quienes le rodean. Entre los muchos beneficios del presente, están:

- Sentirá la posibilidad de nuevas dimensiones de conexión emocional con sus seres queridos.
- Sabrá cuánto hablarle a cualquier persona acerca de cualquier tema.
- Descubrirá más de usted mismo, para entonces, comprender mejor a los demás.

RECURSOS

- Cómo iniciar y mantener una conversación entretenida.
- Cómo interpretar y usar el lenguaje corporal y el verbal.
- Aprenderá técnicas de comunicación basadas en la poderosa ética del amor.
- Contiene ejercicios y preguntas de repaso para cada capítulo.

Lo que todo hombre quiere de una mujer, lo que toda mujer quiere de un hombre
John Hagee

Bienvenido al más excitante libro sobre el misterio del matrimonio que usted haya leído jamás: Lo que todo hombre quiere de una mujer, lo que toda mujer quiere de un hombre.

¿Por qué este libro sobre el matrimonio es diferente a otros libros que haya leído? La mayoría se escriben desde el punto de vista del autor. Son escritos sobre la base de sus experiencias, sus creencias, y de la ilimitada búsqueda que haya hecho sobre un tópico en particular.

Este libro no está escrito desde mi punto de vista, sino desde el suyo. He encuestado a miles de hombres y mujeres y les he pedido que escriban las diez cosas más importantes que desean en su compañero de matrimonio. Estoy escribiendo este libro desde el punto de vista de un hombre, el cual está representado por aquellos que he supervisado. Diana, mi esposa, escribirá a las mujeres desde el punto de vista femenino.

La familia
César Castellanos

Para Dios, el matrimonio es la extensión de su propia naturaleza (Génesis 1:27). La plenitud de alegría y paz y la grandeza de Dios fueron extendidas a la raza humana a través de la primera pareja que él creó. Si ellos hubiesen acatado los principios preestablecidos por Dios, no habrían tenido necesidad de pasar por tantas dificultades, tales como dolor, enfermedad, miseria, tristezas, desdichas, desengaños, etc. Aunque Dios había preparado cuidadosamente el lugar donde esta pareja moraría con el resto de su descendencia, y se había encargado de tener en cuenta hasta el más mínimo detalle para que ellos fuesen eternamente felices, hubo un solo aspecto donde Dios no quiso intervenir: la voluntad que Él le había entregado al ser humano. Esta vendría a ser la herencia que les confiaba, para que la administrasen como mejor les pareciera. Podemos decir que el principio fundamental de la felicidad conyugal quedó sujeto a la obediencia que la pareja le diera a la Palabra de Dios. Aunque la pareja no sea experta en los temas que tienen que ver con la relación conyugal, las finanzas dentro del matrimonio, la educación de los hijos, etc., con el simple hecho de obedecer lo que Dios dice, él los guiará a tener un mejor hogar, porque "el principio de la sabiduría es el temor a Dios" (Proverbios 1:7).

Los estudios y la familia

Gerardo Castillo

Gerardo Castillo Ceballos, doctor en Ciencias de la Educación es, actualmente, Subdirector del Instituto de Ciencias de la Educación de la Universidad de Navarra.

Ha publicado cinco libros relacionados con el aprendizaje y seis sobre la adolescencia y la edad juvenil. Dirige, cada año, Cursos de Formación de Orientadores Familiares en España y en diferentes países de Latinoamérica.

Ha sido ponente de Congresos nacionales e internacionales sobre Familia y Orientación familiar.

Los estudios y la familia; los estudios de los hijos son una gran oportunidad diaria para conseguir dos objetivos íntimamente relacionados; ayudar a los hijos a ser personas cultas; cultivarse los padres a sí mismos, como padres y como educadores con ocasión de la ayuda que los hijos esperan de ellos en la familia.

Para que los hijos lleguen a ser personas cultas y no simplemente instruidas, deben buscar el saber y aprender a pensar, en la escuela y en la familia. También necesitan ayuda para convertir el estudio en un trabajo bien hecho.

En este libro se explica cómo los padres pueden hacer de los estudios de sus hijos un factor de cultura familiar.

Enlaces de la Web

- **Comunicación en la familia**
  http://www.ecovisiones.cl/informacion/comunicacionfamiliar.htm
  La familia es la primera escuela donde aprendemos cómo comunicarnos. La forma como aprendemos a comunicarnos en nuestra familia de origen determinará cómo nos comunicamos con los demás. Así el niño comienza aprendiendo gestos y tonos de voz de sus padres y hermanos, comunicándose a través de ellos. Por ejemplo, cuando señala con el dedo y pide "ete" o "quielle" para pedir algo. En este caso, es la familia la que entiende e interpreta lo que quiere decir. Así las familias establecen formas de coordinarse que determinan y satisfacen las necesidades de todos sus miembros. La forma de comunicarse que tienen los miembros de la familia, determinará la forma en que los niños que en ella crecen aprendan una manera de emocionarse y de pensar. Esto significa que cada familia enseña a través de la forma que tiene de comunicarse, su estilo particular; los valores, forma de pensar y mirar el mundo.

- **Trucos para facilitar la comunicación**
  http://www.guiainfantil.com/educacion/familia/comfamilia.htm
  Si es importante el diálogo en las relaciones interpersonales, lo es aún más la comunicación en la familia. La comunicación está guiada por los sentimientos y por la información que transmitimos y comprendemos. La comunicación nos sirve para establecer contacto con las personas, para dar o recibir información, para expresar o comprender lo que pensamos, para transmitir nuestros sentimientos, comunicar algún pensamiento, idea, experiencia, o información con el otro, y unirnos o vincularnos por el afecto.

  Cuando existe la comunicación en una familia, seguramente se puede afirmar que existe un compañerismo, una complicidad, y un ambiente de unión y afecto en la casa. Habrá sobre todo un respeto mutuo y unos valores más asentados. Sin embargo, crear este clima de comunicación en la familia, no es así una tarea tan fácil. Hay que ayudar a los hijos con prácticas, es decir, que los padres introduzcan mecanismos que faciliten la comunicación.

- **La comunicación en la familia (estilos de comunicación y formas de relacionarse)**
  http://juanmago.com/2008/02/19/lca-comunicacion-en-la-familia-estilos-de-comunicacion-y-formas-de-relacionarse/

Los padres pueden manifestar diferentes estilos en la forma de comunicarse con sus hijos: En el estilo pasivo, sumiso o inhibido, los padres se muestran incapaces de hacer valer sus deseos y sus opiniones frente al hijo. Muestran una actitud claramente defensiva y de autoconcentración. Se sienten inseguros en su papel y deciden callarse, aguantar, adaptarse y ceder a la más mínima presión por parte del hijo. En ocasiones piensan que si anteponen sus criterios a los del hijo pueden traumatizarle o llegar a ser rechazados por este. Se guardan sus opiniones o, como mucho, llegan a expresarlas con timidez, con excesiva laxitud, sin decisión ni convicción, con un tono de voz generalmente bajo. A la hora de educar y de abordar las naturales diferencias de opinión en el seno de la familia, esta forma de comunicarse genera frustración, ansiedad, baja autoestima, así como sentimientos de culpa y autodesprecio en el padre. Este vive un conflicto personal interior y se siente incapaz de controlar o dirigir la situación con arreglo a sus deseos. Normalmente tiende al retraimiento, a protegerse, a evitar las discusiones, y acaba sometido al hijo, acatando los dictados de este, que termina por hacer su voluntad y salirse con la suya. En algún caso puntual su inhibición se puede transformar en cólera, explotando cuando alguna pequeña gota termina de colmar el vaso, con el consiguiente sentimiento de culpabilidad. Los hijos se pueden sentir superiores ante el comportamiento de sus padres, pero también culpables. Desearían ver una mayor autoconfianza en sus padres.

▶ **Los medios de comunicación y la familia, ¿Un matrimonio de conveniencia?**
http://edutec.rediris.es/Revelec2/revelec21/vmarin.htm
La innata curiosidad del hombre ha propiciado el desarrollo de la humanidad, principalmente, a nivel tecnológico. Las continuas revoluciones por las que hemos pasado han puesto de manifiesto la necesidad que tiene y siente el ser humano por avanzar en su aprendizaje y en la ampliación de sus conocimientos.

La sociedad de hoy se caracteriza por ser heredera de tradiciones, modificar sus valores y sistemas económicos, políticos, educativos y de comunicación. Este último, a medida que va corriendo el tiempo, va cobrando una mayor relevancia, llegando incluso a determinar a los demás sistemas.

Los medios de comunicación tradicionales, lejos de ser abandonados a su suerte, se han subido al carro del avance y la revolución, actualizando sus posibilidades y capacidades de desarrollo. Todo ello está provocando un aumento en la capacidad comunicativa del hombre (Marín y García, 2003), así como de su universo de conocimiento, relaciones sociales, profesionales y personales, como en todas las áreas en las que el hombre necesita intervenir.

El rápido avance de los sistemas de comunicación y de información, si bien puede provocar que el sujeto se sienta desbordado ante ellos (Rodríguez Gallego, 2003) por su implicación en la vida del individuo, crean un entorno en el cual hablar de espacio o de tiempo carece de sentido. Nos permiten desarrollar nuevos soportes y formatos para transmitir y crear ideas y pensamientos orientados, en la mayoría de los casos, a la entrada en contacto con otros individuos. Igualmente, nos van a permitir enviar mensajes de forma unilateral sin realizar ninguna discriminación entre los receptores de los mensajes.

En estos momentos, tanto la información como la comunicación se han convertido en un bien imprescindible para todos, pues nos van a permitir construir el conocimiento y desarrollar experiencias de enseñanza-aprendizaje que mejoren nuestra comprensión del entorno, la ubicación de los sistemas y la concepción que de ellos hemos creado. En definitiva, la sociedad moderna del siglo XXI, tal y como afirman Prado (2001) y García García (2003), tiene como principal seña de identidad los medios de comunicación.

- **Comunicación en la familia**
  http://www.acapomil.cl/Psicologia/amor,%20matrimonio%20y%20familia/COMUNICACION%20EN%20LA%20FAMILIA.ppt
  A veces nos quejamos de que las familias no se hablan. No es que no se hablen el papá y la mamá, con los hijos, o los hermanos entre sí.

  Lo que pasa es que parece que no hay tiempo para sentarse y discutir, con calma, sobre los temas que interesan a todos. Hablar de lo que importa, expresar nuestra intimidad.

  Nos juntamos en un mismo espacio físico y pareciera que cada uno sigue estando en otra parte. O hablamos de cosas superficiales, casi anecdóticas.

  Sentimos que hablamos por eliminar el silencio.

- **Ideas para mejorar la comunicación en la familia**
  http://www.innatia.com/s/c-autoayuda-para/a-comunicacion-familiar.html
  Las relaciones familiares han cambiado mucho en estos últimos tiempos. La poca disponibilidad horaria o las ocupaciones que cada uno tiene terminan haciendo de la relación familiar algo fría y distante, ocasionando problemas y no estando delimitados los límites que tiene cada uno. Y esto, muchas veces, se debe a que se desatienden cuestiones básicas.

- **La comunicación en la familia**
  http://www.articulosinformativos.com/La_Comunicacion_En_La_Familia-a1052684.html
  Si es importante el diálogo en las relaciones interpersonales, lo es aún más la comunicación en la familia. La comunicación está guiada por los sentimientos

y por la información que transmitimos y comprendemos. La comunicación nos sirve para establecer contacto con las personas, para dar o recibir información, para expresar o comprender lo que pensamos, para transmitir nuestros sentimientos, tener algún pensamiento, idea, experiencia, o información con el otro, y unirnos o vincularnos por el afecto. Cuando existe la comunicación en una familia, seguramente se puede afirmar que existe un compañerismo, una complicidad, y un ambiente de unión y afecto en la casa. Habrá sobre todo un respeto mutuo y unos valores más asentados. Sin embargo, crear este clima de comunicación en la familia, no es así una tarea tan fácil. Hay que ayudar a los hijos con prácticas, es decir, que los padres introduzcan mecanismos que faciliten la comunicación.

▶ **La importancia de la comunicación en la familia**
http://magazin.netmoms.es/pareja-y-familia/vida-familiar/la-importancia-de-la-comunicacion-en-la-familia-5715/la-importancia-de-la-comunicacion-en-la-familia-1/
El lenguaje es el medio más importante que utiliza el bebé cuando quiere relacionarse con su alrededor. Ya hacia los nueve meses, el niño sabe si sus padres están enfadados, contentos o si le muestran afecto o no. El aprendizaje del lenguaje es muy importante para la posterior comunicación en la familia. Los gestos, las miradas, la expresión de la cara, son elementos que pueden ayudar a manifestar las actitudes, los sentimientos, las motivaciones que favorecen un clima familiar acogedor.

▶ **La comunicación en la familia**
http://sepiensa.org.mx/sepiensa2009/padres/relaciones_familiares/responsabilidad_compartida/f_comunikfam/comunikfam_1.htm
Actualmente se habla mucho de comunicación, no sólo al mencionar los medios y nuevas tecnologías, sino por la importancia que tiene en el desarrollo armónico de la familia.

Ha aumentado el interés por practicar una comunicación más eficiente entre las personas. No es que antes no fuera necesaria, siempre han existido familias con buenas o malas relaciones, pero ahora las personas están más conscientes de la conveniencia de establecer patrones comunicativos más abiertos, completos y, sobre todo, satisfactorios.

▶ **Reflexiones sobre la comunicación en la familia**
http://www.infored.com.mx/articulos/reflexiones-sobre-la-comunicacion-en-la-familia-.html
En los últimos años se ha registrado un importante incremento de los divorcios que se presentan en nuestro país, dicha situación puede estar relacionada con un importante deterioro de los patrones de comunicación al interior de la pareja y la familia.

@ ENLACES DE LA WEB

Existen varios elementos que pueden afectar la comunicación al interior de la familia; uno es el cambio de roles domésticos y sociales que se ha presentado a partir de que la mujer se inserta al campo laboral, mientras que el otro lo constituyen los impresionantes avances tecnológicos que se han observado desde la década de los 70 del siglo pasado; así como la importante crisis en los sistemas de valores y normas socio-familiares derivada de las situaciones anteriores y la primacía del contexto posmodernista de los tiempos actuales.

La transformación en los roles familiares, ha ocasionado que el hombre deje de ser solo el proveedor y quien sustentaba el poder en el hogar, para pasar a ser un co-sostenedor al que por su pobre o casi nulo entrenamiento en cuestiones domésticas se le despoja de toda autoridad, para pasar a ser un colaborador dirigido por el ama de la casa.

- **Mejorando la Comunicación en la Familia**
  http://www.renuevodeplenitud.com/mejorando-la-comunicacion-en-la-familia.html
  La comunicación jugará un papel vital en todos los campos en los que nos desarrollemos.

  Los seres humanos necesitamos desarrollar la capacidad de comunicarnos pues de esta depende nuestra adaptación a los distintos espacios en los que debemos desenvolvernos. Nos es necesario expresar nuestros estados de ánimo, aprender a comunicar lo que necesitamos.

  Las bases para una comunicación efectiva y sana dentro del vínculo familiar se deben cimentar. Muchas veces encontramos en las familias temas que están vedados, mitos, rituales, secretos familiares....

- **La comunicación en la familia**
  http://www.badajoz.org/ampaluismorales/pdf/escuela_padres/trucoseducafamilia.pdf
  Si es importante el diálogo en las relaciones interpersonales, lo es aún más la comunicación en la familia. La comunicación está guiada por los sentimientos y por la información que transmitimos y comprendemos. La comunicación nos sirve para establecer contacto con las personas, para dar o recibir información, para expresar o comprender lo que pensamos, para transmitir nuestros sentimientos, comunicar algún pensamiento, idea, experiencia, o información con el otro, y vincularnos por el afecto. Cuando existe la comunicación en una familia, seguramente se puede afirmar que existe un compañerismo, una complicidad, y un ambiente de unión y afecto en la casa. Habrá sobre todo un respeto mutuo y unos valores más asentados. Sin embargo, crear este clima de comunicación en la familia, no es así una tarea tan fácil. Hay que ayudar a

los hijos con prácticas, es decir, que los padres introduzcan mecanismos que faciliten la comunicación.

▶ **¿Por qué es importante comunicarse bien dentro de la familia?**
http://www.asistenciaempresarial.com/pdfs/Comunicacion_en_la_familia.pdf
En la mayoría de los conflictos, el problema principal es que las buenas intenciones no logran ser comunicadas de una forma en que puedan ser captadas por el otro.

Cuando trates de comunicarte con alguien ten en cuenta que la posición más cómoda es estar los dos sentados.

Cuida las palabras "siempre" y "nunca", constituyen una exageración de la realidad y provocan resentimiento.

Recuerda que cuando dos personas se encuentran, una comunicación deficiente puede crear dudas sobre lo que vale cada quien para el otro y por lo tanto puede generar desconfianza. Por el contrario, una comunicación adecuada puede profundizar y fortalecer el valor mutuo y aumentar la confianza y la cercanía entre ellas.

▶ **La comunicación en la familia**
http://www.clubparenting.com/la-comunicacion-en-la-familia.html
En muchas ocasiones nos quejamos de que las familias no se hablan, que la comunicación entre padres e hijos no es posible en la actualidad, y buscamos cientos de excusas.

Pero la realidad es que cada vez dedicamos menos tiempo para sentarnos juntos y discutir acerca de aquello que nos rodea pero, sobre todo, de aquellos temas que preocupan a cada uno de los miembros de la familia. Y es que la comunicación, el diálogo, no es sencillamente sentarnos los unos con los otros y hablar, sino asumir la actitud de escuchar y tener la predisposición de entender.

Es importante tener en cuenta que para el correcto desarrollo personal de nuestros hijos es necesario que vivan, desde la primera infancia, una buena comunicación con sus padres. Si eso se consigue, la relación de confianza mutua será mucho más satisfactoria tanto para los padres como para los niños.

APLICACIÓN DE LAS CREENCIAS FUNDAMENTALES

7

La naturaleza del hombre

Aunque fueron creados como seres libres, cada uno es una unidad indivisible de cuerpo, mente y espíritu que depende de Dios para la vida, el aliento y todo lo demás.

22

El matrimonio y la familia

El amor mutuo, el honor, el respeto y la responsabilidad, son la trama y la urdimbre de esta relación, que debiera reflejar el amor, la santidad, la intimidad y la perdurabilidad de la relación que existe entre Cristo y su iglesia.

Capítulo seis
El poder transformador de la oración

Acertadamente se ha mencionado que "la familia que ora junta, permanece junta". Los novios cristianos saben de la importancia tan grande que tiene la oración para ser guiados a un matrimonio feliz. Y de la misma manera, los que oran como pareja tendrán la ayuda y bendición de Dios para tener una relación completamente dichosa.

Pero es aquí donde muchos matrimonios fallan, dejan de orar y de pedir la ayuda y dirección de Dios en su vida. Las parejas que pasan por serios problemas por lo general no oran juntas, lo más importante que deben hacer para ayudar a su matrimonio, no lo hacen. Ese ingrediente tan indispensable en la vida del cristiano está ausente, lo cual produce no solo un resfriado espiritual, sino un decaimiento en las relaciones maritales.

Y los padres que desean que Dios bendiga a sus hijos, harán también uso constante de la oración para que Dios ayude y proteja a sus hijos. No se puede enfatizar demasiado el lugar supremo que ocupa la oración para lograr la prosperidad familiar. De allí la importancia de tener cultos familiares todos los días.

El *Shema* hace referencia a la inmensa importancia que tiene el pasar tiempo como familia, el mostrarse amor y cariño, el comunicarse constantemente, y el estar en completa cercanía con Dios mediante la oración. Jesús claramente indicó que este era el gran mandamiento. Y sin duda alguna, como buen judío, Jesús repitió cada día y varias veces al día las hermosas palabras:

שַׁפַּצ יִשְׂדאֵל יְיָ אֱלֹתֵיגוּ יְיָ אֶתָד

Sh'ma Yis'ra'eil Adonai Eloheinu Adonai echad.

Escucha, Israel, el Señor es nuestro Dios, el Señor es Uno.

Jesús fue un hombre de mucha oración y enseñó lo siguiente acerca de la oración:

> Y cuando ores, no seas como los hipócritas;
> porque ellos aman el orar en pie en las sinagogas
> y en las esquinas de las calles,
> para ser vistos de los hombres;
> de cierto os digo que ya tienen su recompensa.
>
> Mas tú, cuando ores, entra en tu aposento,
> y cerrada la puerta, ora a tu Padre que está en secreto;
> y tu Padre que ve en lo secreto te recompensará en público.
>
> Y orando, no uséis vanas repeticiones, como los gentiles, que piensan que por su palabrería serán oídos.
> No os hagáis, pues, semejantes a ellos;
> porque vuestro Padre sabe de qué cosas tenéis necesidad,
> antes que vosotros le pidáis.
>
> Vosotros, pues, oraréis así:
> Padre nuestro que estás en los cielos,
> Santificado sea tu nombre.
> Venga tu reino.
> Hágase tu voluntad, como en el cielo, así también en la tierra.
> El pan nuestro de cada día, dánoslo hoy.
> Y perdónanos nuestras deudas, como también nosotros perdonamos a nuestros deudores.
> Y no nos metas en tentación,
> mas líbranos del mal;
> porque tuyo es el reino, y el poder, y la gloria,
> por todos los siglos. Amén. (Mateo 6: 5-13).

PENSAMIENTOS INSPIRADOS

- Los padres y las madres deberían elevar sus corazones a menudo hacia Dios para suplicar humildemente por ellos mismos y por sus hijos. Que el padre, como sacerdote de la familia, ponga sobre el altar de Dios el sacrificio de la mañana y de la noche, mientras la esposa y los niños se le unen en oración y alabanza. Jesús se complace en morar en un hogar tal.
  E. G. White, *Patriarcas y Profetas*, pág. 140

- Por la mañana, los primeros pensamientos del cristiano deben fijarse en Dios. Los trabajos mundanales y el interés propio deben ser secundarios. Debe enseñarse a los niños a respetar y reverenciar la hora de oración. . . Es el deber de los padres creyentes levantar así, mañana y tarde, por ferviente oración y fe perseverante, una valla en derredor de sus hijos. Deben instruirlos con paciencia; enseñándoles bondadosa e incansablemente a vivir de tal manera que agraden a Dios.
  E. G. White, *Joyas de los Testimonios*, tomo 1, págs. 147, 148

- Tengan siempre en cuenta los miembros de cada familia que están íntimamente unidos con el cielo. El Señor tiene un interés especial en la familia de sus hijos terrenales. Los ángeles ofrecen el humo del fragante incienso de las oraciones de los santos. Por lo tanto, en cada familia ascienda hacia el cielo la oración matinal y en la hora fresca de la puesta del sol, preséntense delante de Dios los méritos del Salvador en favor nuestro. Mañana y noche, el universo celestial toma nota de cada familia que ora.
  E. G. White, *Conducción del niño*, pág. 491

Jesús nos lleva del *Shema* al *Padre Nuestro*. El Señor nuestro Dios, *Adonai Eloheinu,* ahora es presentado por Jesús como *Nuestro Padre*. Más aún, es presentado como ABBA, padre (Gálatas 4:6). De la misma forma que un niño se acerca a su papá y le dice “papi”. Por eso se nos invita: “Acerquémonos, pues, confiadamente al trono de la gracia” (Hebreos 4:16), el rey que está en el trono es nuestro Padre que está en los cielos y cuyo nombre es santo.

Jesús nos presenta las seis peticiones que debemos incluir en toda oración. Si notamos detenidamente, esas peticiones cubren todo lo que necesitamos en esta vida en forma diaria:

- Venga tu reino
- Hágase tu voluntad
- El pan nuestro de cada día, dánoslo hoy
- Perdónanos, como nosotros perdonamos
- No nos dejes caer en tentación
- Líbranos del mal

¿Qué más podemos pedir? Esta oración suplica por la venida del reino (Jesús) a nuestras vidas, que se haga no nuestra voluntad, sino la voluntad de Dios. Pide por el pan diario, no sólo el pan físico, sino el emocional, el intelectual, y sobre todo el espiritual. Se clama por perdón, dando por sentado que nosotros hemos también perdonado. Se ruega por ayuda para no caer en tentación y ser librados de todo mal.

La vida espiritual de la familia es un factor de gran importancia para su estabilidad en general.

Una oración así, que se repite frecuentemente (1 Tesalonicenses 5:17) y en todo lugar (1 Timoteo 2:8), será de gran bendición para cada uno de los miembros de la familia.

Las investigadoras Gina Brelsford y Annette Mahoney,[1] en su reciente estudio con 300 estudiantes universitarios, de 18 a 20 años de edad, examinaron los efectos de la revelación de asuntos espirituales con sus madres, lo cual incluía creencias y prácticas religiosas y espirituales personales. Los resultados reportaron que cuando hay revelación de asuntos espirituales entre los hijos y sus madres:

- Hay una relación más satisfactoria
- Se usan estrategias para solucionar conflictos
- Se usa menos comunicación disfuncional
- Menos agresión verbal
- Se aumenta la revelación en asuntos generales

Y una de las mejores formas para promover la revelación de asuntos espirituales en toda la familia es mediante los cultos familiares.

El culto familiar

Con mucha razón se ha dicho que "la familia que ora unida, permanece unida". La vida espiritual de la familia es un factor de gran importancia para su estabilidad en general. El propósito del presente capítulo es destacar la importancia de la espiritualidad en el hogar así como el presentar ideas que puedan ayudar a tener cultos familiares significativos.

En un estudio reciente[2] con hogares cristianos se encontró que el 25 por ciento tienen culto todos los días; el 22 por ciento reportaron tener culto familiar una vez por semana; el 26 por ciento dijeron que tienen culto familiar

[1]Gina Brelsford y Annette Mahoney, *Journal of Family Psychology*, febrero 2008, págs. 62-70.
[2]Jerry W. Lee, Gail T. Rice y V. Bailey Gillespie, *Journal for the Scientific Study of Religion*, 36 (3), págs. 372-381.

de una a tres veces por mes; y el 28 por ciento indicaron que no tenían cultos familiares nunca. De lo anterior podemos notar que más de la mitad no tienen cultos familiares regularmente o los tienen con tan poca frecuencia que no es de valor significativo.

Razones por las que no se tienen cultos familiares

Hay varias razones que se dan para explicar por qué no se tiene o no se puede tener el culto familiar. Entre las que se mencionan con más frecuencia están las siguientes: Un horario muy ocupado, no hay tiempo; no saber cómo conducir el culto familiar, y, los cultos familiares son muy aburridos, que mejor dejan de hacerlos. Veamos más de cerca estas razones y algunas sugerencias para poder sobrepasarlas.

No hay tiempo

La razón, o mejor dicho, la excusa que generalmente se da por la que no se tiene culto familiar es la falta de tiempo. No se tiene tiempo para sentarse como familia y tener el culto. Los horarios están demasiado ocupados y no hay ni el tiempo más mínimo para tener el culto familiar.

> **Cinco minutos de culto familiar pueden transformar tu familia de una manera increíble.**

Esta excusa presupone dos cosas: que los cultos familiares deben ser largos y que otras cosas son de mayor importancia que el culto de la familia. ¿Puede haber, realmente, algo más importante que el culto familiar? Como ya hemos dicho anteriormente, la familia debe venir primero, y el culto familiar debe tener un lugar prioritario en todo hogar, por lo tanto, el culto familiar debe ocupar uno de los primeros lugares en la lista de actividades que se realicen en todo hogar. Por otro lado, los cultos familiares no deben ser largos. No deben ocupar 30 ó 45 minutos, no, un culto familiar de 5 ó 10 minutos puede ser muy productivo, si se le planea bien.

Lo curioso del asunto es que en muchos hogares no se tiene tiempo para el culto familiar, pero sí se tiene tiempo, y a veces mucho tiempo, para mirar televisión o para realizar otras actividades.

No saben qué hacer

Algunos padres dicen que la razón principal por la que no tienen culto familiar en sus hogares se debe principalmente a que no saben qué hacer, es decir, no saben cómo tener un culto en el hogar. Esto se aplica principalmente a aquellos que son nuevos en la fe cristiana, los que no tuvieron un modelo a seguir en sus familias de origen. Esto se complica con el hecho de que a los nuevos conversos no se les enseña cómo llevar a cabo cultos personales o familiares.

Más adelante presentaremos algunas ideas prácticas que pueden ser de

RECURSOS PARA FORMACIÓN ESPIRITUAL

- Los conflictos horizontales sin resolver traen como resultado conflictos verticales sin resolver. Siempre que las cosas no marchen bien entre nosotros y nuestras familias, las cosas no van a marchar bien entre nosotros y Dios. Si Dios contestase nuestras oraciones mientras no estamos en comunión con los demás, lo haría en un sentido que consentiría nuestra desobediencia. Pero Dios nunca consentirá ni pasará por alto el pecado; él odia el pecado. Nuestra desobediencia se opone directamente a lo que él desea, a fin de cuentas, lograr en nuestras vidas. Por lo tanto tiene que lidiar con eso. ¿Qué es lo que hace Dios? Cierra las puertas del cielo y las pone bajo llave hasta que resolvemos nuestras relaciones familiares.
  Charles Stanley, *Handle With Prayer,* pág. 67

- Es difícil encontrar hogares cristianos, incluso en estos días cuando hay tantos miembros de iglesia. ¿Por qué? Porque la gente trata de resolver sus problemas por ellos mismos en lugar de tomar tiempo para orar. Es fácil encontrar casas donde viven familias que supuestamente son cristianas pero es difícil encontrar hogares cristianos donde se lee la Biblia y se reúnen para orar. La oración ferviente transformará tu hogar. Cuando tu hogar es asaltado por los asuntos del mundo solamente una cosa —el poder de Dios— puede resolver los problemas de tu hogar. La oración se encargará de ellos, así que reserva tiempo para orar.
  Lee Roberson, *Touching Heaven,* págs. 59, 60

- Algunas familias han sido ayudadas y fortalecidas por la experiencia del "altar familiar" —ocasiones para reunirse a leer la Biblia y orar. Otras han encontrado tal práctica extremadamente difícil, si no imposible, de mantener y experimentan una cantidad considerable de culpa por esa omisión. La culpa es innecesaria, porque este tipo de cosas, mayormente, representan un patrón cultural más que una falta de piedad en la familia. Cuando las comunidades agrícolas y las familias grandes eran predominantes y reunirse para comer y tener actividades durante la noche era algo común, este tipo de altar familiar era algo perfectamente sensato. Para la mayoría de nosotros, sin embargo, esos días hace tiempo que desaparecieron. Vivimos en ambientes urbanos y pertenecemos a familias pequeñas. Comemos en restaurantes de comida rápida la mayoría del tiempo y tenemos que lidiar con lecciones de ballet, prácticas de béisbol y reuniones en la escuela de padres de familia en la misma noche.
  Richard J. Foster, *Prayer: Finding a Heart's True Home,* pág. 176

gran ayuda en este respecto.

Los cultos son muy aburridos

Muchos dicen que la razón por la que no tienen cultos en sus hogares se debe a que cuando los tienen, estos se vuelven muy aburridos. De esto se quejan principalmente los adolescentes, ya que a ellos no les atrae en lo más mínimo un culto mecánico y ritualista. Y tienen mucha razón, ya que los cultos familiares deben ser momentos muy felices y alegres.

Todo lo anterior presenta un serio desafío a los hogares que desean fortale-cer su familia mediante el culto familiar. Veamos a continuación algunas ideas que pueden ayudar a derribar las barreras antes mencionadas.

El amor no me permite decir "te lo dije" cada vez que algo te va mal, y me llena de alegría cada vez que tienes éxito.

Componentes claves de un culto familiar efectivo

Uno de los grandes problemas que enfrentan los padres de familia es acerca de cómo conducir el culto familiar, ¿qué se puede hacer, qué elementos deben estar presentes en un buen culto familiar? Los siguientes importantes componentes de un culto familiar significativo dan respuesta a estas preguntas:

> Para despertar y fortalecer el amor hacia el estudio de la Biblia, mucho depende del uso que se haga de la hora del culto. Las horas del culto matutino y vespertino deberían ser las más dulces y útiles del día. Entiéndase que no deben interponerse a esa hora pensamientos inquietos y faltos de bondad; reúnanse los padres y los niños para encontrarse con Jesús, y para invitar a los santos ángeles a estar presentes en el hogar. Los cultos deberían ser breves, y llenos de vida, adaptados a la ocasión y variados. Todos deberían tener parte en la lectura de la Biblia, aprender y repetir a menudo la ley de Dios. Los niños tendrán más interés si a veces se les permite que escojan la lectura. Hacedles preguntas acerca de lo leído y permitidles que también las hagan ellos. Mencionad cualquier cosa que sirva para ilustrar su significado. Si el culto no es demasiado largo permitid que los pequeñuelos oren y se unan al canto, aunque se trate de una sola estrofa.
>
> A fin de dar al culto el carácter que debe tener, es necesaria alguna

preparación. Los padres deberían consagrar diariamente algún tiempo al estudio de la Biblia con sus hijos. Sin duda, se requerirá esfuerzo, reflexión y algún sacrificio para llevar esto a cabo, pero el esfuerzo será ricamente recompensado.[3]

Una lectura detenida del pensamiento anterior realza los siguientes aspectos importantes acerca de los cultos familiares:

- Debieran ser las horas más dulces y útiles.
- No interponer pensamientos inquietos y faltos de bondad.
- Reunirse los padres y los niños para encontrarse con Jesús y con los ángeles.
- Los cultos deben ser breves.
- Llenos de vida.
- Adaptados a la ocasión y variados.
- Todos deben tener parte en la lectura de la Biblia.
- Aprender y repetir a menudo la ley de Dios.
- Permitir que los niños seleccionen la lectura, hacerles preguntas y que ellos también pregunten.
- Usar ilustraciones.
- Que los niños también oren.
- La preparación es necesaria.

Ideas para un culto familiar interesante

¿Qué se puede hacer para que el culto familiar sea interesante, especialmente para los niños y los jóvenes? John y Millie Youngberg presentan las siguientes ideas para tener cultos familiares interesantes:[4]

- Lea una historia continuada que sea interesante y apropiada para todas las edades.
- Tenga un concilio familiar una vez por semana para discutir proyectos, metas, y rutinas (después de un culto breve).
- Hable de la educación sexual en el culto como parte del hermoso plan de Dios para la humanidad.
- Escriba notas de aprecio a los miembros de la familia una vez por mes.
- Haga el culto con algún amigo inválido de la familia.

---

[3]E. G. White, *La educación,* pág. 181.

[4]John Youngberg y Millie Youngberg, *Corazones en Sintonía con Dios: Guía para Mejorar el Culto Familiar.*

VOCES ADVENTISTAS PRESENTES Y PASADAS

- Haz de tu oración una oración de familia. Da a cada uno la oportunidad de orar. Trata de hacer oraciones con frases. Cada persona en la familia podría orar por la persona a su derecha. Se podrían hacer peticiones de oración. Quizás podrías preguntar a cada persona qué quisiera obtener, específicamente, durante las horas del sábado. Después cada uno ora por el otro. Al pedir a los miembros de la familia que hagan sugerencias de temas por qué orar, cada persona es recordada en la oración incluso si una sola persona ora. Ten presente que mientras más pequeños sean los niños, más corta debe de ser la oración. Haz de esto una ocasión agradable, no una prueba de resistencia.
  Kay Kuzma, *Adventist Review*, 4 de septiembre de 1980, pág. 18

- Las oraciones que se elevan en nuestros hogares del altar de oración de la familia nos ayudan a poner sobre él todas nuestras preocupaciones y a creer que él nos cuida. Esas oraciones unen los corazones de los miembros de la familia en amor; aumentan un celo por hacer cosas mayores para Dios; nos inspiran a ayudar a quienes están necesitados de ayuda espiritual. Nuestro altar de oración es una buena cura para la crítica, los reproches y las murmuraciones. "La familia que ora junta permanece junta", es un dicho muy cierto.
  W. B. Ochs, *Review and Herald*, 27 de junio de 1974, pág. 10

- Queremos apelar sinceramente, especialmente a los hogares establecidos recientemente, al esposo y a la esposa, a que prometan que "en las buenas y en las malas" encuentren tiempo para Cristo —tiempo completo, reverente y con agradecimiento, incluso cuando las preocupaciones del hogar o los problemas del trabajo parezcan abarrotar el calendario diario más allá de su capacidad— y asegurarse de tener las bendiciones eternas y la compañía de quien debe de estar en primer lugar en cada matrimonio feliz.
  Louis B. Reynolds, *Adventist Review*, 5 de octubre de 1959, pág. 10

- ❖ Prepare una "lista de gratitud" a la que contribuya cada miembro de la familia.
- ❖ Practique la presencia de Cristo en el culto.
- ❖ Pida perdón por los errores específicos del día.
- ❖ Tenga algún servicio de culto en la naturaleza, junto a un arroyo, al océano, en las dunas, o en los bosques.
- ❖ Utilice objetos de la naturaleza para extraer lecciones objetivas espirituales. Juegue a algún juego bíblico.
- ❖ Realice el culto en los dormitorios de los diferentes miembros de la familia.
- ❖ Practique un ayuno ligero cuando deban tomar decisiones familiares

cruciales.

- Para los cultos especiales de cumpleaños, cuente la historia de las circunstancias del nacimiento y conversen sobre las metas personales.
- Dediquen a Dios a los nuevos bebés durante el culto.
- Experimente un culto a la luz de las velas o de la chimenea los viernes por la noche.
- Coloque un plato extra en la mesa de Navidad e invite al Huésped celestial a adorar con la familia. Quizás pueda invitar a una persona de edad, sin hogar, o enferma, para que se siente en ese lugar, representando a Jesús.
- Cante con algún casete o pistas de acompañamientos en el culto.
- Haga pruebas escritas sobre doctrinas bíblicas.
- Utilice videos, la computadora, luz negra, o cualquier otra ayuda audiovisual que se pueda conseguir.
- Pida a todos los miembros de la familia que escriban sus opiniones y sentimientos en relación con algún asunto espiritual.
- Celebre alguna ocasión especial, tal como el aniversario del bautismo (segundo nacimiento) de alguno de los miembros de la familia, un cumpleaños, la culminación de la escuela primaria o secundaria.
- Lea libros acerca del matrimonio.
- Comience el culto pidiendo a cada uno que cuente las cosas buenas que le acontecieron durante el día.
- Escriba una carta a Dios como si fuera a un amigo.
- Establezca una hora específica para el culto y trate de mantenerla.
- Invite a sus vecinos a que compartan el culto con su familia un día determinado.
- Indique que ha llegado la hora del culto tocando el piano, o escuchando un determinado casete o disco, o haciendo sonar una campana suave.
- Celebre una fiesta ágape sólo para la familia, para agradecerle a Dios por sus bendiciones. Coloque velas blancas y un menú del Edén consistente sólo de frutas frescas, nueces y pan. Evite la conversación general. Conversen sobre la bondad de Dios, compartan textos bíblicos, y den testimonios de fe y de esperanza.
- Haga temprano el culto con los niños muy pequeños, tan pronto como los tenga vestidos para la cama.
- Tenga un libro especial de historias para los pequeñitos de modo que también tengan su parte en la hora del culto.

- Adapte los temas al lenguaje de los niños.
- Estudie alguna lección de la Biblia silenciosamente y luego compartan entre todos las partes significativas. Tenga la lección de los niños de cuna separada de la de los niños mayores.
- Recuerden los episodios importantes de la historia familiar y de cómo guió Dios la conversión y las decisiones importantes de sus mayores.
- Lean la devoción matutina.
- Realice un culto de necesidades. Cada participante escribe dos o tres de las necesidades que tiene en una tarjeta y luego las lee. Entonces pida que cada uno contribuya con una promesa que podría ayudar a satisfacer la necesidad de alguno. Luego arrodíllense para orar. La persona A ora por las necesidades de B, B ora por las de C, y C ora por las necesidades de A.
- Tenga un rincón de la casa dedicado al culto para los niños de cuna, en el que haya figuras de Jesús, libros religiosos para colorear, y objetos de la naturaleza para enseñar lecciones. Los niños pueden repasar la historia del día usando las figuras durante el resto del día. En el culto vespertino ellos les cuentan la historia a la mamá y al papá.
- En tarjetas separadas escriba los nombres de personas por las cuales orar. Saque una tarjeta en cada comida y oren por esa persona.
- Invite a los nuevos miembros de la iglesia a tener culto con su familia.
- Deje un pensamiento devocional o de las Escrituras en la mesa del desayuno para los que se levantan más tarde.
- Comience el culto a la hora de la puesta del sol, encendiendo una vela para que los niños sepan cuándo comienza el culto familiar.

Deje un pensamiento devocional o de las Escrituras en la mesa del desayuno para los que se levantan más tarde.

La siguiente oración fue compuesta por un autor desconocido que reconocía la gran importancia de la vida espiritual en el hogar.

Bendice este hogar, Señor, te rogamos.
Venga tu gracia a los que en él moramos,
Bendice, Señor, sus fuertes paredes;
Sean fortaleza contra menesteres.

Bendice, Señor, su techo elevado;
Amparo sea de lo inesperado.
Y bendice sus puertas; que día tras día
Siempre se abran a la alegría.
Bendice sus amplias ventanas, Señor;
Que entre por ellas la luz de tu amor,
Bendice las brasas del humilde fogón
Y el humo que sube cual nuestra oración.
Bendice a tus hijos que viven aquí;
Que nunca en la vida se aparten de ti.
A todos bendice en tu inmensa bondad,
Para vivir ungidos de tu santidad.

El poder transformador de la oración

Preguntas para discutir en grupos

1. ¿Qué enseñó Jesús acerca de la oración?

2. ¿Qué ejemplo nos dio Jesús acerca de la oración?

3. ¿Qué papel desempeña la oración en todas las relaciones familiares?

4. Lea todo el grupo el Padre Nuestro.

5. Estudien detenidamente cada una de las palabras del Padre Nuestro notando especialmente cómo se aplican a nuestros días y a nuestra situación.

6. Contesta F si crees que la declaración es falsa y V si consideras que es verdadera:

   F V La oración es buena, pero la vida diaria requiere de otras cosas

   F V El repetir diariamente el Padre Nuestro nos acerca más a Cristo

   F V Aquellas familias que no tienen culto familiar están quebrantando la ley de Dios

   F V Si estoy demasiado ocupado para orar con mi familia, Dios me comprende y su gracia cubre mi falta (si acaso fuese falta)

   F V Para el culto familiar podemos ver una película religiosa como *Los Diez Mandamientos*

   F V Si oramos cuando comemos juntos, nuestra familia tendrá una mayor unidad

   F V No es fácil obtener ideas para tener un culto familiar interesante

   F V El sábado provee a mi familia toda la orientación religiosa que necesita, incluyendo estudio de la Biblia y la oración

Preguntas de discipulado familiar

1. ¿Cómo debe ser la vida de oración del discípulo de Jesús?

2. ¿Qué hay acerca de la meditación? ¿Qué es meditar? ¿Cómo podemos meditar?

3. Como adventistas no creemos en la confesión pero, ¿no incluye la oración un proceso de confesión ante Dios?

4. ¿Deberíamos de practicar escribiendo nuestras oraciones, o deberían de ser siempre algo espontáneo? ¿Podría ser esto una actividad familiar? ¿Por qué sí y por qué no?

5. ¿Qué tal sería un retiro espiritual personal y escribir lo que se ha experimentado con Dios en ese retiro?

El poder transformador de la oración

La importancia de la oración

▶ **¿Cuál debe ser el ejercicio espiritual por excelencia de todo cristiano?**

Orad sin cesar. **1 Tes. 5:17**

▶ **¿Qué principios esenciales enseñó Jesús acerca de cómo orar? (Mateo 6: 5-8)**

5 Y cuando ores, no seas como los hipócritas; porque ellos aman el orar en pie en las sinagogas y en las esquinas de las calles, para ser vistos de los hombres; de cierto os digo que ya tienen su recompensa. 6 Mas tú, cuando ores, entra en tu aposento, y cerrada la puerta, ora a tu Padre que está en secreto; y tu Padre que ve en lo secreto te recompensará en público. 7 Y orando, no uséis vanas repeticiones, como los gentiles, que piensan que por su palabrería serán oídos. 8 No os hagáis, pues, semejantes a ellos; porque vuestro Padre sabe de qué cosas tenéis necesidad, antes que vosotros le pidáis.

▶ **¿Cómo enseñó Jesús a orar? (Mateo 6)**

9 Vosotros, pues, oraréis así: Padre nuestro que estás en los cielos, santificado sea tu nombre. 10 Venga tu reino. Hágase tu voluntad, como en el cielo, así también en la tierra. 11 El pan nuestro de cada día, dánoslo hoy. 12 Y perdónanos nuestras deudas, como también nosotros perdonamos a nuestros deudores. 13 Y no nos metas en tentación, mas líbranos del mal; porque tuyo es el reino, y el poder, y la gloria, por todos los siglos. Amén.

ESTUDIO BÍBLICO

Oración en el noviazgo

- ¿Por qué es importante orar durante el noviazgo?

- ¿Cuántas veces deberían orar los novios?

- ¿Por qué cosas específicas se debería orar en el noviazgo?

Oración en el matrimonio

- ¿Cuán cierta es la declaración: El matrimonio que ora junto permanece junto?

- ¿Por qué cosas específicas se debería orar en el matrimonio?

Oración con los hijos

▶ Oración por un hijo

Dame, oh Señor, un hijo que sea lo bastante fuerte para saber cuándo ser débil, y lo bastante valeroso para enfrentarse consigo mismo cuando sienta miedo; un hijo que sea orgulloso e inflexible en la derrota honrada, y humilde y magnánimo en la victoria.

Dame un hijo que nunca doble la espalda cuando deba erguir el pecho; un hijo que sepa conocerse a sí mismo, que es la piedra fundamental de todo conocimiento. Condúcelo, te lo ruego, no por el camino cómodo y fácil sino por el camino áspero, aguijoneado por las dificultades de los retos. Allí déjale aprender a sostenerse firme en la tempestad y a sentir compasión por los que fallan.

Dame un hijo cuyo corazón sea claro, cuyos ideales sean altos; un hijo que se domine a sí mismo antes que pretenda dominar a los demás; un hijo que aprenda a reír pero que también sepa llorar. Un hijo que avance hacia el futuro pero que nunca olvide el pasado.

Y después que le hayas dado todo esto, agrégale, te suplico, suficiente sentido del buen humor, de modo que pueda ser siempre serio pero que no se tome a sí mismo demasiado en serio. Dale humildad para que pueda recordar siempre la sencillez de la grandeza, la imparcialidad de la verdadera sabiduría, y la mansedumbre de la verdadera fuerza. Entonces yo, su padre, me atreveré a decir: "No he vivido en vano".

Cortesía de Arcadio Vega

▶ Leer Isaías 49:24-25

24 ¿Será quitado el botín al valiente? ¿Será rescatado el cautivo de un tirano? 25 Pero así dice Jehová: Ciertamente el cautivo será rescatado del valiente, y el botín será arrebatado al tirano; y tu pleito yo lo defenderé, y yo salvaré a tus hijos.

▶ ¿Qué promesa nos ha dado Dios acerca de nuestros hijos?

ESTUDIO BÍBLICO

Oración con Dios

▶ Leer 2 Crónicas 7:14

14 Si se humillare mi pueblo, sobre el cual mi nombre es invocado, y oraren, y buscaren mi rostro, y se convirtieren de sus malos caminos; entonces yo oiré desde los cielos, y perdonaré sus pecados, y sanaré su tierra.

▶ **¿Qué invitación especial nos hace Dios y qué hará por nosotros?**

▶ **Elabore una detallada lista de oración**

Recursos

▸ Libros

La oración
Elena G. de White

Cuando Elena White escribió acerca de la oración —su poder y su necesidad para el cristiano— estaba escribiendo basada en su experiencia personal. Con frecuencia las demandas de su labor especial la llevaban a ponerse de rodillas para que el Señor la guiase en la labor que la había llamado a hacer.

Esta nueva edición a la biblioteca del hogar cristiano incluye no solo sus declaraciones más familiares y atesoradas en relación a la oración, sino muchas otras menos conocidas. Las citas están arregladas por tópico para cubrir una mayor cantidad de aspectos sobre el tema de la oración. Los últimos cuatro capítulos del libro contienen una mayor presentación sobre un tema en particular tal como la fe y la oración, la importancia y el privilegio de la oración, el Padre Nuestro y la oración y la vida cristiana.

El interés en la oración ha producido una explosión de libros acerca de ese tema, ahora puedes saber lo que la Mensajera del Señor escribió al respecto.

Una madre conforme al corazón de Dios: 10 maneras de mostrarle amor a sus hijos
Elizabeth George

¡Sin todavía conocerte puedo afirmar que eres alguien muy especial! ¿Por qué? Porque elegiste un libro como este. Por su título resulta evidente que deseas ser una madre conforme al corazón de Dios. Este libro abunda en ideas que te mostrarán cómo cumplir los anhelos de tu corazón de madre y cómo llegar a ser una madre conforme al corazón de Dios. Antes de comenzar nuestra aventura juntas, quisiera sugerirte algo que la hará aún más emocionante.

¡Abre tu libro y disfrútalo! Contiene información vital. Te da ánimo. Abunda en Palabra de Dios. Incluso he procurado que sea de fácil lectura, pues sé que eres una mujer y madre ocupada. Te imagino leyendo este libro en un momento de tranquilidad mientras los niños están en la escuela... o toman una siesta... o mientras esperas que tus adolescentes lleguen a casa... o arrullas a tu bebé... o quizá mientras descansas bajo la sombra de un árbol y tus hijos juegan en el parque. ¡Disfruta tu libro! Llévalo contigo, y deja que la Palabra de Dios te enseñe y te dé el poder y el aliento que necesitas.

Abre tu corazón a las prioridades y temas que trata este libro. Están pensados especialmente para ti, madre. Te darán la sabiduría divina y los principios que necesitas para esta responsabilidad capital de tu vida.

Extraordinarias oraciones de la Biblia
Jim George

¿Cuán intensa es su vida de oración?
Sea testigo usted mismo de la significativa comunión que ocurrió entre Dios y los hombres y mujeres que lo siguieron de todo corazón. Al escuchar las oraciones de ellos, descubrirá alentadoras verdades que transformarán su propia vida de oración. Podrá comprobar que: Dios considera que ningún asunto es demasiado pequeño para ser presentado ante él; Dios es un dador que nos escucha en cualquier lugar y a cualquier hora; Dios siempre está en control, aun en los inesperados giros de la vida.

En cada capítulo aparecen "Enseñanza para aprender" y valiosos "Principios de oración" que enumeran las muchas formas en que la oración puede transformarlo, elevándolo a nuevas alturas de madurez espiritual e intimidad con Dios.

David Yonggi Cho
Modelos para orar

Si yo comparara a la oración con una caminata, la oración al estilo libre es como dar un paseo sin tener en la mente nada planificado en cuanto a dónde ir. Llevado por mis pies, simplemente caminaría y luego volvería a casa.

De igual forma, en este tipo de oración me dirijo a Dios con un corazón que se mueve libremente hacia él, sin tener ningún propósito específico en la oración que me sirva de guía. Esta oración al estilo libre es la que por lo general hacen muchos cristianos, y la mayor parte de la oración congregacional se hace de esta manera.

No obstante, aunque el orar libremente como uno lo desee no carece de valor, la distracción o la falta de concentración puede ser una desventaja. Implica también la dificultad de no invertir suficiente tiempo en la oración porque muy pronto uno se queda sin motivos por los cuales orar.

El ayuno y la oración
Raúl Justiniano

Dios ha puesto a disposición de todo su pueblo el ayuno con oración, y somos nosotros quienes decidimos si lo practicamos o no. De igual forma Dios ha puesto a disposición su palabra y nosotros decidimos la frecuencia e intensidad con que la vamos a leer y aplicar en nuestras vidas.

Es cierto que la Biblia registra algunos ayunos especiales, en los cuales Dios pidió o llamó a quienes tenían que hacerlos. Pero esa no es la regla, más bien es la excepción.

Dios quiere a su pueblo humillado, quebrantado y arrepentido. En mi experiencia, el ayuno con oración ha sido el mejor recurso o actividad espiritual para disponerme a negarme y morir a mí mismo (crucificar la carne) y dejar que el Espíritu de Dios haga su obra con libertad en y a través de mí.

Por ese motivo, esta primera experiencia profunda y sobrenatural me impulsa a recomendar enfáticamente a todo cristiano que se ejercite en el ayuno con oración intensa.

Oraciones que producen cambios
Kimberly Daniels

Kimberly Daniels tiene una gracia especial para hacer oraciones poco comunes. Esto se debe a que tiene una idea poco común del campo espiritual. Este libro tiene una amplia gama de vocabulario espiritual. Muchos creyentes están limitados en su vocabulario de oración. El resultado de un limitado vocabulario espiritual será una forma limitada de intercesión. Dios desea llevar a su pueblo a nuevos niveles de oración e intercesión. El tener un lenguaje de oración fuerte es una parte vital del orar de manera más profunda y eficaz. ¡La eficaz y ferviente oración del justo sí sirve de mucho!

Este libro aumentará su vocabulario espiritual y causará que sus oraciones sirvan para producir cambios. Además, aumentará la variedad de oraciones que ya usted tiene. Hay muchos tipos de oraciones que no se hacen comúnmente. Las oraciones que Kim ha compilado en este libro, presentan una amplia variedad de diferentes tipos de oraciones. Permita que el contenido de este libro aumente su variedad de oraciones, expanda su vida de oración y mejore su lenguaje de oración.

Oración y ayuno
Kingsley A. Fletcher

La pregunta que los discípulos hicieron a Jesús aquel día era muy lógica: ¿Por qué no pudimos hacerlo? ¿Por qué no pudimos sanar a ese muchacho? ¿Cuál es Tu secreto? La respuesta de Jesús fue muy clara, y lo que él enseñó a sus discípulos aquel día es para todos los creyentes de todas las épocas. Este género no sale sino con oración y ayuno (Mateo 17:21).

La clase de milagro que este hombre y su hijo necesitaban, esta clase de sanidad, esta clase de liberación no podrá ser llevada a cabo por aquellos que están centrados en sí mismos o que son indisciplinados. Solamente aquellos que están deseosos de aprender cómo orar y ayunar efectivamente, y cómo buscar el rostro de Dios, experimentarán el poder de Dios manifestado de esta manera.

Estoy convencido de que una de las razones por las cuales la iglesia del siglo veinte no tiene poder es porque ha perdido esta piadosa costumbre de orar y ayunar.

Mientras lees estas páginas de *Oración y Ayuno*, no tengas prisa. Tómate el tiempo para asimilar cuidadosamente cada capítulo. Permite que el mensaje del libro entre en tu espíritu. Es simple, pero poderoso. Muchos de tus problemas podrán resolverse por re- tornar a la práctica bíblica de la oración y el ayuno. Tómate el tiempo para aprender bien esta lección.

Milagros de la oración
Quin M. Sherrer

Si ha estado esperando un milagro... si se ha preguntado qué pasaría si tomara en serio la Palabra de Dios... este libro es para usted. *Milagros de la oración* nos enseña que Dios todavía hace milagros y cambia vidas. Él ha contestado las oraciones de muchos... y quiere contestar las suyas también. Quin Sherrer nos ofrece historias inspiradoras de gente común y corriente que ha orado y recibido respuestas extraordinarias. Aquí encontrará historias increíbles de sanidad, protección, dirección y rescate, junto a sabiduría bíblica que le servirá de guía en sus propias oraciones. También sentirá el deseo de orar por milagros, y su fe se fortalecerá a medida que descubre la realidad y la profundidad del amor de Dios para usted, su hijo.

Mis charlas con Dios: Diario de oración
Jennifer Hope Webster

El mundo ha buscado larga y duramente el secreto para hablar con Dios. Si disponemos de las Escrituras ¿es esto en realidad un secreto? Dentro de la Santa Biblia, los profetas del Antiguo Testamento y los discípulos del Nuevo Testamento, han provisto un modelo para nosotros. Jesús amablemente nos enseñó a orar a través del «Padre nuestro» (Mateo 6:9-13); sin embargo, sabios, jóvenes, viejos parecen estar todavía desafiados ante este ejemplo. Estudiar la Palabra de Dios, tener un mentor y participar diariamente en *Mis charlas con Dios: 40 días... diario de oración*, son caminos significativos que establecen los fundamentos para iniciar el reto de orar. Sé vulnerable, puro y honesto con cada intención. Me temo que no hay un atajo.

Trátelo con Oración
Charles Stanley

¿Por qué, tan a menudo, los creyentes dejan de usar el don de la oración que Dios les ha dado?

¿A veces se preocupa en vez de orar? ¿Trata primero de resolver sus problemas por su cuenta, y si no tiene éxito acude a Dios? ¿Es que en realidad no espera que Dios responda? ¿O que tal vez no le guste la respuesta que él le dé? ¿O se ha desanimado con su propia persistencia en la disciplina de oración, y se ha dado por vencido?

En esta obra clásica de gran éxito, el doctor Charles Stanley lo exhorta a experimentar de nuevo su línea de comunicación con Dios. Descubra: Cómo orar con la seguridad de que Dios responderá; por qué la oración es el arma que más teme Satanás; por qué a veces parece que no reciben respuestas las oraciones de usted; cómo la oración y la espera son inseparables; cómo orar eficazmente por los demás.

Cómo orar por nuestros hijos
Quin M. Sherrer

¿Qué esperanzas tiene con sus hijos? ¿Que lleguen a ser fieles creyentes? ¿Que sean capaces de resistir las tentaciones que los rodean? ¿Que sea notable su estilo cristiano de vida? Como madre, Quin Sherrer tuvo esas mismas preocupaciones, pero no sabía cómo orar por sus hijos. ¿Había algún modo peculiar de orar por ellos? ¿Eran algunas oraciones más eficaces que otras? Quin comenzó a preguntarles a otras madres cómo oraban ellas y cuáles eran los resultados de sus oraciones. Las escuchó mientras oraban, e hizo anotaciones.

En Cómo orar por los hijos, Quin nos dice lo que aprendió. Nos muestra la importancia de que dos se pongan de acuerdo para orar, del orar en el Espíritu y del orar con fe. Nos enseña cómo orar por los hijos creyentes e incrédulos. Entre los temas que trata en este libro, están el orar por los amigos de nuestros hijos, por los que ejercen autoridad sobre ellos, por los hijos casados y por los nietos, por los que aún no han nacido, por los hijos con enfermedades crónicas y por los que están a punto de morir.

Usted encontrará en este libro cualquier asunto de interés o de preocupación acerca de sus hijos. Su amena lectura la informará, la instruirá y la inspirará en sus oraciones por ellos.

Enlaces de la Web

▶ **La oración en familia**
http://www.elizagipuzkoa.org/home/dokumentuak/boletinak/Como%20vivir%20la%20fe%20en%20la%20familia%20actual.pdf

Nosotros conocimos hace unos años un hogar donde la oración en familia era algo normal, con sus ritmos y sus momentos: antes y después de las comidas; el «ángelus», el rosario al anochecer, las oraciones de la mañana y de la noche. Por lo general, era la madre la que se ocupaba de asegurar y guiar esta vivencia religiosa.

La vida del hogar ha cambiado profundamente; todo se ha hecho más difícil; y, poco a poco, hemos ido abandonando la oración familiar y la individual. Sencillamente, en muchas de nuestras familias ya no se reza. Hemos abandonado todo lo anterior y no lo hemos sustituido con nada. Y empiezan nuestras justificaciones: nos da pena proponerlo en la familia; la oración parece algo forzado, artificial, no nos sale de dentro; los hijos son demasiado pequeños o demasiado crecidos; no nos ponemos todos de acuerdo; es difícil encontrar el momento en que estemos todos.

Sin embargo, la oración en familia hoy es posible. Lo que hemos de hacer es encontrar nuevos modos y nuevo estilo para compartir la fe y hacer oración.

▶ **Orando en familia**
http://www.lanuevaalianza.org/orandoenfamilia.htm
Si te has estado preguntando qué puedes hacer para que tu matrimonio sea más entregado al Señor, para que tus hijos sean buenos Cristianos y perseveren en sus estudios, y para que ellos te respeten, tú encontrarás la respuesta en la oración en familia. Muchas familias han experimentado la fuerza que tiene la oración tanto en sus vidas personales como en sus familias. Recuerdo el testimonio de una madre sola con dos hijos varones, ambos andaban mal en la escuela, pero ella le pidió a Dios que le diera sabiduría para ayudar a sus hijos. El Señor le fue revelando lo que ella debía de hacer. Primero empezó con la oración en su familia. Todos los días oraban juntos antes de salir a la escuela o al trabajo. Después de un tiempo los niños avanzaron en sus estudios y hoy día son prominentes en sus carreras. Y si Dios hizo esto por ellos también puede y

quiere hacerlo por ti y por tu familia.

- **¡Orar por los hijos!**
http://www.renuevodeplenitud.com/orar-por-los-hijos/
En ningún otro lado pude encontrar una guía de oración tan clara, precisa que me ha dado paso a paso, las herramientas para orar por mis hijos de esta manera, incluso al final de cada día hay una sección que me permite escribir las áreas por las que estoy pidiendo a Dios, con el nombre de cada uno de mis hijos, gracias hermanos por esta hermosa ayuda... —María Jiménez (México)

- **10 consejos de oración para parejas**
http://esmauro.com/iasdstamford/2010/04/23/10-consejos-de-oracion-entre-parejas/
Dejar el temor a un lado: Lo opuesto del amor no es odio sino el miedo. El miedo nos impide experimentar nuestra vida al máximo como parejas. En 1 Juan 4:18 dice "En el amor no hay temor, sino que el perfecto amor echa fuera el temor, porque el temor lleva en sí castigo. De donde el que teme, no ha sido perfeccionado en el amor". Muchas parejas no oran juntas porque se sienten vulnerables y aunque ese sentimiento es real, la única forma de sobrellevar estos miedos es comprometiéndose a orar juntos.

Hacer un horario y escoger un lugar para orar: La vida está llena de estrés y es fácil no orar. A veces hasta con las mejores intenciones, orar juntos no es una prioridad. Así que organice en su agenda el encuentro y haga de él una rutina.

- **Un pueblo dedicado a la oración**
http://adventistaflorida.netadvent.org/horazion.html
Aunque es importante creer en la Biblia, y en la muerte, la resurrección y la segunda venida de Cristo, si esas creencias no resultan en la conversión, en un cambio de la vida, en una conducta piadosa, son de muy poco provecho. Y el medio por el cual se verifica y se mantiene ese cambio, es la oración.

La oración es la religión hecha práctica; es la creencia en acción. Cuando una persona comienza a orar, abandona la teoría y se lanza a una experiencia. Se encuentra conversando con Dios y dentro de poco lo pone a prueba. Entonces espera en Dios y contempla su obra. En su propia vida, y en la vida de otros, comienza a ver a Dios en acción.

Es verdad que Dios puede actuar sin nuestras oraciones, porque nos conoce el corazón desde antes de que le hablemos. Pero cuando oramos, es como si abriéramos las ventanas y puertas del corazón y las dejáramos de par en par abiertas para recibir el Espíritu Santo. Y este, como la luz y el viento, entra para realizar su ministerio que cambia la vida y obra los milagros de transformación que constituyen, o debieran constituir, nuestro principal anhelo.

@ ENLACES DE LA WEB

- **La oración de los cinco dedos**
  http://www.pcjovenes.com/estudios/oracion-de-cinco-dedos.php
  Alguna vez se ha preguntado ¿Cuál es la forma más eficaz de orar? La Biblia nos deja un claro ejemplo en el evangelio de San Mateo 6:9-13.

  ¡Es la oración modelo! Pero a veces buscamos algo con un contenido más específico.

  A continuación le presentamos una manera sencilla de orar por sus prójimos, solo recuerde y vea su mano. ¿La mano? Se preguntará usted; sí, la mano nos da una muestra de cómo orar por nuestros semejantes y por nosotros mismos.

- **Sermones para la Semana de Oración de Ministerios de la Familia**
  http://www.sermonesadventistas.org/2009/10/11/sermones-para-la-semana-de-oracion-de-ministerios-de-la-familia/
  Los ministerios de la iglesia adventista sin duda alguna son establecidos para servir y ser de apoyo a las actividades de salvación que la misma genera y realiza. Tal es el caso de los ministerios de la familia que muy a menudo están bien formados en nuestras iglesias. Para apoyar en la espiritualidad de los hogares, nada mejor que una buena semana de oración orientada al respeto mutuo y la consagración dentro del seno familiar.

  Esta semana de oración, recopilada de varios pastores de nuestra iglesia, está bien diseñada para servir de referencia a quienes lideran estos ministerios en sus congregaciones. Son 8 sermones escritos completamente que con la bendición de Dios serán de beneficio para nuestras iglesias en donde se presenten.

- **La oración**
  http://www.gracevalley.org/spanish_transcripts/La_Oracion.html
  Cuando hablamos de oración, no estamos hablando de orar a cosas creadas. Esto es lo que la mayoría de la gente en el mundo hace. Si usted viaja a cualquier parte del mundo, se dará cuenta que la gente ora. Todos adoran, pero casi todas estas gentes adoran a criaturas. Oran al sol, oran a la luna, oran a los árboles, oran al viento, oran a los santos. Este tipo de oración, de acuerdo con la Biblia, es idolatría. La oración cristiana es pronunciada por personas verdaderamente cristianas, quienes han sido nacidas de Dios, y a las cuales no solo se les ha perdonado sus pecados, sino que además se les ha otorgado naturaleza divina. Estos son verdaderos cristianos, en quienes el Espíritu Santo habita. Para los cristianos, la oración debe ser tan natural como el llorar y respirar de un bebé recién nacido. A continuación, consideremos algunos puntos acerca de la verdadera oración cristiana.

- **Originalidad de la oración cristiana**
  http://www.supercable.es/~haya/orar-3.htm
  El cristianismo no se distingue de las otras religiones porque tenga un objeto distinto (los cristianos adoran a Cristo, mientras que los judíos adoran a Yavé, los musulmanes a Alá), sino porque se basa en una forma radicalmente nueva de encuentro con Dios.

  El cristiano se define por su fe en Jesucristo. Fe que no es ante todo un sistema de verdades, ni un conjunto de prácticas religiosas con las que se intenta influir en la divinidad. La fe cristiana es la aceptación sin condiciones de Cristo Jesús como norma decisiva de la propia existencia. Cree en Cristo la persona que se decide seriamente a vivir la vida de Cristo. Creer es vivir y hacer el Evangelio de Cristo en el mundo de hoy y para los hombres de hoy. Sin evasiones, ni componendas. "El que quiera servirme, que me siga, y allí donde esté yo, estará también mi servidor" (Juan 12:26).

  Ante este supuesto, podemos ya entender en qué radica la originalidad de la oración cristiana, y las consecuencias que se derivan de ello respecto a la relación que debe haber entre oración y vida.

- **La oración de una madre**
  http://www.aguasvivas.cl/revistas/23/familia2.htm
  Catherine Talmage fue la madre del gran orador y predicador T. DeWitt Talmage. Junto con otras cuatro madres, ella se reunía todas las tardes de sábado en la casa de una vecina para orar por la conversión de sus hijos. Esta "conspiración santa" fue guardada en secreto por la familia hasta su muerte. Pero las oraciones ofrecidas con sinceridad por aquellas madres fueron oídas en el trono de Dios y los hijos de todas aquellas familias se convirtieron. De los once hijos de la familia de Catherine, su hijo DeWitt fue el último. Y él —la última oveja perdida— fue llevado a Dios a través de la ministración de un predicador visitante.

  La familia estaba sentada alrededor de la chimenea cuando su padre se volvió hacia el ministro y le pidió que leyese un capítulo de la Biblia y orase. Él leyó la historia de la oveja perdida. Luego, el predicador preguntó a aquel padre si todos sus hijos eran salvos. "Todos, excepto DeWitt", respondió el padre. El ministro, contemplando el fuego, contó la historia de la tempestad en las montañas, de las ovejas en el redil, de la última oveja, y del pastor que arriesgó su vida hasta encontrarla y traerla a casa.

  Antes que la noche terminase, DeWitt Talmage obtuvo la bendita seguridad de que todas las ovejas —y ahora él también—, el último de la familia en convertirse, estaban en el redil.

@ ENLACES DE LA WEB

- **La oración... Parte vital de la experiencia cristiana.**
http://www.antesdelfin.com/oracion1.html
Cuando ora, ¿tiene usted la confianza de que Dios le contestará, o se siente indigno de la atención de Dios? ¿Son sus oraciones específicas o generales? ¿Es su vida de oración como una respuesta casual a sus necesidades y deseos, o es de alimento para su vida en el Señor Jesucristo?

Uno de los pasajes más simples y más profundos al mismo tiempo acerca de la oración en la Biblia, lo encontramos en el Sermón del Monte, en Mateo 7:7-11: "Pedid, y se os dará; buscad, y hallaréis; llamad, y se os abrirá. Porque todo aquel que pide, recibe; y el que busca, halla; y al que llama, se le abrirá. ¿Qué hombre hay de vosotros, que si su hijo le pide pan, le dará una piedra? ¿O si le pide un pescado, le dará una serpiente? Pues si vosotros, siendo malos, sabéis dar buenas dádivas a vuestros hijos, ¿cuánto más vuestro Padre que está en los cielos dará buenas cosas a los que le pidan?"

La oración no es tan sólo pedir y recibir, sino que también involucra el agradecer, adorar, y alabar al Señor y Dios. Existen dos responsabilidades en la oración —la responsabilidad de Dios y nuestra responsabilidad. Usted no puede tener lo uno sin lo otro; la oración es tanto humana como divina.

- **Oración Cristiana por mi casa y Familia**
http://devocionalescristianos.org/2009/07/oracion-cristiana-por-mi-casa-y-familia.html
Señor, yo te ofrezco con humildad, mi casa. Tú me las has dado y yo quiero que tú mores perennemente en ella. Porque tú estás en ella, Señor, mi casa es un recinto sagrado.

Haz oh Señor que la llama del altar familiar permanezca encendida cada día, y que mis hijos aprendan aquí en este mi humilde hogar, a conocerte y andar en los caminos tuyos.

Que nuestras oraciones se eleven diariamente al trono de tu gracia, implorando la ayuda y el sostén que todos necesitamos.

Que si la miseria, la enfermedad o la desgracia, llegase mañana a esta casa, tan asidos estemos de ti, mi buen Señor, que ya nada pueda abatir nuestra fe.

Señor; una vez más, yo te ofrezco con humildad "Mi Casa".

Aunque fueron creados como seres libres, cada uno es una unidad indivisible de cuerpo, mente y espíritu que depende de Dios para la vida, el aliento y todo lo demás.

APLICACIÓN DE LAS CREENCIAS FUNDAMENTALES

13

La unidad en el cuerpo de Cristo

Todos somos iguales en Cristo, quien por un mismo Espíritu nos ha unido en comunión con él y los unos con los otros.

20

La mayordomía

El mayordomo fiel se regocija por las bendiciones que reciben los demás como fruto de su fidelidad.

Conclusión

Una de las mayores responsabilidades de cada persona es el procurar el bienestar de su familia. De ello depende el futuro de la raza humana.

La familia moderna está pasando por crisis que amenazan con destruirla por completo. Una completa transformación es absolutamente necesaria. La Biblia aconseja: "No os conforméis a este mundo, sino transformaos por medio de la renovación de vuestro entendimiento".[1]

La transformación requiere de la renovación del entendimiento, es decir, del conocimiento. Entre más sabemos y aprendemos acerca de la familia y las dinámicas que entran en juego, más oportunidad tendremos para producir la transformación necesaria.

A manera de repaso quisiera presentar las características más importantes que deben existir en cada familia para lograr la felicidad y la armonía que tanto se necesita.

Dedicar tiempo para estar juntos

Una de las características más sobresalientes de las familias felices es que procuran a toda costa pasar momentos juntos. Los hogares que dedican tiempo a estar juntos tienen la oportunidad de estrechar los lazos familiares los cuales son de suprema importancia para el funcionamiento integral de la familia. Ese tiempo se utiliza platicando, mostrándose amor, afecto, y cariño; en fin, promoviendo todos los factores que traen felicidad al seno familiar.

Si no se dedica tiempo a la familia, grandes porciones de tiempo, será imposible logar un ambiente de alegría y felicidad en el seno del hogar. Los matrimonios necesitan dedicarse tiempo el uno al otro, y los padres necesitan dedicar buenas porciones de tiempo a cada uno de sus hijos.

---

[1]Romanos 12:2.

Alto nivel de amor y aprecio

Esto es de suprema importancia en la familia. Las muestras de amor y aprecio permitirán que cada miembro se sienta parte importante e integral de la familia y le brindará un alto sentido de pertenencia.

> **Para poner al mundo en orden, primero necesitamos poner a la nación en orden; para poner a la nación en orden, primero necesitamos poner a la familia en orden; para poner a la familia en orden, primero necesitamos cultivar nuestra vida personal.**
>
> **Proverbio Chino**

El amor es el lubricante por excelencia en los roces que producen las relaciones familiares. Sólo la presencia del amor hará posible que se solucionen satisfactoriamente las dificultades que se harán presentes en las dinámicas del hogar.

Los esposos que se demuestran mucho amor y cariño no solamente serán muy felices sino que también brindarán a sus hijos una atmósfera de felicidad y les enseñarán la forma de tratar a los demás seres queridos con el amor que se merecen.

La presencia de comunicación abierta y honesta

La comunicación abierta y honesta hace posible que se logren todos los demás ingredientes para tener una familia feliz. Sin este factor, ningún otro será posible. Es necesario pasar tiempo los unos con los otros para comunicarse amor y aprecio.

Sin una comunicación honesta y abierta, ninguno de los elementos mencionados en esta sección estará presente en la familia. El hogar debe ser el lugar donde se aprende a comunicarse y a comunicarse de una forma eficiente.

Orientación espiritual

Las familias que tienen un alto sentido de orientación espiritual tienen a su disposición un recurso increíble e infinito de ayuda y apoyo para ser transformados y lograr la completa felicidad en la familia.

El uso de los ejercicios espirituales tales como la oración, la lectura de la Biblia, la asistencia a la iglesia, y la meditación, pueden ser utilizados muy eficazmente para construir la felicidad, salud, y armonía que tanto se desea en el hogar. Los hijos no van a hacer más que lo que los padres hacen, de allí la importancia de que los padres sean unos verdaderos modelos de lo que es un verdadero cristiano.

Solución de conflictos

Tarde o temprano, y la mayoría de los casos ocurre más temprano que tarde, toda familia va a experimentar problemas y serios conflictos. Una familia funcional es la que aprende a solucionar sus problemas de una manera positiva y efectiva. Para lograr ese objetivo se requiere de paciencia, un espíritu de mansedumbre y deseo de aprender, el lograr alcanzar acuerdos favorables para todos, y el tratar a toda costa de entender a las demás personas.

Atención a las finanzas del hogar

Las finanzas del hogar juegan un papel de mucha importancia en la dinámica familiar. Pueden ser una fuente de mucha angustia y dolor si no son atendidas cuidadosamente. Es muy importante aprender todo lo que sea posible al respecto, especialmente acerca de las deudas, tarjetas de crédito, y ahorros.

Al prestar la correcta atención a la situación financiera, los hijos aprenderán también cómo manejar sus finanzas personales. Es por demás subrayar la importancia tan especial que tiene el seguir un presupuesto al pie de la letra y de no gastar más de lo que se gana.

En el hogar se aprende a ahorrar, a darle a Dios la parte que le corresponde por medio de los diezmos y las ofrendas, y el ayudar a los necesitados.

Para Linda y Richard Eyre,[2] el sistema económico familiar no sólo provee dinero, bienes y servicios, además provee motivación, disciplina y dependencia propia. Permite ahorrar para alcanzar objetivos y da oportunidades para ayudar a otros. Las familias deben tener sistemas económicos que permitan la participación de los hijos y no sistemas contraproductivos como el darles dinero a los hijos semanalmente a cambio de nada. Una buena economía familiar enriquece la paternidad y disciplina a los hijos en áreas de tomar decisiones, gratificación retardada, planes futuros, y establecimiento de blancos. Para Eyre y Eyre, una economía familiar involucra tres cosas: una manera para que los hijos ganen dinero, un incentivo para ahorrar, y la oportunidad de aprender a gastar el dinero responsablemente.

Alto sentido de historia familiar

Una familia feliz conoce sus raíces, su historia, su trasfondo histórico, étnico y cultural. Esto aumenta considerablemente el sentido de origen y pertenencia. Los abuelos y los padres deben asegurarse de transmitir estos conocimientos al

[2]Linda Eyre y Richard Eyre, *Three Steps to a Strong Family*, pág. 17.

resto de la familia.

Se deben aprovechar oportunidades para ir de vacaciones a los lugares de origen de algunos de los miembros de la familia, mirar fotos, documentales, tener pláticas, en fin, todo lo que sea posible y necesario para aprender acerca de las raíces y los orígenes de la familia.

Fuerte sentido del humor

El humor provee la lubricación tan necesaria para las relaciones humanas, especialmente las familiares. El humor enseña a sonreír, a reír, y a no tomar las cosas de la vida en forma seca y exageradamente seria.

El canto alegre, los chistes y la risa producen un ambiente de felicidad y alegría en el hogar. El humor es altamente contagioso; sólo se necesita que una persona tenga sentido del humor para que todos los demás sean contagiados.

Optimismo hacia la vida y el futuro

Los optimistas tienen altas y grandes esperanzas para el futuro. Están convencidos que todo va a salir bien y a pesar de los problemas presentes, hay esperanza de que todo va a salir bien. El optimismo también es contagioso. Un solo miembro de la familia puede ser la chispa que prenda fuego al optimismo dentro del resto del seno familiar.

Alta estima propia

Quien no se ama a sí mismo no puede amar a los demás. La estima propia tiene que ver con el aprecio personal y no hay otro lugar como la familia para elevar la estima propia de las personas. Cuando a alguien se le dice que se le ama y se le aprecia, es como echarle elogios al alma.

La familia ocupa un lugar de primera importancia en el desarrollo de la estima propia o valía personal de todos los individuos. Es en el seno del hogar donde se desarrolla el valor personal debido al amor que se recibe de cada uno de los miembros de la familia.

Fuerte unidad familiar

Una familia unida produce una de las satisfacciones más grandes del mundo. La unidad familiar produce la cohesión tan necesaria para lograr una familia sólida y feliz. La unidad se logra compartiendo grandes porciones de tiempo, altas manifestaciones de amor, cariño y respeto.

Compartimiento de valores

La familia es el lugar por excelencia para la transmisión de los altos valores sociales, morales, culturales y espirituales que harán de cada persona un ciudadano que se guía por altos principios.

Cuando los hijos observan a sus padres transmitir esos valores mediante el ejemplo y mediante la enseñanza, aprenderán la forma correcta de comportarse y de actuar en momentos decisivos e importantes.

Un significativo sentido de perdón

Este es uno de los grandes valores que debe ser transmitido en el hogar, la importancia del perdón a los que ofenden y cometen faltas. Sin perdón no puede haber unidad familiar porque se evita la reconciliación cuando hay transgresiones en el seno del hogar.

Jesús señaló claramente la importancia del perdón entre los seres humanos. Es de tanta importancia, que el que no perdona a su hermano no será perdonado por Dios (Mateo 6).

El valor terapéutico del perdón es único y exclusivo. No solamente brinda paz y tranquilidad, sino que libra de problemas tales como la ansiedad, la angustia, y la depresión, mediante la restitución de las relaciones perdidas con otros seres significativos.

Celebración de tradiciones

No hay nada como la celebración de tradiciones familiares. Estas proveen identidad única y una solidaridad que durará por toda la existencia. Además son excelentes oportunidades para fortalecer varios de los factores mencionados en esta sección. Los que no tienen tradiciones establecidas harían muy bien en comenzar a establecer y practicar algunas de ellas.

Quien no se ama a sí mismo no puede amar a los demás.

Meg Cox presenta una lista de cosas que las tradiciones o rituales imparten a los miembros de la familia: Proveen sentido de identidad, imparten seguridad y confort, ayudan a navegar en tiempos de cambio, enseñan valores, pasan herencia étnica y religiosa, enseñan habilidades prácticas, resuelven problemas, ayudan a recordar a familiares fallecidos, ayudan a curar pérdidas y traumas, y generan maravillosos recuerdos.[3]

---

[3]Meg Cox, *The Book of New Family Traditions: How to Create Great Rituals for Holidays and Everyday*, págs. 3, 4.

Las tradiciones familiares, de acuerdo con Linda y Richard Eyre, son como "hacer magia".[4] Cuando las tradiciones familiares se piensan cuidadosamente, se formalizan un poco, se ponen en el calendario, se habla de ellas después que ocurrieron, y se practican a través de los años, los resultados son extraordinarios, ya que unen a la familia, aumentan los lazos de lealtad, abren nuevas formas de comunicación, enseñan lecciones acerca de la fe, el respeto, la honestidad, y el servicio; y sobre todo, ayudan a las familias a unirse frecuentemente, incluso muchos años después de que los hijos se han ido del hogar.

Algunos celebran tradiciones familiares juntándose cada semana para cenar algo especial y típico de la familia; otros se juntan cada mes para hacer lo mismo; otras familias se reúnen cada vez que alguno de los miembros de la familia cumple años, o durante algún aniversario; otros vacacionan juntos una vez por año; otras familias salen a acampar en determinadas ocasiones; en fin, la lista es interminable, y los recuerdos y las alegrías que producen son también interminables.

Una familia con propósito

Warren señala que una vida con propósito se basa en la medida en que se experimentan los siguientes factores: Adoración, ministerio, evangelismo, discipulado y compañerismo.[5] La persona que experimenta en su vida esos cinco elementos va a experimentar la voluntad de Dios en todo su potencial y va a tener un impacto directo sobre toda su familia.

Una familia con propósito es aquella que adora a Dios, sirve a su prójimo y desarrolla un alto sentido de confraternidad. Una familia tal logra uno de los más altos propósitos en esta vida al trascender todas las motivaciones humanas y alcanzar la cúspide de los escalafones de las necesidades humanas, lo que Maslow identificó como "Self-Transcendence" (trascendencia propia).[6]

---

[4]Linda Eyre y Richard Eyre, *Three Steps to a Strong Family*, pág. 139.

[5]Rick Warren, *Una vida con propósito.*

[6]Mark E. Koltko-Rivera, *Review of General Psychology*, 4 de diciembre 2006, págs. 302-317.

Bibliografía

Adams, Jay E. *Manual del consejero cristiano*. Terrassa, España: Libros CLIE, 1984.

Adams, Jay E. *Matrimonio, divorcio y nuevo matrimonio*. Terrassa, España: Libros CLIE, 1985.

Baerg, Angela. "The Downside of Divorce". *Adventist Review*, 8 de abril de 2010.

Baldwin, Deborah. "It's About Time", *Common Cause Magazine*, Vol. 19, No. 1, primavera 1993.

Balswick, Jack O., & Balswick, Judith K. *The Family: A Christian Perspective on the Contemporary Home*. Grand Rapids, MI: Baker Publishing Group, 2007.

Barna Group, *Born Again Christians Just As Likely to Divorce As Are Non-Christians*, barna.org, 8 de septiembre de 2004.

Barrancos, Mariana. *Abuso emocional—El enemigo invisible*. Editorial Lulu.com, 2009.

Basso, Michael J. *La guía esencial sobre sexualidad adolescente*. Minneapolis, MN: Fairview Press, 2003.

Baucom, Donald H., Hahlweg, Kurt, Atkins, DavidC., & Engl, Joachim. "Long-term prediction of marital quality following a relationship education: Being positive in a constructive way". *Journal of Family Psychology*, 20, 2006.

Baxter, J. Sidlow. *Mark These Men: A Unique Look at Selected Men of the Bible*. Grand Rapids, MI: Zondervan Publishing House, 1992.

Bayona, José. "A story that made a difference: Lessons from Don Pedro and his family". *Families, Systems, & Health*, 24, verano 2006.

Bilgin, Mehmet, Cenkseven, Fulya, & Satar, Salim. "An analysis of parent-female adolescent relationships in female adolescent suicides". *The Journal of Crisis Intervention and Suicide Prevention*, 28 (4), 2007.

Birditt, Kira S., y Antonucci, Tony C. "Relationship quality profiles and well-being among married adults". *Journal of Family Psychology*, 21, diciembre 2007.

Brelsford, Gina, & Mahoney, Annette. "Spiritual disclosure between older adolescents and their mothers". *Journal of Family Psychology*, 22, 2008.

Buzawa, Eve S. & Carl G. *Domestic Violence: The Criminal Justice Response*. Thousand Oaks, CA: Sage Publications, 2003.

Carter, Betty, y McGoldrick, Monica. *The Expanded Family Life Cycle*, 3rd. edition. Boston, MA: Allyn and Bacon, 2005.

Castellanos, César. *La familia*. Miami, FL: G12 Editores, 2003.

Castillo Ceballos, Gerardo. *Preparar a los hijos para la vida*. Madrid, España: Ediciones Palabra, S. A., 2005.

Castillo, Gerardo. *Los estudios y la familia*. Madrid, España: Ediciones Palabra, S.A., 2002.

Cerel, Julia, Jordan, John R., & Duberstein, Paul R. "The impact of suicide on the family". *Crisis: The Journal of Crisis Intervention and Suicide Prevention*, 29, enero 2008.

Chapman, Gary. *Five Signs of a Loving Family*. Chicago, IL: Northfield Publishing, 1998.

Chapman, Gary. *Las cuatro estaciones del matrimonio*. Tyndale House Publishers, Inc., 2006.

Chapman, Gary. *Los cinco lenguajes del amor*. Miami, FL: Editorial UNILIT, 2002.

Chapman, Gary. *Todos ganan: La Guía Chapman para Resolver los Conflictos sin Argumentar.* Carol Stream, Ill: Tyndale House, 2007.

Cho, David Yonggi. *Modelos para orar*. Miami, FL: Editorial Vida, 1995.

Córdoba Soler, Zenaida. *Violencia doméstica*. Alcalá de Guadaíra, España: Editorial MAD, S. L., 2006.

Covey, Stephen. *The 7 Habits of Highly Effective Families*. NY: Franklin Covey Co., 1998.

Cox, Meg. *The Book of New Family Traditions: How to Create Great Rituals for Holidays and Everyday.* Philadelphia, PA: Running Press Book Publishers, 2003.

Daniels, Kimberly. *Oraciones que producen cambios*. Lake Mary, FL: Casa Creación, 2009.

Díaz, Juan Ricardo. *Amaneciendo en la adolescencia*. Miami, FL: Autopublicado, 2008.

Dobson, James. *Atrévete a disciplinar*. Miami, FL: Editorial Vida, 1993.

Dobson, James. *El amor debe ser firme*. Miami, FL: Editorial Vida, 1990.

Dreikurs, Rudolf. *Family Council: The Dreikurs Technique for Putting an End to War Between Parents and Children (and Between Children and Children)*. Chicago, Il: Henry Regnery Co., 1974.

Drumm, René. "Abuse in the Adventist church?" *Adventist Review,* 11 de octubre de 2007.
Duerksen, Richard y Brenda. "Bringing Our Children to Christ". *Adventist Review,* septiembre de 1996.
Eckhardt, John. *Oraciones que derrotan a los demonios.* Lake Mary, FL: Casa Creación, 2009.
Evans, Shelby. "Halting Harm". *Advance for Nurses,* 14 de abril de 2008.
Eyre, Linda y Eyre, Richard. *Three Steps to a Strong Family.* New York, NY: Simon & Schuster, 1994.
Feldmann, Linda. "The U.S. surveys paint portrait of strained American family". *The Christian Science Monitor,* 83, 1991.
Finchman, Frank D., Beach, Steven R., y Dávila, José. "Longitudinal relations between forgiveness and conflict resolution in marriage". *Journal of Family Psychology,* 21, 2007.
Fletcher, Kingsley A. *Oración y ayuno.* New Kensington, PA: Whitaker House, 1994.
Ford Michael T., Heinen Beth A. y Langkamer, Krista L. "Work and family satisfaction and conflict: A meta-analysis of cross-domain relations". *Journal of Applied Psychology,* 92, noviembre 2007.
Franco, Gloria Elena. *La comunicación en la familia.* Madrid, España: Ediciones Palabra, S.A., 2005.
Frisbie, David y Lisa. *Salga adelante después del divorcio.* Eugene, OR: Harvest House Publishers, 2007.
George, Elizabeth. *Una madre conforme al corazón de Dios: 10 maneras de mostrarle amor a tus hijos.* Grand Rapids, MI: Editorial Portavoz, 2005.
George, Jim. *Extraordinarias oraciones de la Biblia.* Eugene, OR: Harvest House Publishers, 2005.
Gibbon, E. "The decline and fall of the Roman Empire". *Great Works of the Western World.* Chicago, Il: Enciclopedia Británica, 1990.
Ginott, Haim G. *Entre padres e hijos.* New York, NY: Vintage Español, 2007.
Goldston, David B., Molock, Sherry Davis, Whitbeck, Les B., Murakami, Jessica L., Zayas, Luis H., Hall, Gordon C. Nagayama. "Cultural considerations in adolescent suicide prevention and psychosocial treatment". *American Psychologist,* 63 (1), enero 2008.
González de la Rocha, Mercedes. *Divergencias del modelo tradicional: hogares de jefatura femenina en América Latina.* Tlalpan, México: CIESAS, 1999.
Gottman, John. *Why Marriages Succeed or Fail.* New York, NY: Simon & Schus-

ter, 1994.

Gottman, John, & Silver, Nan. *The Seven Principles for Making Marriage Work.* New York, NY: Three Rivers Press, 1999.

Gray, John. *Los hombres son de Marte, las mujeres son de Venus.* New York, NY: HarperLibros, 1995.

Hagee, John. *Lo que todo hombre quiere de una mujer, lo que toda mujer quiere de un hombre.* Lake Mary, FL: Casa Creación, 2005.

Halford, W. Kim, Lizzio, Alf, Wilson, Keithia L., Occhipinti, Stefano. "Does working at your marriage help? Couple relationship self-regulation and satisfaction in the first 4 years of marriage". *Journal of Family Psychology,* 21 (2), junio 2007.

Hamilton, Harvey. *Los 10 errores más comunes de los adolescentes.* Guadalupe Inn, México: Editorial Libra, S. A., 2003.

Hemmings, Olive J. "Are Women Really Unhappy?" *Adventist Review OnLine,* 22 febrero de 2010.

Hohnberger, Jim. "The Uncomplicated Life". *Adventist Review,* 26 de septiembre de 2002.

Janosik, Ellen y Green, Elta. *Family Life, Process and Practice.* Boston, MA: Jones & Bartlett Publishers, 1992.

Jefferson, David J. "The divorce generation grows up". *Newsweek,* 21 de abril 2008.

Jessie. *¡Por Favor Di!: Un cuento para niños sobre el abuso sexual.* Center City, MN: Hazelden Educational Materials, 1993.

Johnson, Harriete C. "Violence and biology: A review of the literature". *Families in Society: The Journal of Contemporary Human Services,* 77, 1996.

Justiniano, Raúl. *El ayuno y la oración.* Miami, FL: Editorial Vida, 2001.

Koltko-Rivera, Mark E. "Rediscovering the later version of Maslow's hierarchy of needs: self-transcendence and opportunities for theory, research, and unification". *Review of General Psychology,* 10, diciembre 2006.

Kuzma, Kay. "Adventist Family Night". *Adventist Review,* 4 de septiembre 1980.

Larssen, Laura K. "How to Be on Fire Without Burning Up: Living a balanced Christian life". *Adventist Review,* 18 de agosto de 2005.

Lawrence, Erica, & Bradbury, Thomas N. "Trajectories of change in physical aggression and marital satisfaction". *Journal of Family Psychology,* junio 2007.

Lee, Jerry W., Rice, Gail T. y Gillespie, V. Bailey. "Family Worship Patterns and their Correlation with Adolescent Behavior and Beliefs". *Journal for the Scientific Study of Religion,* 36 (3), 1997.

Lester, David. "Trends in divorce and marriage around the world". *Journal of Divorce and Remarriage,* 25, julio 1996.

MacArthur, John. *Cómo ser padres cristianos exitosos*. Grand Rapids, MI: Editorial Portavoz, 2000.

Maio, Gregory R., Thomas, Geoff, Finchman, Frank D., y Carnelley, Katherine B. "Unraveling the role of forgiveness in family relationships". *Journal of Personality and Social Psychology,* 94 (2), 2008.

Maricle, Christopher. *The Jesus Priorities: Essential Habits*. Nashville, TN: Upper Room Books, 2007.

Marulanda, Ángela. *Creciendo con nuestros hijos*. Cali, Colombia: Editorial Norma, 2004.

McGinnis, Kathleen y McGinnis, James. *Parenting for Peace and Justice*. NY: Orbis Books, 1983.

McNulty, James K. "Forgiveness in marriage: Putting the benefits into context". *Journal of Family Psychology*, 22 (1), febrero 2008.

Mira Moya, Francisco. *Sexo y Dios*. Barcelona, España: Publicaciones Andamio, 2005.

Mulvaney, Matthew K., y Mebert, Carolyn J. "Parental corporal punishment predicts behavior problems in early childhood". *Journal of Family Psychology*, 21 (3), septiembre 2007.

Niven, David. *Los 100 secretos de las familias felices: Lo que los científicos han descubierto y cómo puede aplicarlo a su vida*. Bogotá, Colombia: Editorial Norma, S. A., 2005.

O'Leary, K. Daniel, Smith Slep, Amy M., O'Leary, Susan G. "Multivariate models of men's and women's partner aggression". *Journal of Consulting and Clinical Psychology*, 75 (5), octubre 2007.

Ochs, W. B. "What Have They Seen in Thine House", *Review and Herald,* 27 de junio de 1974.

Ordoñez, Jessica J. *Secretos enterrados (Cómo enfrentar las traumas del abuso sexual, el abandono y traición)*. Lake Mary, FL: Publicaciones Casa, 2007.

Papp, Lauren M., Goeke-Morey, Marcie C., & Cummings, E. Mark. Linkages between spouses' psychological distress and marital conflict in the home. *Journal of Family Psychology*, 21, septiembre 2007.

Pearsall, Paul. *The Power of the Family*. NY: Doubleday, 1990.

Pérez-Seoane, Manuel S. *El amor: o lo que sea*. Madrid, España: Editorial Vision Net, 2008.

Perry, Linda Ellen y Lynellen D. S. Perry. *Cómo sobrevivir el embarazo de su ado-*

lescente: consejo práctico para los padres de una cristiana embarazada y soltera. Dunfries, VA: Chalfont House, 2009.

Pierson, Robert H. "Now Is the Time". *Adventist Review,* 31 de julio de 1975.

Popenoe, David. "American family decline, 1960-1990: a review and appraisal". *Journal of Marriage and the Family,* 55, agosto 1993.

Popkin, Micheal H. *Active Parenting Today.* Atlanta, GA: Active Parenting Publishers, 1993.

Ramos, Sergio Altesor. *Cómo relacionarse mejor: manual de técnicas para desarrollar relaciones más satisfactorias, dinámicas y duraderas.* Miami, FL: Editorial ABC, 2007.

Rehman, U., & Holtzworth-Munroe, A. "A cross-cultural examination of the relation of marital communication behavior to marital satisfaction". *Journal of Family Psychology,* 21, 2007.

Reynolds, Louis B. "As for Me and My House". *Adventist Review,* 5 de octubre de 1959.

Richo, David. *Cuando el amor se encuentra con el miedo.* Bilbao, España: Editorial Desclée Brower, S.A., 2003.

Rosberg, Gary y Rosberg, Barbara. *Cómo mejorar la comunicación en su matrimonio.* Little Rock, AR: Family Life, 2003.

Saad, Lydia. "Where Do Americans Find Personal Contentment?" www. gallup. com, 16 de marzo 2004.

Sherrer, Quin M. *Cómo orar por nuestros hijos.* Deerfield, FL: Editorial Vida, 1986.

Sherrer, Quin M. *Milagros de la oración.* Miami, FL: Editorial Vida, 1999.

Smoke, Jim. *Cómo crecer por el divorcio.* Grand Rapids, MI: Editorial Portavoz, 1995.

Stanley, Charles. *Trátelo con Oración.* Miami, FL: Editorial Vida, 1992.

Stanley, Scott M., Thrathen, Daniel, McCain, Savanna, y Bryan, Milt. *A Lasting Promise: A Christian Guide to Fighting for your Marriage.* San Francisco, CA: Jossey-Bass Publishers, 1998.

Stein, Rob. "Study First to Link TV Sex to Real Teen Pregnancies". *The Washington Post,* 3 de noviembre 2008.

Stocker, Clare M., & Richmond, Melissa K. "Longitudinal associations between hostility in adolescents' family relationships and friendships and hostility in their romantic relationships". *Journal of Family Psychology,* 21 (3), septiembre 2007.

Story, Nathan, Berg, Cynthia, Smith, Timothy, Beveridge, Ryan, Henry, Nnacy,

& Pearce, Gale. "Age, marital satisfaction, and optimism as predictors of positive sentiment override in middle-aged and older married couples". *Psychology and Aging*, 22 (4), diciembre 2007.

Swindoll, Charles R. *Ester: Una mujer de fortaleza y dignidad*. El Paso, TX: Casa Bautista de Publicaciones, 2004.

Swindoll, Charles R. *La búsqueda del carácter maduro*. El Paso, TX: Editorial Mundo Hispano, 1999.

Swindoll, Charles R. *Parenting: From Surviving to Thriving*. Nashville, TN: Thomas Nelson, 2006.

Totti, Cristian. *Los nueve conocimientos básicos del adolescente*. Guadalupe Inn, México: E. Géminis, S. A., 2002.

Trief, Paula M.; Morin, Philip C.; Izquierdo, Roberto; Teresi, Jeanne; Starren, Justin; Shea, Steven; Weinstock, Ruth S. "Marital quality and diabetes outcomes: The IDEATel project". *Families, Systems, & Health*, 24, otoño 2006.

Usdansky, Margaret L. "'Diverse' Fits Nation Better Than 'Normal'". *USA Today*, 29 de mayo de 1992.

Van Doorn, Muriel D., Branje, Susan J. T., & Meeus, Wim H. J. "Longitudinal transmission of conflict resolution styles from marital relationships to adolescent-parent relationships". *Journal of Family Psychology*, 21 (3), septiembre 2007.

Vezey, Denise. *¡Puro Fuego!: Siete secretos para encender su matrimonio*. Lake Mary, FL: Casa Creación, 2007.

Warren, Rick. *Una vida con propósito*. Miami, FL: Editorial Vida, 2002.

Webster, Jennifer Hope. *Mis charlas con Dios: Diario de oración*. Miami, FL: Editorial Vida, 2007.

Weinstock, Lauren M., Keitner, Gabor I., Ryan, Christine E., Solomon, David A. y Miller, Ivan W. "Family functioning and mood disorders: A comparison between patients with major depressive disorder and bipolar I disorder". *Journal of Consulting and Clinical Psychology*, 74 (6), diciembre 2006.

Whisman, Mark A., & Snyder, Douglas K. "Sexual infidelity in a national survey of American women: differences in prevalence and correlates as a function of method of assessment". *Journal of Family Psychology*, 21, 2007.

White, E. G. "Influence and Importance of Associations". *Signs of the Times*, 10 de septiembre de 1885.

White, E. G. "Our Words". *The Advent Review and Sabbath Herald*, 16 de febrero de 1897.

White, E. G. *El deseado de todas las gentes*. Mountain View, CA: Pacific Press

Publishing Association, 1978.
White, E. G. *El Hogar Cristiano*. Mountain View, CA: Pacific Press Publishing Association., 1978.
White, E. G. *La Educación*. Mountain View, CA: Pacific Press Publishing Association, 1978.
White, E. G. *Mi vida hoy*. Mountain View, CA: Pacific Press Publishing Association, 1978.
Wilmshurst, Linda. *Essentials of Child Psychopathology*. Hoboken, NJ: John Wiley & Sons, 2005.
Wood, Miriam. "Is Self-Esteem the Same as Selfishness?" *Adventist Review*, 19 de enero de 1989.
Worthington, Everett L. *I Care About your Marriage*. Chicago: Moody Press, 1994.
Youngberg, John y Youngberg, Millie. *Corazones en Sintonía con Dios: Guía para Mejorar el Culto Familiar*. Miami, FL: Asociación Publicadora Interamericana, 1994.

Upcoming iFollow Titles

Once you begin discipleship training, you want to continue at a predictable pace, right? You want to be sure you can move from topic to topic with no interruption, building momentum in your congregation.

That's why we at the NAD Church Resource Center have a group of talented Adventist authors working on a wide array of topics in the iFollow series, giving a discipleship focus to key issues in church life. Some of the books listed below will already be in print by the time you read this (so look for them and use them with confidence). Others are in development and will soon be available. The following isn't a comprehensive list of titles we'll be offering in the series, of course, but it gives you an idea of where we're going, so that you can begin planning your discipleship training.

Among the current and upcoming titles in the iFollow series on discipleship are:

Not Alone in the Garden by Alvin Kibble, a book on prayer, meditation, and confession, with ideas on how to revitalize your prayer life in today's busy world.

When a Woman Leads by Carla Baker, a book on the role women have historically played in teaching discipleship and some of the new and innovative ways they are moving beyond this

Autumn Gold, Winter Grace by Don Schneider with Ken McFarland, a book on how a Christian facing all the realities of growing older can still keep his or her spiritual life vigorous and productive.

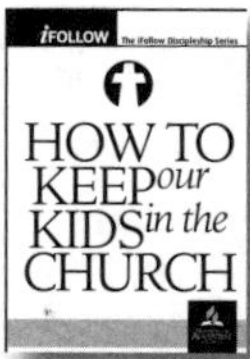

How to Keep Our Kids in the Church by the iFollow ministry team, a book on new ideas for keeping children engaged in the life of the church and on a path that will result in life-long involvement.

How to Reboot your Spiritual Life by Matthew Gamble, a book on reestablishing a vibrant devotional life for the Christian who has "gone stale."

How to Keep Our Teens in the Church by the iFollow ministry team, a book aimed at getting our young people involved and engaged in ministry—so that they remain at the heart of church life.

How to Keep Our Young Adults in the Church by Alan Martin, a book that looks at the world of young adults today and explores new ideas for keeping them involved in church life and ministry.

A Deeper Look by Dan Day, a book aimed directly at new Adventists, covering key themes that require a more comprehensive conversation—and providing a critically needed tool for the pastor's new member class.

How to Keep Our "Creatives" in the Church by Ryan Bell, a book on how to engage with the young people in our church who are more creative and experimental, giving them reasons to stay in the church.

Baby Steps by RosAnne Tetz, a book on how to lead a child to Christ: things a parent, teacher, or the church as a whole can do to create an environment where our children discover in a natural way to love and trust Jesus.

Speaking Truth with Passion in a Secular World by Loren Siebold, a book on how to engage our more secular professionals in the life and ministry of the church.

The Ever Open Heart by the iFollow ministry team, a book on using Friendship Evangelism to transform your church, bringing your church to life through changing attitudes and behaviors to make it more outgoing and welcoming.

When Your Life Falls Apart *(Discipleship version)* by Fred Kinsey, a book that connects Bible study on the book of Daniel with real life today, as it intersects with an overall discipleship emphasis.

"Unto The Least of These" by the iFollow ministry team, a book on ministries of compassion and how involvement in service evangelism can transform the church and provide a way to disciple members.

The Welcoming Church by Jessie Wilson, a book on how your church can become what God calls it to be: a home for those looking in from the outside, longing for hope, a place where God's love empowers evangelism.

Growing Like Jesus by the iFollow ministry team, a book on the core values of discipleship as they relate to the steps we take in growing as individuals as well as how the church grows.

Building for Eternity by Ryan Bell, a book on the processes by which a local church can discover its mission, based on the real experience of the Hollywood SDA Church.

The Ministry of Blessing by Ray Tetz, a book on a new approach for connecting with the business leaders in your community, praying for them and ministering to them—while also transforming your members.

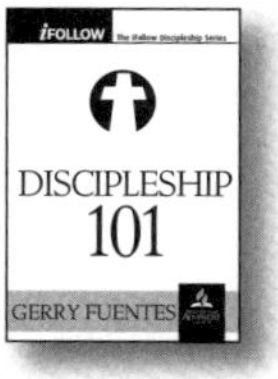

Discipleship 101 by Gerry Fuentes, a year-long journal on how a discipleship pastor actually took 12 people through discipleship training and prepared them to provide inspired leadership for the church.

My Temple, Your Temple by Ted Hamilton, a book that takes a new look at the ways in which more healthful living can transform the ways Christians rediscover a vital relationship with Jesus.

Reseña del autor

El Dr. Alfonso Valenzuela tiene una extensa carrera como profesor de seminario, pastor, y autor en la Iglesia Adventista del Séptimo Día. Es un experto en el área de vida matrimonial y familiar, lo cual lo ha convertido en una autoridad, siendo constantemente procurado para impartir seminarios y charlas en esa área.

Recibió su Maestría en Divinidades de Andrews University, una Maestría en Psicología en Terapia Matrimonial y Familiar de National University, un Doctorado en Ministerio (D.Min.) en Vida Familiar y un Doctorado en Filosofía (Ph.D.) en Estudios Familiares de Fuller Theological Seminary.

Además de las decenas de artículos para distintas publicaciones, ha escrito varios libros acerca del noviazgo, el matrimonio, la familia, y la disciplina de los hijos. Es el orador de los seminarios "Transforma Tu Familia", un programa de enriquecimiento para fortalecer la vida familiar.

El Dr. Valenzuela enseñó clases de Psicología, Consejería, y Matrimonio y Familia en la Universidad de Andrews por más de 15 años. Tiene una certificación nacional en "Family Wellness", ha servido como vicedirector del Departamento de Salud Mental del Condado de Tulare en California, psicoterapeuta, consejero y educador matrimonial y familiar. Actualmente es pastor de la Campus Hill Seventh-day Adventist Church, en Loma Linda, California.

El Dr. Valenzuela y su esposa Jeanine tienen dos hijos: Veruschka y Alan.

Encara que li he dedicat moltes hores, ha estat un plaer l'haver pogut col·laborar en la producció d'aquest llibre del meu benvolgut germà.